象界風水談理象數一體

白閎材・白昇永 合著

觀象明理
窮理推數
理寓於象
象準於數

松林易理風水地理研究中心，職業班授課及諮詢服務項目

住家及公司診斷與規劃，易經卜卦，八字論命，姓名學，面相學，擇日，祖先安置，名片設計，開運印鑑。邀約演講，經營顧問。

白閎材、行動：〇九八九—三六九六九三・大陸：一三五二四五七三四九三

信箱：pro.p369693@msa.hinet.net　微信ID：bc一四一一三一一

白昇永、行動：〇九七〇—六九四五九三　微信ID：BaiShenYung

搜尋：白闳材象界学，象界学，象界风水

象界風水職業班，招生授課綱要：

1象界學源由及特點、2論斷憑藉、3形與象的義涵、4理，象，數一體解說、5風水各學派簡介、6傳統風水對形與象之謬論更正解析、7外形局圖例解析、8店、公司、工廠規劃、診斷、調整、佈局、9公司、住家案例解析、10仙佛擇日法、11祈福、化煞法、12凶象化解趨吉法、13花樹之吉凶、14陰宅、塔位安置、15佈局助運法、16住家，包含客廳、臥房、廚房、倉庫、鞋櫃、柱子、電腦、電視、冰箱、水晶、屏風、櫃台、煤氣爐、水台、河流、水塔、餐桌、和室、木櫃、凹壁面、鏡子、樓梯、衣櫃、沙發、床、廁所、桌子、窗戶、門⋯。

自序

本書乃象界學風水系列的第三本，「象界學」，即在探討自然界的景象、形象、物象、以及公司、陽宅、陰宅造作之吉凶。易道尚变，其变之蘊於內者為數，發之見於外者為象，而存乎中者為理，理象數一体，實不可分，分開就不圓滿，論斷必有缺失，**所以不能光捧著羅盤就要幫人看住家、公司，而不顧象與數的**吉凶，不懂象與數就只能論皮毛。理氣能論三点，象可以論三十点至五十点。本書第六章的每一個案例解析論斷，均包含理象數，足供研習風水地理者之參考。而作者的第一本拙著《精準形象地理學》，主要論述象界學的理則綱構，解析物品的涵義、本質、功能、屬性，歸位、對應關係，並列舉三百多個公司與住家的擺設平面圖論斷案例。第二本拙著《象界風水與易經》，主要論述易經理象數，聲音之靈動，且將六書之義涵，契應於風水地理象界來論述，並列舉案例論斷，解析物象、景象，形勢，以及物件擺設的吉凶。有意購買者，可至台灣各大書店，香港新暉圖書公司，大陸京東商家，千百露圖書專營店，以及博客來、金石堂、PChome等網路書店購買。

如果僅憑坐向理氣來看公司、住家，只要學習三天即能成為風水師，又套入天星、神煞、水法，是要把簡單变成複雜化，學三年仍然一頭霧水，加上理氣各學派之論述又不同，誰也不服誰，真要讓人愈學愈迷糊，學十年也難以竟其功。愛因斯坦曾說過：若要將一件很簡單的事說得很複雜，是很簡單的事；但若要將一件很複雜的事說得很簡單，則是很不簡單的事。

易經是以陰陽八卦的符號，和數理的邏輯來說明宇宙人事萬象及道理，說明宇宙人生变化的法則及運用之方法，易經的本質在窮理盡性，一般經典在談「理」，而易經談理象數包含天地人事的变化。「易理」，乃事物的本質性理，萬象萬物之生成、發展，变化之理，傳統風水之理氣，依河圖、洛書原理，輔以易經八卦，六十四卦、十天干、十二地支，五行生剋原理，四象、陰陽消長等，而陰陽消長現象，其實就是能量，物質及時間的变化現象。本書主要論述地磁原理及能量，了解氣場所引發的必然原因，又因易理寄寓象，所以，理氣所能論断的吉凶現象，都會在形與象中顯現，不會遺漏。形象所呈現的吉凶現象，既深入又全面，例如偷盜公款，拿回扣，断銀根、同性戀、雙性戀、各種疾病、身份特殊、亂倫，換妻、義子、內賊、坑人、抽單、偷工減料、內賊、作假帳、仿冒、靈修、倒房干擾、仙人跳、包養、双姓祖先、輪姦、自慰、擁槍、侵佔、下符咒、起乩，吸毒、因公殉職、吸金、性變態……等，豈是僅憑理氣所能論斷？

「易象」，指事物的時空現象，以太極、八卦、河圖、洛書、六十四卦，來引申宇宙萬象。而象界學的象，是在探討公司、住家、生活中之景象，形象，物象，花樹之吉凶，物件的涵義、本質、功能、屬性、対應關係，感知，意象：境界、心裡有數也是象，捨象無以見其全。

「易數」，傳統風水的數，主要是引申河圖、洛書之數，即事物的氣量変化，大多用於論手機吉凶，然實務上之運用極少。而象界學之論數，側重在公司、住家之定位數、物件名稱代表數、筆畫數，十二地支數，套用來論人事物之吉凶現象，數亦包含數字、智慧、理性、感情、才華、言行、人格、性情、善惡、福禍、是非、本質、起心動念等，易乃道陰陽，原本天地之數，以著天地之象，捨數則無以見四象之所由宗，欲知変化之道，就要懂得數。

簡言之，**我們的住家、公司之形局，物件就是象；隔間、空間功能，擺設就是理；物件及空間位置，相互對應關係，會顯現那些吉凶現象，這些都是數。宇宙萬事萬物都有它的理和象，任何現象也有其理和數，任何人事物的変化，都包含理象數**。易道即太極之道，包含天地人三才之道，伏羲因卦演數，由數定象，察象以推理。繫辭傳：「在天成象，在地成形，变化見矣」，文言：「夫大人者，與天地合其德」，王陽明：「大人者，以天地萬物為一體也」。天人合一的理念，強調天地與我併生，萬物與我為一，天人地一體。即將宇宙間的自然現象，人文現象，生命現象，視為互相通連，互相作用，相互反應的一個整體。同理，人屋合一，因為人融入環境，生活環境或房子所呈現的格局、形象及擺設，自然會感應到對應的現象。

理寓於象，象準於數，理象數一體，對公司、住家之吉凶論斷，必須全面兼顧探討，**如果只顧羅盤理氣，不懂象與數，如何能細論吉凶現象？如何幫人趨吉避凶？或者幫人化解？佈局？**

自從二00一年開始研習「象界」，二0一0年開始教學，並於二0一六年經祖師爺同意，先後寫了《精準形象地理學》及《象界風水與易經》二書，感慨象界學已亂了套，許多論述被錯誤的解析，或依自己片面的認知，學了半弔子，亂引申、胡扯、瞎掰，不懂則亂講，屢見不鮮，這種現象並非僅限於「象界」，例如，形家、巒頭、理氣各學派，不也都有此亂象。蓋學術廣被，間有半路出師，欺詐惑眾以糊口者，乃百業之常態，非五術命理風水所獨有。「象界學」在經本人傳承後，之所以亂了套，主因有以下幾種情況所造成。

一、沒學過象界學，逕以拙著當教材，大肆招生授課，或在網路上發佈抄襲本人在書中的論述，斷章取義，加油填醋，嘩眾取寵，曲解象界。

二、學了初級課程或半弔子，即大肆招生授課，學員提問，不懂則僅憑自己的認知亂講，誇大論述，過度引申，把簡明的論述複雜化，讓人感覺內容豐富，誤人誤己。

三、假借象界風水，作一些偏頗的論述，或佯稱弟子，或將「象界學」註冊，据為己有。

四、對外宣稱「象界學」是其祖傳的，自創的，移花接木，以創始人自居，曲解天律。

五、把象界風水改為某風水學派，對外招生，以獨樹一格；或刻意醜化老師，以提升自己，欺師滅祖。或佯稱是白閎材老師之弟子，手段無奇不有。

因此，經祖師爺指示，二0二四年十二月才首度在二十年來正式對外公開招生。

諸如前列之言行，不一而足。**殊不知「象界學」是一種「禪學」，其每一個論述都是「天律」，都是「術」**，不當之作為或論述，都會承受很大的業力及因果，不可不慎。

「象界學」，可謂包羅萬象，一輩子也學不完。「象界學」它不是學派，只是統稱，也不是我創造的，包括呂宥霖、呂登勻，也都只是繼承、傳承、推展、發揚，這也是使命，人何德何能創造風水地理學派？象界學三千一百年來都是單傳，直至一九九七年才開始私傳、有緣、有福報、有智慧，帶使命者才能得到。其實，五術命理各科，如天干地支由來，四柱八字，紫微斗數及其星，奇門遁甲，大六壬、太乙……等，都不可能是人所能創造的。試想以六爻卦而言，只要以當下時間或報三個數字起卦，即能知道人事物的吉凶，我們不妨請全世界上千萬位的博士，制定一套三個數字即能論人事物吉凶之公式，答案當然是辦不到。正統易理，風水之玄妙，豈是常人可得，而心術不正，居心叵測，目無尊長，欺師滅祖，豈能學到高端的訣竅？

本書能夠順利完成，得力於徒弟呂宥霖、呂登勻提供資料，並協助打字，指正，校對，在此特予致謝。

象界學天律繼承人

白閎材　白昇永　謹識

第一章　理與氣

風水學所探討的是「氣」與磁場，「天氣」為陽氣、「地氣」為陰氣，天氣包含大自然的雷電、微波輻射、風雨、空氣。地氣為從地面所散發出來的氣息，包含水、土、動植物及地球磁場。所以，堪輿所探討的是「時」、「空」之氣，也就是陰陽交感，化育萬物之氣，通稱「生氣」。

本書強調理象數一體論風水，理論上缺一不可，實際上環環相扣，密不可分，實務上，陰宅須用羅盤，陽宅及公司並不須要羅盤理氣，並非羅盤理氣一無是處，只是其所能論述的層面有限，原因不外有以下幾點：

（一）**理寄寓象，理氣所能論斷的吉凶，都會在形與象中顯現出來，不會遺漏。**否則，唐朝以前的周、秦、漢、六朝等，何以尋富貴之地？而且，任何物品、樹木、圖象都有其涵義、本質、功能、屬性，都有吉凶、位置不同，吉凶不同，這些如果不懂僅憑坐向，如何幫人看風水？。

（二）理氣當旺之坐向，並非對社會大眾或家中的每一個人都好，否則，風水豈不是學三個鐘頭，知道如何看羅盤納氣，即能成為風水師，有如人蔘、靈芝雖好，並非對每一個人都好。又如一條馬路筆直，理論上，整條街幾百戶人家都走旺運，事實上是不可能的。主因當然是內、外的象所造成的。

（三）內外形局與物件，都會影響吉凶，都足以破氣場，最重要的是淨化並擺對內局，才能根本改变，故納當運之氣，未必一定好。沒有納到所謂當旺之氣，未必都不好，只要學過理氣之人，都心裡有數，卻不願意面對。

（四）理氣乃依天地運轉，有時會不準的原因有幾點：

1．現代建築，多鋼筋，影響精準度，何況地有地氣、建物本身有氣、萬物皆有氣，人有人氣，建物造型有吉凶，豈能棄之而不顧。

2．只顧納氣，猶如「天人地」，只有「天」，不考慮「人與地」。

3．生活環境充滿輻射，電磁波。而且光是物件與擺設就足以顯現吉凶，只是納當運之氣，又有多少作用，且只納天氣，地氣棄之不顧嗎？

4．地球磁場一直在变化，太陽風使得各地磁力線密度也不一樣，會誤差三至六度。又二0二五年陰曆五月至十月，氣場及磁場不穩，也會量不準，誤差約為八度。

5．納氣口只是一部分的靈動。僅是片段，不可以代表全部之吉凶。

6．羅盤已由初始的三盤，演变到今天的九盤、十盤，笑話一則。

（五）羅盤是以物來制人，即以大環境來論吉凶，而人與環境一直在轉变，故容易破。

（六）象界學風水論形與象，是以人來制物，人才是中心，又因為人隨時可調適，主導性較準，生活環境更須以保護「人」為主，象界學是「術」，「天律」，「禪學」是活的，不易破。

（七）傳統風水幾十個系統理論，絕大部分較適合陰宅，只有少數能套用住家及公司，但也無法全面深入論吉凶。

（八）大地理之所以要用羅盤，主要看龍脈走向，通過方位確定生氣旺盛與否，羅盤理氣有十幾個學派，超過三十種論斷系統，立論有異，每一學派都認為自己最行，誰也不服誰，作者沒有批判指責的意思，只是認為有良知、務實、負責任，肯長進的風水師，有必要面對，關起門來探討、研習、論證，多包容、並彙整精華。畢竟命理師是最容易造業，也是最能積福德的行業。「象界學」不用羅盤，也非常人可得，須假以時日才會普及，**且待無極理、太極氣、皇極象整合之際，就是羅盤遭拋棄之時**。

「氣」是構成世界萬物的精微原始物質，在天地未成形之前，是一個無形無象，迷茫混沌的世界。所以，陰陽之氣，混沌於天地之間，是生成萬物的本原，氣可以說明陰陽五行無形體的存在形式，自然的物存在。形是陰陽五行可以感知的存在狀況。「理」，可以說是陰陽之氣運動變化的規律。氣作為構成宇宙萬物的基本要素，其陰陽對立，無時不在運動變化，在變動不拘的運動過程中，又有著一定不變的聯繫和秩序，這便是「理」。萬事萬物是陰陽之氣的具體表現形式，各自具有自己特定的理。每一事物的理，是事物的規律，也是事物的特性。天有天之理，地有地之理，人有人之理，物有物之理，皆氣之化。故天有天理，地有地理，人有人理，物有物理，事有事理，得理則治，失理則亂。

所以，理氣不相分離，理隨氣而存在，理氣其實是合一的。氣既有陰陽之分，陽氣清而上浮，陰重濁而下凝，而出現兩儀、四象、五行、四時、萬化萬事便由此產生。氣之動靜為陰陽，天地萬物亦各自有陰陽，氣及其化生的天地事物都遵循著陰陽規律而運動變化，氣得陰陽變化規律，以及體現這種規律的天地事物的具體規律，便是理。所以，人們的思想行為保持動靜合一，合乎天理，便是合於人理。任何客觀事物都有運動變化的規律，人類日常生活和行為也有其規律和準則，它是自然之理在人類社會的反映。例如：忠信篤敬、仁義禮智等，是人們行為的一般原則和規範，而理則是這些道德原則的最高準則。故凡事必有一理，萬事萬物之理雖千變萬化，各不相同，但它都是該事物本身的，如依明代哲學家吳廷翰之說法：理與道是同一層次的範疇，他認為陰陽是道，所以，天理即天之道，天道即元亨利貞。元亨利貞，及陰陽。陰陽為天道，也就是天之理；剛柔為地道，也就是地之理，仁義是人道，也就是人之理。因此，太極與氣同義，同為本體範疇，而理作為「氣之條理」，亦即太極之理。

理作為日用萬事的具體規律，既存在於天地萬物，也存在於人類自身。混沌之時，理氣同是一個，及至開天闢地，分之為陰陽，而五行，理隨氣具，各自不同，是故在陽則為健，在陰則為順，以至為四德、為五常，亦復如是。從天地萬物的陰陽、五行，到人倫道德的四德、五常，都是日用萬物之理。此氣化流行，生生不息，處於永不止息的運動變化之中，氣化流行及宇宙萬物的運動過程。所以，氣者，交易之象，本於变易之氣，而变易之氣，本於無極不易之理，即孔子：「吾道一以貫之」。「一」，是天地之始、男女之始，陰陽之始，是萬物之開始，一切的開始，一切之本，一切的母體，也就是真理，是貫穿一切的理，不論科學，哲學，醫學，都離不開這個「一」。

氣是陰陽矛盾統一體，陰陽原本為氣自身固有的兩種對立要素，它們只能存在於氣的統一體中，合為一氣，和而不相悖害。而既分陰陽，則二者就各有著特殊的性質，如動靜、屈伸，聚散等，這些性質上的差異，直接決定了兩者作用和功能的不同，構成陰陽之間錯綜複雜的矛盾運動。陰陽兩者並非是絕對的分離，而是矛盾對立，即陰陽互相包含，互相滲透，故陽非孤陽，陰非寡陰，相函而成質，和而久安。彼此密切相聯，相互依存，任何一方都不能離開對方而獨立存在，故獨陰不成，孤陽不生。

第一節　氣的現象

以科學的觀點，不同的「氣」實際上是代表不同的物理及生理現象。概括的講，「氣」可以說是物質、能量和信息的綜合体。它貫通天地，萬般造化，生生不滅的客觀存在：因為風水的理論乃以陰陽為根本，以生氣論為核心，以藏風聚氣為條件，氣為水之母，土為氣之母，所以有氣斯以水，有土斯有氣。《易傳》：「精氣為物，游魂為变」。《管子・內業》：「凡物之精，此則為生，下生為穀，上為列星。流於天地之間，謂之鬼神。藏於胸中，謂之聖人。」《青囊海角經》，以氣為宗旨，卷一論述物源，說太無始氣，恍恍惚惚，太有中氣，無中生有；太元一動，天地資生；有無絡氣，萬物之化；天地漸啟，萬機咸定；甲子渾成，八卦配臨；乾坤艮巽，天地四鰲；地水火風，輪流造化。《葬書》曰：「氣乘風則散，界水則止。古人聚之始不散，形之使有此，故謂之風水。風水之法，得水為止，藏風次之。何以言之？氣之盛雖流行，而其餘者猶有止，雖零散，而其深者猶有聚。」又班固《漢書・藝文誌》：「形法者，大舉九州之勢以立域廓室舍形，人及六畜骨法之度數，器物之形容，以求其聲氣貴賤吉凶。猶律有長短，而各徵其聲，非有鬼神，數自然也。然形與氣相首尾，亦有有形而無其氣，有其氣而無形，此精微之獨異也。」

風水之法包含天文、地理、氣象、水文、地質、景觀、生態環境、建築設計、室內規劃，配以河圖洛書原理，輔以易經八卦、六十四卦、十天干、十二地支、四象、陰陽消長、五行生剋原理等。天地之間本存在各種各樣的氣，例如天氣、地氣、陽氣、陰氣、人氣、元氣、金氣、春氣、德氣、刑氣、賊氣，甚至於精神型態的浩然之氣。「氣」既是對本質的概括，也是相對獨立的特徵。堪輿之學，離不開氣、象、數。《管氏地理指蒙》卷一云：「一氣積而兩儀分，一生三而五行具。吉凶悔吝有機而可測，盛衰消長有度而不渝。」又云：「氣著而神，神著而形。」所以，觀龍之來則知氣之所行，觀穴之止則知氣之所在，觀局之聚則知氣之所鍾。小地無勢看精神，大地無形觀氣概。正因為氣在地球的表層中運動，其所表現的形式就是山脈，我們可以藉著山脈的走勢及水的流向，依此判斷分辨氣的流向。所以《水龍經》云：「氣者水之母，水者氣之子，氣行則水隨，而水止則氣止，子母同情，水氣相隨也。夫溢於地外有跡者為水，行於地中而無形者為氣，表裏同運，此造化之妙用。」

風水學講求生氣，《葬書》：「葬者，藏也，乘生氣也，夫陰陽之氣，噫而為風，升而為雲，降而為雨，行乎地中，謂之生氣。」也就是陰陽交感之氣。又云：「葬者，乘生氣也，五氣行乎地中，發而生乎萬物。人受體於父母，本骸得氣，遺體受蔭。」生氣就是一元運行之氣，在天周流六虛，在地發生萬物。再者有以土地譬人身，論生生之氣，《珠神真經》云：「生氣者，生生不息之謂也。譬之人身，充體皆氣，惟鼻之氣呼吸不息而後能生人。蓋鼻之氣統諸氣之會以施其出入，而地之氣猶是矣。然地之氣呼吸無以見，必以脈以星而見之。夫地脈以吸之，星以呼之，有脈而吸也，可知有星而呼也，可知有呼吸而生生不息也。」以上論述，有如以地脈審生氣。

一、陰氣和陽氣

陰氣和陽氣充斥於天地山川萬物之中，陰陽交感，化育萬物之氣，稱為「生氣」。風水学認為「天氣」為陽氣，「地氣」為陰氣，天氣包含大自然的空氣、風雨、陽光、雷電、宇宙的微波輻射。地氣則為地球磁場，以及從地面散發出來的氣息、水、土、動植物等。孤陰不生，孤陽不長，陰陽相配，和生萬物。而氣化於形，形復返於氣，陰化陽，陽化陰，陰陽互化，感化而通。正因為陰陽交感，所以能化生萬物。《黃帝宅經》云：「凡之陽宅，即有陽氣抱陰，陰宅即有陰氣抱陽。陰陽之宅者，即龍也。」所以相宅不得偏陰偏陽，只有陰陽具備，才能得到吉祥。而陰陽配日月，正因為日月是陰陽的精華，陽動而生陰，陰動而生陽，天之氣為陽，地之氣為陰，天氣下降，地氣上升，而風是陽氣，水是陰氣，風有氣而無形，稟性為陽，水有形而兼有氣，稟性陰，互為陰陽，陽消則陰長，陰虛則陽盛，而風與水皆行氣之生，所以要藏風聚氣，才能起孕育之作用。又因日月運轉受到時空的影響，在氣候上形成晝夜寒暑，往來而生四時，在地理上則有東西南北之別，萬物隨之生化。實務上，相宅有純陰純陽，邊陰邊陽，上陰下陽，上陽下陰，陽交陰半，陰交陽半，強陽弱陰，老陽嫩陰。故陽來則陰作，陰來則陽受。陰陽交媾，陰陽適中，才是佳地。

陰氣與陽氣又泛指事物的兩個對立面，例如人體五臟之氣為陰氣，六腑之氣為陽氣；物質為陰氣，機能為陽氣；就運動的性質來說，行於內裏的、重濁的、抑制的、向下的、減弱的微為陰氣，形於外者、輕清的、生發的、向上的、增強的為陽氣。

二、五行之氣

氣分陰陽，而陰陽之間有冲氣，冲氣即交合之氣，陰氣、陽氣、冲氣生成五行之氣。五行是最基本的五種物質，金木水火土都是由氣組成，為天地二氣在春夏秋冬四時裏交互作用所產生，五行不但影響萬物，作用於萬物，算是萬物的新陳代謝。其生剋制化、動毀、進退、循環、聚散，自有其規律。漢代王充在《論衡・物勢篇》云：「一人之身，含五行之氣，故一人之行，有五常之操。五常，五常之道也。五臟在內，五行氣具。」以五行水為例，人體屬水的器官為腎、膀胱、耳。一個人面色發黑，意謂其腎臟出了問題，中醫之補腎，大多為黑色食物，亦與五行五色有関联。（〈洪範傳〉）陰陽二氣在化生中產生五行陽氣初動而散風生木，動之極則發熱生火；陽氣凝止，陰氣初止而氣燥生金，止之極則天寒生水。五行之氣有剛有柔，有晦有明。

古人甚至認為「氣」與「形」可以互為轉化，因而才有聚則成形，散則化氣的觀念，天氣為陽，地氣為陰，天氣有五氣，濕、燥、寒、暑、風，天氣順著地形流行，而地形依著天氣而成形，氣行則形亦行，氣止形亦止。從堪輿學的角度言，骨肉是五行的清濁，魂魄是五行之变化，生死是五行之運動。《管氏地理指象》認為萬物都是五氣化生的結果，布於天為五星，分於地為五方，行於四時為五德，布於律呂為五聲，發於文章為五色，總其精氣為五行，人歸於萬物稟秀氣而生。正因為土為氣之母，有土斯有氣，氣為水之母，有氣斯有水，氣在地球的表層中運動，其所表現的形式就是山脈，從山脈的走勢及水的流向，即能判斷並分辨生氣的流向。原則上穴星木之氣聚於凸起的分段處；火星之生氣聚於水屯處；土星之生氣聚於口之側；金之生氣聚於窩泡；水星之生氣聚於飛騰之凸處。是以五行生剋關係來理解人之吉凶，認為人本五土之融結，以人體葬於土，是返其本還其原，而在穴星生氣上呈現。《易》曰：立天之道，曰陰與陽；立地之道，曰剛與柔；立人之道，曰仁與義。五行之於天為五星，在地為五岳，在人為五臟，推而行之，則為五常。又五行之氣播於四時，藉天象五星，木火土金水，闡明五行之氣從無而立有的道理。春夏秋冬四時之運行，天道一陽復始於子中，三陽泰始於寅中，六陽乾終於巳，故春陽始，夏為陽極，一陰後生於午中，三陰否始於申中，六陰坤終於亥，故秋為陰之始，冬為陰之極。春夏秋冬四時陰陽升降其間，春生夏長謂之陽升，秋收冬藏謂之陰降。故陽始則溫以生物，陽極則熱以長物；陰始則涼以收物，陰極則寒以藏物。其陰陽之生長或收藏，陰陽之升降，無非氣之流行而已。

三、化氣

氣乘風則散，界水則止。聚之使不散，行之使有止。故風水之法即在選擇地形、地勢，使能藏風聚氣。化氣的「化」，為造化、变化、交融的意思，天地之氣，化而不止，不同物質結合在一起可以化生萬物，而且变化無窮，化氣在化相冲為相和，化凶為吉，化險為夷。

水與氣的關係最緊密，沒有水就沒有氣，沒有氣就沒有水，水因氣而化，氣因水而生，就風水的角度言，山石為骨，土壤為肉，水為血脈，氣則主運行。天地之氣，化而不止，而氣有陰陽剛頑，猶有中和調化，才有生機，堪輿點穴，即強調化氣，有化就有和，和生萬物。形煞冲射有很多種，如墳墓陰煞、反弓煞、路冲、壁刀、角煞、天斬煞、鐮刀煞：等，內局亦有形局及擺設造成的煞，如頂樑煞、門衝煞、冰箱對門的煞、冰箱對梯的煞：等，只有改变形煞才能改变能量場，不外是聚焦、擴散、對應、形象所產生的能量，從而影響環境或事物吉凶。其它如紫外線、紅外線、宇宙射電也都是有能量，另有道法法術、氣功、符咒，都能聚集並釋放宇宙能量。

既然堪輿點穴，強調化氣，而龍脈以穴為子，穴可以化龍脈之氣，毋氣可以洩於子，化其剛頑，如金龍以水星為穴，火龍以土星為穴。又因氣有意化，子雖無五行之形而有五行之意，如土星尋圓，氣且行化，子雖無五行之星而有五行之形，如木星得萌芽穴。氣且有氣化，即子既得五行之形，又得五行之氣，如燥火而得低土。「氣」給人的認知很抽象，乃指聲、熱、光、空氣、物質所形成的有形及無形的氣場或能量，它有聚集和散發現象，人們基於生存之必要，不但人體本身需要陰陽平衡，環境氣場亦宜陰陽平衡。陰氣太重或陽氣過亢均不適宜。

陰陽宅對於沖和有些許差異，象界風水學著重形象感應，有形有象就有吉凶，物與物之對應就會有靈動，其所根據的是物件的涵義、本質、功能、屬性，包含地球上之植物，生活物件，对應關係，內外形局之凶象，沒有不能破的局。至於陰宅方面，則側重形局，以及墳墓造作所顯現的現象。至於傳統堪輿學，點穴講究五行生剋，《青囊海角經》云：「金須火液，雪待日鎔，化氣之妙，術家所謂改神功而奪天命也。龍有龍之化氣，穴有穴之化氣。龍無化氣無論矣。穴無化氣，術家有作用之法以化之。如頑上無金，本不可下。若龍局俱真，又不可捨葬法，憑四應所到，從孕穴打開墓頭，大作圓堆，為土腹藏金之象：故氣頑者因情以化其氣；神寂者，因位以化其神。」以上在說明凡穴地有剋象，可以化氣以化其煞。因氣有陰陽，有剛頑，不是盡淳，天地之氣，化而不止，唯有中和調化，才能化險為夷，才有生機。

四、理氣

《易》曰：「仰以觀於天文，俯以察於地理。言理者，條理也，即文理脈絡之理也。察其條理，則知中邊向背精粗大小。氣者，形之微。形者，氣之著。氣隱而難知，形顯而易見。」風水学的理氣，指的是山巒和河流所蘊含的氣，各方位之氣又有所不同，不同的時間亦有所差異。理氣的方位是根据天干、地支、八卦組合，化分為二十四個方位，每個方位均有其五行屬性，實務上必須配合星象和節令，可以說是天干地支、陰陽五行和八卦類象的綜合運用。談理氣不可不知巒頭，如果巒頭的形態不佳，即使有好的方位和當旺的時間點，仍不能稱為好風水。例如山的形勢崩陷，其氣散絕，而形勢雖具，但生氣未舒，亦為枯，其它如石枯土燥，草木枯零，水氣乾涸，崩傷破碎等，其氣必凶，氣吉，其形必秀麗，端莊、圓淨。氣隱而不易知，形則顯而易見，形者氣之著，氣者形之微，故從外形即可驗氣，在天成象，在地成形，所以仰觀天文，俯察地理，觀巒頭而知理氣。

《青囊海角經》：「凡地理，先明其理氣。山水者，陰陽之氣。山水之靜為陰，山水之動為陽。動靜之道，水水而已，合而言之，總名曰氣。析而言之曰龍曰穴曰砂曰水。有土斯有氣，氣因土而行，土因氣而盛。上有氣則潤，無氣則枯。」所以，氣行乎地中，發而生乎萬物。氣分陰陽，析而為五行，雖運於天，實出於地，行則萬物發生，聚則山川融結。生機之氣離不開水土，陰陽之氣，噫而為風，升而為雲，降而為雨，行乎地中而為生氣。

理氣是以卦理和氣結合在一起，以伏羲先天八卦配合陰陽，六十卦為陰陽氣候，文王後天八卦推測爻象，以內四卦為天地日月，並在各卦之下配分六十花甲子，併納五行，取其旺相，以合卦氣，去推知萬事萬物。而地運有轉移，天氣從之。山乘秀氣，水乘積氣，山若秀麗，即有真氣，水若澄凝，便是積氣。至於氣運則体現於龍穴，氣有虛實，有內外之別，先後之別、緩急之別、止散之別、深淺之別，不可不察。龍要層雲疊霧以合氣運，而陰陽雌雄媾會之處即有氣運。科学证明，凡是生氣聚集之場所，空氣中含有很多氧的負離子，負離子乃紫外線，宇宙線的作用，在植物光合作用的過程中所產生。在評定一處氣場的优劣，其要素其實是多元且相互制約並聯繫的，必須考慮時間、大小環境、內外形局、氣候、歷史上的变遷、地質狀況、山川走回、方位、人文、植物等各種因素，理氣除了地氣之外，尚須兼顧門氣，凡氣從生方來，則宅受生，得吉氣，氣從剋方來，則宅受剋，宅內之人易染凶氣，人事物疾必驗。又如路冲之房子，納氣受冲，易引發意外、血光、生命関。家宅前馬路夾窄，氣閉塞，難有發展。如能納到天之旺氣，地之貴氣，必然富貴。

五、形勢之氣

氣場即為氣的信息，是物質的表現形式，科学早已揭示出，宇宙間萬物的本質是能量，愛因斯坦的質量方程式說明了物質的本質就是能量，宇宙中的一切都靠能量的轉变而運作，世界上所有的物質都是由微觀旋轉的粒子所組成的，而且粒子有著不同的振動頻率，地球上所存在的二千多種礦物中，無時不在放射元素，不在運動和变化。由於各地之地氣不同，形勢不一，流水不同，礦物含量不同，就產生不同的氣，形有精粗肥瘦，則氣有厚薄清濁，形有屈伸闔闢，則氣有浮沉聚散。風水学認為，龍主形而穴主氣，無星無脈則氣不真，無斂無收則氣不止，無勢無力則氣不旺，無堂無局則氣不聚，無朝無應則氣不凝。陽宅学除了看形象，亦論氣，氣色光明精彩，住家必興旺，氣色暗淡，其家中破敗，感觉陰森，其家必衰敗。此外，氣場亦可引伸為特定的氛圍，例如，當你走進圖書館，看到許多人埋首看書，你就會感受到學習的氣氛；你一到一戶人家，其佈置擺設，感覺書香門第，你必定會觉得此家人文化氣息濃厚；當你進入股票交易市場，必然受到金錢至上的財氣；走進寺廟，必感受到幽氣；踏入殯儀館，充滿陰氣。作為客人堪宅，也常碰到主人家裡一片凌亂，感覺氣滯氣濁，如不清理，怎麼調都沒用。

此外，人類各種不同的意識層次，也都有其相對應的能量振動頻率物理学指數，例如主動樂觀，溫和善良、理智寬容，其頻率標度值可達五00以上；而自私、邪念、抱怨、報復、冷漠、絕望、憂傷、焦慮等，都在一五0以下。它代表了人們心理体驗和能量場的強度，愈低者，其生理及心理方面較脆弱，較不健康。

由於陰陽消長，季節不同，地域不同，生氣方位也不断变化，《黃帝宅經》：「正月生氣在子癸，死氣在午丁。二月生氣在丑艮，死氣在未坤。三月生氣在寅申，死氣在申庚。四月生氣在卯乙，死氣在酉辛。五月生氣在辰巽，死氣在戌乾。六月生氣在巳丙，死氣在亥壬。七月生氣在午丁，死氣在子癸。八月生氣在未坤，死氣在丑艮。九月生氣在申庚，死氣在寅甲。十月生氣在酉辛，死氣在卯乙。十一月生氣在戌乾，死氣在辰巽。十二月生氣在亥壬，死氣在巳丙。」生氣和死氣其實是並存，是相對的概念，只是方位不同而已。生氣方未必吉，死氣方未必凶，反而更要注意受氣的方位变化。概略的原則是橫來直受，直來橫受，斜來正受，順來倒受，正來斜受。

羅盤之運用，即在確定方位以明生氣旺盛與否。龍穴砂水的狀況皆取決於氣，也影響氣之流散聚集，《管氏地理指蒙》云：「四勢不會集，氣必孤寂；成形不界腳，氣必前行；降勢不連續，氣絕於來歷；樹木不茂密，氣殘於禿童；左右芒刃，氣必光射；水域不禁，氣竭於枯槁；明堂不淨，氣翳於橫逆；茫茫無應，氣散於不停、潺潺而隘，氣沉於凌通。」不管氣或能量，是可以透過一些方法使之聚集，例如樹木是很好的氣源；氣界水則止，只是忌諱在公司或住家裡面；对內局作妥善的佈置擺設，亦有收氣之效；製造和宇宙能量相同的頻率，且可以引起共振的波動，也可以取得宇宙能量；孤光放電技術也已被證實能收集宇宙能量；太極圈、佛教的「卍」、八卦、基督教的「†」、同心圓等，皆有聚集並釋放宇宙能量的功能。另外，道法之法術、氣功、符咒，也都有聚集並釋放宇宙能量的作用。

六、人体之氣

人体之「氣」，如「臟氣」或「血氣」，是代表人体組織或器官的「生理功能」，現代科学認為所有具有溫度的物体，包含生活中之器物，都會發射電磁波，叫做黑体輻射。而且所有生物分子的組成元素，主要都是碳、氫、氧、氮、磷等原子，「氣」是人体的生命能量，除了肉体，人体存在著更微細的心思與情緒体，而經絡是人体中的氣血通道，直接關係到五臟六腑的健康。

不同的「氣」，實際上是代表不同的物理及生理現象，現代物理学所理解的自然界力場：萬有引力、電磁力、強弱作用力。萬有引力是物体相吸的作用力；電磁力是處於電場、磁場或電磁場的帶電粒子所受到的作用力；強交作用力是作用於強子之間的力；弱交作用力是由W及Z玻色子的發射及吸收所引起的。而水晶氣場，屬於黑体輻射，是物理上時空扭曲的撓場。人的身体亦有氣場，是一種環繞在人体周邊環身的能量場，具有靈視能力的人，均能看見人所散發出的氣場彩色光暈，氣場能顯示出一個人的整体身心靈狀態，包含健康、心理及心靈。至於人体的「氣」，既是代表人体組織或器官的「生理功能」，它表現在人之面相上的「氣色」尤為明顯，也可以透過測量体溫、血流速、呼吸、心跳次數、肌電圖、腦電圖、血流含氧量、器官功能等參數來界定。「氣色」是從皮膚裡隱隱透出來的光澤，「氣色」就是氣魄血色，色者，氣之精華、神之胎息，發於臟腑，現於面容。此「氣」是為內氣，其渾行一身，週流於五臟六腑、百骸毛髮之間，七情出而發於皮膚之內，始則為氣，定則為色。

氣功的保健原理，乃藉「氣」之順暢運行，以修復打亂的經絡網路，讓身体負責自然痊癒力的淋巴球、白血球分子信息，藉由高速網路每天巡行全身一次，就能發揮功能，以達到養身保健之效。「氣」是人体的生命能量，除了肉体，其實人体還存在著更微細的心思体與情緒体，所謂的「氣脈」，是一種「螺旋場」，人体是個複雜的系統，經絡是人体中的氣血通道，使五臟六腑得以互相牽動。人体就像是一個複雜又完美和諧的小宇宙，唯有身心靈皆健康，才是真正的健康，過多的压力或負面心念，必然導致氣脈的紊亂，心念的轉变才是健康的関鍵。人体血管的收縮與鬆弛，並不受個人意識的指揮，而是受到自主神經系統的交感及副交感神經的控制。所以，練氣功之所以能促進健康，是因為氣通，打通任督二脈，使微血管鬆弛，因而改善血液循環，並把充足的養分送到每一個細胞，把細胞排泄的廢物收集排出体外。此外，藉氣之導引，能充分刺激自主神經系統的交感及副交感神經，促進內臟的蠕動，而達到健身的效果。

另有「人体功能態」学說，也就是「氣功態」。因為人在一天二十四小時內，會交替進入兩種人体功能態，即「清醒態」與「睡眠態」，當人在「清醒態」時，大腦有思維意識，新陳代謝、呼吸、心跳、血流、耗氧量等生理參數尚正常運作；一旦進入睡眠狀態，大腦意識消失，感覺能力大幅衰減，各項生理參數均明顯下降。此外，當一個人面對不同的環境條件，也會產生不同的生理及心理反應，因而進入不同的「人体功能態」。

第二節 質量與能量

「氣」是宇宙一切事物構成的基本物質。物理学上所用的「能量」這個名詞，類似中國人所常講的「氣」，表面上好像大同小異，但實際上「氣」遠比「能量」更為深奧，更具內涵，「氣」甚至包含身心靈。

能量除了「動能」與「位能」以外，還有熱能、化學能、輻射能、電磁能、核能、聲能、光能、彈性能、機械能等，可以說「萬物皆有能量」。能量是物質所含之作用的能力。例如水力發電、瀑布衝動水車、機械鐘錶的發條將之旋緊後能保持齒輪之運動、槍彈射出後能貫穿木板、弓箭的弓旋拉開的回彈力等所產生的動能。都是能量，另有熱光電，從我們的感官感覺亦能感受其存在。

從物理学的觀點來講，「質量」就是物体內所含物質多少之量。從量子力学來看，此所謂物質多少的量，可以說是能團多少的量。也就是說，物体內所含物質多少之量，就是構成該物体之原子的原子量，以及該物体內所含原子多少之量。所以，質量就是能或能團的量，它可以用數学方程式來代表的能團之數量。這可謂是我們通稱物質的真正意義。質量與重量均以克或磅為單位，但其意義是不一樣的，愛因斯坦的質量方程式，並不代表質量一定能完全轉換成等價的能量，它反應在質能轉換的過程必須滿足質能守恆定律。在物理学上，質量和重量是有區別的，質量是描述物体慣性的性質，也就是一物体在不受外力時，保持勻速運動的力量；而重量是帶一定質量的物体在引力場中所受的力。因為質量是不隨地位而改变其數值；最通俗的例子就是兒童盪鞦韆，鐵鏈承受著兒童的全部重量，如果旁邊的人試圖使其停止擺盪，那個人就會受到運動軌跡的慣性作用，這慣性完全是由質量而非重量所造成。質量的量度，通常都用天平；也可由勝過物体慣性時所用力的大小而量度質量。物質的重量是物体受引力強度的变化而变化，而質量則恆定不变。又如在太空中，太空人在微重力環境下漫步，他可以輕易舉起失重的通信衛星，但是在微重力環境下，衛星仍然保持它原有的質量和慣性。

從自然科学的觀點，質量是能量的存在形式，能量則是質量的存在內容。能量的形式分為空間的能量、物質內部及外部的能量。空間的能量，如光、輻射能，電磁現象等；物質內部能量，大致分為熱能、化学作用時的能量、分子能和原子能；外部能量則分為位能、動能、動能和位能三種，所謂位能，是指物質在地面上高位置時，或是彈性体受力，因抵抗重力而所得位置的能量；而動能即指物質在運動時的能量；至於動能和位能，則是擺運動時所具有的能量。

以物理学來說，人的思維與智慧是一種靈性，是一種波動、是一種能量、是一種信息。靈性說明了個人生活、社會及精神之意義與目的。波動是物理量在空間逐點傳遞時的運動現象或過程。而人的肉体是一種物質、一種粒子，它包含了骨骼、肌肉、細胞、原子、電子、原子核等，所謂粒子是占有微小局域的物体，基本粒子是組成物質的最基本單位。人的行為是以肌肉的肌電波來控制人的運動模式，以原子核與電子間所發出的電磁場來主導腦波的思維，以人体內的各種信息波來指揮內臟，以各司其運作。

原有的物理学或化学來說，質量不滅，能量亦不滅。宇宙萬物的質能總和不变，這意謂著質量既不能被創造，也不能被破壞，只是它會在空間中重新排列，或者與之相關的實体可能在形式上發生变化。但從相對論的觀点，一切物体的質量，將隨其運動的速度而改变，所以質量是相對性的。能量的变換，可以使質量產生变化，質量之增減，亦隨有能量之变換。意即質量與能量可以互相轉变。

所謂量子，「能」是運生在不連續的一小束子裡，涉及一個不可分割的基本個体，量子的基本概念為所有的有形性質是「可量子化的」，「量子化」指其物理量的數值是特定的，而不是任意值。不連續的小束子，即是能量的原子，此能量的原子，即稱為量子。量子論是一種用來瞭解和描述大自然的基本理論，量子力学也是電磁波、輻射、光、波動的基礎，它描述原子尺度及原子尺度以下的自然行為，改变了人類對物質結構及其交互作用的理解，並應用到宇宙学、量子光学、量子計算、量子化学、超導磁体、雷射、發光二極体、半導體、電晶体和微處理器等。

一、宇宙能量

宇宙能量是一種超微粒子的能量，現在科学尚無法檢測小於10的負18次方公分以下的超微粒子，更不用說物質世界背後有多次元世界的存在。宇宙能量研究的科学家，認為宇宙能量存在於多次元世界中，是10的負20次方公分以下的超微粒子，科学早已揭示出，宇宙間萬物的本質是能量，宇宙中的一切都靠能量的轉变而運作，而超微粒子有著不同的振動頻率，通常，宇宙能量是陰和陽成對同時存在，星電氣中性的能量粒子，甚至連人類各種不同的意識層次，都有其相對應的能量振動頻率物理学指數。

目前各國科學家正積極尋找安全、便利又大量存在，並且可以替代石化燃料及核能的能源，能源就是能量的來源，有了能源，自然就有了能量，而我們所賴以生存的地球，絕大部分的能量都來自太陽，包括動植物的化作生長、運動、繁殖所需的能量。能源另包含地底下的石油、煤炭、天然氣、核能；以及地表的風力、水力、潮汐、生質能等。事實上，真正的取之不盡，用之不竭的能源是「宇宙能量」。物質皆由分子構成，分子可再細分為原子、質子、電子、中子等微粒子，除了物質世界，另有多次元世界，這種雙重結構，是絕大多數科學家所認同，其實多次元世界才是宇宙的本質。人類不也是由肉体和靈魂所構成，靈魂才是生命体的本質。

多次元宇宙，可以說是能量、靈魂與智慧的總合，包含多重宇宙裡的所有宇宙靈性次元，多是現代科學無法明確說明，但又客觀存在的事實，諸如氣功、特異功能、靈媒、靈魂出竅、瀕死體驗、觀落陰、催眠、生物体內的原子核轉換等之超自然現象。與能量有關之物理現象尚有地球內部的訊息旋轉流—源場；物質在單位時間內所完成週期性是由星系、恆星、行星等組成的巨大系統。宇宙的本質變化的次數—頻率；傳遞有關一些現象的行為或屬性的資訊之函數—訊號；各種物質所表現出的波動性等。宇宙是一個包含所有時間、空間及其中內容的統一体。是物質與能量不斷進行有如火化的增減循環過程，每個人也都是這個宇宙能量網的一部份，所以，我們的思想、情感、身体狀態，都會受到周圍能量場的影響。正如量子糾纏理論，即使物質相隔遙遠，也能彼此影響。

二、人体能量

我們人的身体、器官、心理，甚至於每一個細胞本身都是一個能量場。先賢早認為人体都有「氣」，是人体維持生命所必須的能量。甚至認為所有的生命或無生命的物体都由此種萬有能量所組成，有如現代的宇宙能場觀念。人体能量與人的生命現象，存在著相當密切的關係，氣場意旨環境在人体周邊環身的能量場，少數具有靈視能力的人，都能看見人所散發出的氣場彩色光暈，甚至還看得到脈輪。氣場能顯示出一個人整体的身心靈狀態，即健康、心理即心靈狀態，因此，愉悅、焦慮或驚恐，其生物反饋數數值是截然不同的，人体從頭頂、眉心、咽喉、心臟、太陽神經叢、丹田、會陰等七處，共形成七個「查克瑞」（Chakra），這是人体該部所呈現的漏斗狀的場漩渦，也是密宗、瑜伽所謂的「丹輪」，或道家所謂的「穴道」，為能量学者所謂的人体能源系統的七重輪。

自從克里安照相術發明之後，人体氣場可以透過顯影觀察，瞭解人体九個內分泌腺系統及數十種荷爾蒙的生理作用，因為人体經絡是連結許多穴位的能量通道，人體的十二條經絡聯繫著臟腑、肌肉、筋膜，只要經絡通，就能百病不生，站在中醫的角度，透過對穴位的調理，即經脈上的經氣及氣血聚集處，所以又叫「經穴」。人的身體、心理、器官，甚至每一個細胞本身都是一個能量場，這些能量場會隨著人的生活、飲食、習慣、想法之变化而擴充、縮小或改变。人體的能量系統可分為五個系統，即精微體、脈輪、心輪合一、坤達里尼、中央光柱等系統，此非本節所要探討的主題，根據能量磁場的研究報告，人體的能力磁場時時都處於不同層次的震動狀態。

「氣」雖然是客觀存在，但是看不見，先賢早認知，由氣而化形，形返於氣，聚則成形，散則化氣，氣與形可以互為轉化。形是指人的五官可以感知之物，例如聲、光、熱、氣流等，根據WHO一項分析報告指出：人類疾病有21 %需要靠藥物治療，63 %可以運用自我及自然潛能治療，16 %無法治療。這所指的自我及自然潛能，就是指人體能量、飲食、生活、甚至是文明的壓力，也可以說是「身心靈」的健康。這其中，「氣」佔著舉足輕重的份量，氣的運作可以從無形的念頭轉為無形卻可測量的形式，然後再轉為有形又可見，且能驗到的具體事物。人體精微體系統，也就是一般所認知的氣場分層，氣場由內到外分很多層級，精微體是人體能量系統最外圍的一層，在整個人體的作用，在於循環肉體內外的能量，穩固並且有保護身體與內在能量系統的功能。蘇聯科學家所提出的「超微粒子場」理論，說明一切物質的周圍都有一種看不見的霧狀場，而且物質之間，人與物質間所形成的超微粒子場，具有互動關係以及吸引或排斥的相互作用。

可以說，大至宇宙天體、日月星辰，小至砂土塵埃，都可視為氣的外形表現。量子科學的研究，更使得人類對客觀世界的認識，從宏觀世界進入到微觀世界。

「氣」是維持生命活動所必需的能量，氣藏於血中，運行於血脈之外，聚集於穴位之中，在外濡養皮肉筋骨，在內維繫臟腑功能。黃帝內經：「氣合而生，津液相成，神乃自生」，又說「人以天地之氣生」。氣是維繫生命所必須的精微物質。根據中醫典籍的記載，人體之「氣」的來源有三，分別是來自父母所生的肉體中，腎所藏的「先天精氣」，由肺吸入人體，來自大自然的「清氣」，由消化道所吸收的「水穀之氣」，此水穀之氣就是營養物質。人體之氣，不但可與血液、精互变及轉換，並促進血與津液的流動及內臟的運作，維持體溫在正常範圍，控制精液及血液的流動，控制汗與尿液有節制的排除，還能保護肌膚體衰，防衛外在病邪的侵犯，提升免疫力。

第三節　磁效應

物質的磁性取決於物質內原子和電子狀態以及其相互作用，性能包含聲學、熱學、光學及電學，其作用不但引起磁性的变化，性能亦相互聯繫，相互影響，這些变化統稱為磁效應。磁效應提供給科學界了解物質的結構，物質內部各種相互左用，以及其所引起的各種物理性能的相互聯繫信息。磁效應主要有磁聲效應、磁熱效應、磁光效應、磁電效應、磁—力效應，以及其逆效應。例如「超導體」，表示某些導體在接近絕對零度（-273.75℃）極低溫情況下，電阻將消失，而沒有阻力，沒有能量的消耗，也意謂著沒有電力的損耗。由於超導體本身的抗磁性，使得「懸浮」火車得以實現，甚至於如能開發室溫環境下的超導體，則人類生活必然會起很大的变化。

一、地球的磁場

地球的磁場由不同來源產生的磁場疊加而成，絕大部分是地球核心內導電物質的運動所造成，另外還有地殼的電流及大氣電離層中的電流，所以，地球是被一股磁場包圍，這個磁場就是地磁。地磁能夠阻隔因太陽所向外釋放的高能量帶電粒子，以保護地球生物面受太陽風的威脅。地磁場是一種電流，乃地核向外散發熱量時，引起外核中熔融铁的對流運動，進而產生電流，是一種電流的磁效應，而地球表面的磁力線是從地磁南極發出，經地表指向地磁北極，地磁場是一個與地球自轉軸呈11度夾角的磁偶極子，地球上任一處的磁北方向和正北方向之間存在地磁偏角，當地磁北向實際偏東時，地磁偏角為正，反之為負。故當磁偏角西偏時，是指北針的零度方向，已經偏到西邊，所以測量到的景物方位，都會比真實還大，反之，當磁偏角東偏時，則指北針的測量值，會比實際還小。

地球磁場由南極到北極，形成封閉的磁力線，所有的導航系統，風水師使用的羅盤，都是利用地磁，甚至於鴿子、候鳥、海龜等動物，也都有類似指南針的生理結構。地磁場的強弱，會因地域和時間而有所不同，包含太陽活動、星體運動，地球自轉、地質变動、地下水的分佈，都會改变地磁場的強度。另據科學家的研究，發現地球的某些不同年代的礦物，它們內部所含磁性物質的排列，每隔數十萬年，方向會翻轉一次，據此推論地殼內部帶電性岩漿流動與擾動的關係，每隔數十萬年這些岩漿流動的方向會改变一次，因此因電場而產生的磁場，就會跟著翻轉一次。歷經數十萬年，地球上所有生物與地球磁場，早已適應並和諧共振，而一個反轉的過程，大約要歷經七千至一萬年，萬物勢必要經歷很大的衝擊，諸如氣候变遷、輻射線增強、導航錯亂，動物迷路、生理適應等等問題。

二、地磁風暴

太陽是由氣體構成的巨大球體，位於太陽系中心的恆星，通過其核心的核融合反應加熱到白熾，並以可見光、紅外線和紫外線的形式輻射能量，是地球上之生物最重要的能量來源。地磁風暴是太陽的巨大日焰所生之太陽風震波，或磁雲與地球磁場交互左用所引起的地球磁層擾動。太陽向外釋放高能量的帶電粒子，太陽風的磁場與地球磁場交互作用，將增加的能量轉移到磁層中，因而使通過地球磁層的電漿體以及磁層和電離層中的電流增加。由於磁暴，因而使電離層的游離化增強，也使極區的極光特別絢麗，干擾無線電和雷達的電離層擾動，對電子通訊產生干擾，羅盤顯示異常，甚至使高壓電線產生瞬間超高壓，造成電力中斷，衛星導航出現誤差，所幸人類身體健康的影響不大。

地球磁場雖然可以阻隔太陽風的繫擊，但在太陽活動異常激烈時，太陽風還是能穿透地球磁場，太陽活動的周期性变化約為十一年左右，一些漩渦狀氣流，從地球望去，像是太陽表面的黑斑點，稱為太陽黑子。黑子的聚集，意謂著太陽的侵略度之增加，太陽表面出現局部的大爆炸，也就是所謂的「太陽閃焰」，會釋放大量電磁輻射，其能量相當於四百億顆核子彈的爆炸威力，以時速超過五百萬英里的速度射向地球。此外，「日冕」是太陽大氣的最外層，從色體邊緣向外延伸，它是由很稀薄的完全電離的等離子體組成，主要是質子、高度電離的離子和高速的自由電子，日冕溫度是太陽表面溫度的數百倍，達攝氏一百萬度，有了日冕儀的發明，人類欲觀看日冕，趁著在日全蝕時太陽光球被月球遮住，大氣和觀測儀的散射光隨之減弱，即能觀測到日冕。或用射電望遠鏡對日冕作常規的觀測，已對其所釋放的猛烈太陽風暴有所掌握。

三、生活中的磁場

磁場是由電子流和帶電荷的原子（離子）所引起，每當磁力發生变化，原子和其它粒子的流動方向就會受到影響。在地球上能產生磁場的東西，包含磁鐵、磁石、電流，以及隨時間变動的電場，大自然中的靜電場無所不在，例如在冬天時，由於氣候乾燥，常會在手碰觸金屬時感覺被電電到，這是因為身體上帶負電荷的靜電，遇到環境中的正電荷，兩者瞬間中和的現象。靜電式電荷在物質系統中的不平衡分佈產生的現象，例如，以布用力擦拭塑膠板，就能將小紙片吸起來，或用毛皮摩擦琥珀，絲綢摩擦玻璃棒，均能使物體帶電。除非被其它物體移走，電荷會保持在物體上，所以稱之為「靜電」。至於電流是電荷在導體中的定向移動產生的電學現象。

我們生活環境中的物體皆有帶電，帶有相同數量的正電與負電，是為電中性的狀態，也表示不帶電的狀態。只有在不同的兩個物體相互碰撞，其中一方的負電將會轉移到另一方，移動到吸引負電力道較強的一方，此時負電被奪走的一方，正電會變多，而奪走負電的一方，則負電會變多，這種失去平衡狀態的電荷叫「靜電」。接著正負電的物體相互靠近，負電會回到帶正電的一端，就會產生「放電」的現象，也就是釋放負電，導致物體間有電流流動。我們也可以透過實驗呈現電流通過的情形，就是當電流流動時，其周圍會出現磁場，若把磁體推入線圈中，也同樣會產生電流。也可以在正極與負極通電之後，讓磁鐵接近，其電子束會明顯的偏向，可見磁場對某些物體或原子有某些程度的影響。所以，電流本身除了有「熱效應」、「化學效應」、「物理效應」之外，它還具有「磁效應」。

電磁學認為磁鐵、磁石、電流、含時電場，都會產生磁場，處於磁場中的磁性物質或電流，會因為磁場的作用而接受到磁力，而電場與磁場之間也會有密切的關係，隨著時間变化的磁場會產生電場；隨著時間变化的電場也會生成磁場，它是屬於含時電場，在人體上隨著時間而有運動的現象，又例如身體上的電荷是靜止的，就稱為靜電場。所以，人身體的靜電荷會產生電場，此变化的電場會產生磁場，磁場會引起電場，這是一種交互的現象。

當一個人的身心能量受阻，個人的磁場振動頻率就會变慢，站在地理風水的角度，房子不通風、擺設格局不對，堆滿雜物、擺設水晶或石頭、玻璃過多、電器以及文明的產物充斥屋內，必然產生負能量，磁場必然紊亂，身心靈及運勢必然受影響。

第四節　易理

易理就是事物的本質性理，所謂天有天理，地有地理，人有人理，物有物理，心有心理，情有情理，世界上的任何事物都有它的道理。地理是依據生活環境和天體的方位而影響人之吉凶禍福，因此順乎自然，合乎人文，才有好的居住環境。易者，变化也。易理是指客觀变化前提下形成的規律，易經是以陰陽框架的形態和变化，代表萬事萬物的發展变化，進而延伸更深入且廣泛的理論。意即說明宇宙萬象萬物之生成，發展，变化之理。舉凡事物的变化，象數之真義，事物的發展，必有其規律，內含变化之理，萬物由無到有謂之理。

《易經》蘊涵著深刻的自然法則和辯證思維，是中華民族五千年智慧的結晶，易經即天理，理天之道，易理之於時空，就是萬有事物之原理，也是宇宙事物之性理；之於世人，即是吾人之性理，人類之天性。所以讀書在求知，追求真理，教育的目的在培養正確的思想，修行在求道，學易經的目的在讓人明理，理通則一切就通。易經是從整體的角度去認識和把握世界，把人和自然看作是一個互相感應的有機整體，即天人合一的觀念。理含有道理、理義、料理、照應、性理、物理、理由、治理、推想、思考、法則之意，萬理不外乎一陰一陽，所謂「易窮則变，变則通，通則久」，易乃藉天地消長之理，應對於萬事萬物，使人明瞭天地大義，而樂天知命，明義理所以明道，通稱「道理」。

《易》曰：「窮理盡性，以至於命」，性者天之性也，命者處理性者也。大凡世間每一事物之背後，皆有一個理之存在，是宇宙一切萬象所由生，理必先於事物而存在，凡是理必有脈絡可循，窮理在於窮究宇宙事物之理，發揮人之善良本性，將之融入生命體中，《說卦傳》：「昔者聖人之作易也，將以順性命之理，是以立天之道，曰陰與陽；立地之道，曰柔與剛；立人之道，曰仁與義。」以仁義為性命之理，人要秉持仁義，才能顯現生命的意義和價值。窮理盡性有如《大學》中的格物致知，說明正心、誠意乃是治國平天下的先行工功，曰：「古之欲明明德於天下者，先治其國；欲治其國者，先齊其象。……欲誠其意者，先致其知；致知在格物。」格物而後知至，又朱子說：「所謂致知在格物者，言欲致吾之知，在即物而窮其理也。蓋人心之靈莫不有知，而天下之物莫不有理；惟於理有未窮，故其知有不盡也。是以〔大學〕始教，必使學者即凡天下之物，莫不因其已知之理而益窮之，以求至乎其極，至於用力之久，而一旦豁然貫通焉，則眾物之表理精粗無不到，而吾心之全體大用無不明矣。此謂物格，此謂知之至也。」

所以朱子是由心的認知作用以明理，從而使心合理，產生道德的行為，人有心知之明，心知會因明理而逐步發揮其作用，進而對事物之理有完全的瞭解。再就「性」而言，《中庸》云「天命之謂性」，人知性乃承天命而來，人性稟賦於天，稱之為天理，「盡性」就在於去發揮上天賦予的善良本性。就「命」而言，命就是生命，人與禽獸之異，唯人能窮理盡性，人能明理又發揮天性，所以人為萬物之靈。性加上命，不同於生命，性命包含生命的意義和價值。總之，天下之物莫不有理，莫不有性，莫不有命，所以謂之理者，窮之而後可知也。邵伯溫云：「以目觀物見物之形，以心觀物見物之情，以理觀物盡物之性，窮理盡性以至於命，是謂真知」。黃畿云：「以天下之物言之，天地人物皆物也，仰觀於天則有日月星辰之理，俯察於地則有水火土石之理，近取諸身則有性情形體之理，遠取諸物則有飛走木草之理。理則性之在物者，性即理之在心者，命則性之在天者，雖聖人豈有過於此哉？」

一、易之意義

易有簡易、不易、变易、交易四種意義。易經在說明宇宙萬物生成、發展以及变化的道理，舉凡事物的变化，象數之真義，任何事物的生成或發展，必有其規律，內含变化之理。萬物由無到有謂之「理」。子曰：「吾道一以貫之」，孟曰：「夫道一而已矣」，邵伯溫語錄：「天地萬物，莫不以一為本。原於一而衍之以為萬，窮天下之數而復歸於一。一者何也，天地之心也，造化之原也。」朱子的周易序文說：「散之在理，則有萬殊；統之在道，則無二致：形一受其生，神一發其智。」都在說明以一理而統一萬理，以一事而貫通萬事，一事通則萬事通，如此才能值簡馭繁。易經即理天之道，易理於時空之內，就是萬有事物之原理，宇宙事物的性理。對人來說，即是吾人之性理，人類的天性；之於事物，易理在說明萬象萬物变化文理。學易經的目的在讓人明理，知事達理，理通則一切通。讀書是為了求知，追求真理，修行是為了求道，教育的目的在培養正確的思想。

易乃藉天地消長之理，應對於萬事萬理，使人明瞭天地大義，而樂知天命，明理義所以明道，明白道理。易經所論述的八卦、六十四卦、河圖十數、洛書九數、大衍之數等，就是一種陰（⚋）陽（⚊）兩爻奇偶十數的排列变化法則，以象徵宇宙萬有的排列組合與变化。《繫辭上傳》：「乾知大始，坤作成物，乾以易知，坤以簡能。易則易知，簡則易從，易知則有親，易從則有功。有親則可久，有功則可大。可久則賢人之德，可大則賢人之業。」故易簡指乾之易知，坤之簡能。乾象之知，屬不慮而知，故甚為平易；坤象之能，屬不學而能，故甚為簡易。也表示乾象道理平易，所以容易瞭解；而坤象方法簡易，所以容易遵行。乾能夠在变化中看到事物本質，而坤能夠將複雜的問題簡單化。易窮則变，变則通，通則久，就是通变求常的自然法則。

（二）簡易

簡易即簡單容易，平易近人之理。所謂「大道至簡」，宇宙萬事萬物，錯綜複雜，只要瞭解其原理，掌握複雜事物的簡單規律，就能把複雜的道理或事務，予以簡化。人們往往習慣把簡單的問答複雜化，反而陷入各種糾結，很多事物其實不須過度思索，過度解讀，只要掌握核心，抓住重點，解決主要矛盾，一切自然可以迎刃而解。萬事萬物，必有其理，兩儀可代表簡易的相對現象，如父母、夫妻、男女、君臣、吉凶、生死、是非、寒暑、明暗、上下、正反、晝夜、善惡等，萬理不外乎一陰一陽，凡事愈簡單，愈容易讓人理解與掌握，也易於貫徹執行，本來一件複雜的事物，要把它簡單化，是一件很不簡單的事，只要透析事物規律及其發展变化，瞭解其原理，就會变得很簡單，例如人際關係總會涉及到複雜的人事物之互動，一個很簡單的方法，就是「真誠」，真誠就能交到朋友，得貴人助，化是非於無形；人生總有面對不完的事物，父母、配偶、子女、生活瑣事、經濟問題、追求功名等，其實不要慾望太大，凡事不與人比較，只要知足就會快樂。

（二）　不易

不是就是不變的道理。觀察宇宙現象，固然生生不息，循環不已，變化無窮，日新又新，瞬息萬變，卻也有萬事不變的一面，即在變化中，有不變的規律，這個規則、法則就是變出來萬象的那個東西，是永恆、規律、本體、本源。所變的是「萬物化生」的現象，不變的是孔子「吾道一以貫之」的道。《繫辭傳》：「一陰一陽之謂道」，也是一種不變的道。蓋孤陰則不生，孤陽則不長，故天地配偶以陰陽；男以女為室，女以男為家，故人生配偶以夫婦。《說卦傳》：「昔者聖人之作易也，將以順性命之理；是以立天之道，曰陰與陽。立地之道，曰柔與剛，立人之道，曰仁與義」。人為萬物之靈，人為宇宙的主宰，人之行道，不能離開仁義，天理自然也離不開陰陽剛柔。

自然界天地循環，星體運行，四時秩序，四季變化，寒暑晝夜，一年十二個月，一日二十四小時，循環往復，均有特定的規律和道理。所以，人的行道，也要合乎天理，順乎自然，而達到孔子所謂「與天地合其德，與日月合其明，與四時合其序，與鬼神合其吉凶。」的天人合一境界。

（三）　交易

爻的本質就是交，以交易來示变，交易也是互通，買賣就是一種交易，而本質的交易，近似化學及物理學的質能互換律；現象的交易，泛指一切生物或無生物的化生交易作用，尤其是人與人之互動，經貿活動等。《說卦》：「天地定位，山澤通氣，雷風相薄，水火不相射，八卦相錯」。易經中所談的卦爻、河圖、大衍術等，都離不開陰（⚋）陽（⚊）、奇（一三五七九）偶（二四六八十）、剛柔等之交易。交易也是上下尊卑、高低、剛柔之往來，有往來即有交易，有交易則產生吉凶，例如天地乾坤相交則為泰，不交則為否；水火相交則既濟，不交則未濟。《繫辭》：「剛柔相摩，八卦相盪」，就兼含有形、無形二種交易，另從數理方面而言，離不開自然級數、幾何級數、錯綜數的排列組合與交換。總之，交易是萬物發展所必須，一陰一陽之謂道，陰陽爻相交易，由乾父坤母而得「六子」，再以乾六陽與坤六陰交易，又可以生出六十四卦。天地交，則萬物生；陰陽交，則八卦生；雌雄交，則繁衍生；上下交，則和諧生；思想交，則智慧生，有交易，才有生發作用。

（四）变易

变易是以「不易」為基礎的变化，有交易就有变易或变化，宇宙萬物，沒有一樣東西是不变的，变易反應宇宙萬事萬物的發展变化過程，「易」窮則变，变則通，通則久，當事物發展到極致，就必須求变化，变化之後便能夠通達，能通達，則能恆久。《繫辭傳》：「變動不居，周流六虛，剛柔相易，不可為典要，為變所適」。變是為了生化，變化為進退之象，陰消則陽長，陽進則陰退，陰陽由交易而生變化，都有一定的自然規律和對象，而交易變化的動力，離不開剛柔兩性的推擠而產生，由陽的剛性而主動和陰的柔性而主靜，二者相互吸引推摩，然後產生交易和變化。

變動是易理應用的法則，「變」是宇宙運動變化的著適性和永恆性，「通」是運動變化的連續性和事物之間的相互關聯性，「久」是事物運動變化後的相對穩定及持久狀態。變易是易經的最大特色，六十四卦可代表變易的複雜現象，大自然的春夏秋冬，生命中的生老病死，人事的吉凶悔，無不在變，所以「一闔一辟謂之變」。事物交感化育，而互為裁節取用，就是變，遵循變的規律並順應客觀事物現象，就能亨通。總之，人生百態，生活瑣事，人際關係等，只要把大自然的道理引入人世間，就能知曉變與不變的道理。例如，易會變，經不變；人際互動，不變的是相互尊重，變的是意見不一，認知有異，互相溝通，所以，透過對待關係，懂得變與不變的道理，以不變的原則，去應對萬變的現象，為人處事自然能通達。企業經營何嘗不是如此，地球村時代，國際貿易興盛，產品需求導向，尤其是高科技產業，技術日新月異，不論是經營、管理、市場，隨時在更新變動，迅速應變是唯一的致勝關鍵。改變企業體質，才能迅速創新變革，提高效率，具備競爭力，而不變的原則是滿足顧客的需求。

二、易理推演

易經在說明宇宙萬象萬物之生成、發展及變化之理。舉凡事物的變化，象數之真義，事物的發展，必有其規律，內含變化之理。易理是事物的本質性理，是客觀變化前提下形成的規律，易經是以陰陽框架的形式代表萬事萬物，以陰陽八卦的符號和數理的邏輯來說明宇宙人世萬象，研究宇宙人生的現象和道理，說明宇宙人生變化的法則和運用的方法。

(一) 陰與陽

宇宙之道源於陰陽，陰陽起源於古代中國的哲學觀念和思維模式，天體有陰陽，萬物分陰陽，陰陽變化而生五行，陰陽五行可以用之於天，亦可用之於人事。陰陽描述性質相反相成，互相對立又互相依賴，恆久持續的兩種力量，古賢先賢透過奇偶之數演化過程，創造「陰、陽」符號，應用客觀條件賦予意象生命，使之能廣泛應用於日常生活當中，從大自然演繹變化中發覺事物運動發展規律，反覆思索天象與人類的相互關係，淬取義理，透過陰陽符號演繹，窮盡天象至理為天下事理、陰陽義蘊備載於易，把宇宙中的萬事萬物，抽象籠統且富邏輯性的歸結到八個系統符號裡，通過數理去轉換的深層又多元哲理。

古時伏羲仰觀天文，俯察地理，始作八卦，以類萬物之情，陰陽概念來自對自然現象和人自身的觀察，陰陽由動靜而來，動靜由太極主宰，所謂「動而生陽，陽極生靜，靜而生陰，靜極後動。一動一靜，互為其根，分陰分陽，兩儀立焉。」陰陽各有極，極之又極，是為太極。陰陽乃由太極而生，陰陽二氣有各自的性質，具有主導萬物生殺變化的力量，宇宙間一切事物所表現出來的功能性態，都是成對的，在宇宙之氣、形、質、能、醇和未分，一片混沌之中，天地混元，自有孕育萬物，具足萬象的渾淪之氣，成為造化之主宰，孔子將此無可名狀稱之為太極。古人對陰陽二氣賦予的性質，起自人對氣候寒暖與物象變化的感知，陽氣炎熱、光明、躁動、資始、主動、清輕、剛健、外向；陰氣寒冷、沉靜、柔順、向下、衰退、濁重、晦冥、肅殺、內斂。陰陽代表尚有白與黑、大與小、上與下、男與女、善與惡、順與遂、左與右、君與臣、向與背、顯與隱、雄與雌、表與裡、南與北、清與濁、日與夜、夫與妻、文與武、先與後、神與鬼、進與退、往與來、呼與吸、新與舊、本地與外地、尊與卑、貴與賤、福與禍、子與女、奇與偶、成與敗、父與母、伸與屈、主與客、強與弱、得與失，主動與被動、理想與實際、過去與未來、實與虛、原因與結果：等。

陰陽二氣相交更代的循環，亦可解釋四季之寒暑交替，晝夜長短，以及日食、月食、乾旱、洪水、地震等災異，另外，人亦兼具陰陽二氣，陰氣主骨肉、陽氣主精神、身體器官分臟腑，魂為陽之精氣，是附氣之神，為精神之性質，魄為陰之精氣，是附形之靈，為形體之功用。生活層面上，凡事可分陰陽，如實際與理想、領導與管理、創新與仿造、行動與推理、重量與能量、求學與就業、連續與中斷、實與虛、天然與人為、正途與異途等。此外，自古流傳的五術命理，風水、論命、相術、占卜、擇日、中醫等也都授用陰陽、五行、氣作為其推論解釋的基本概念。

古人對自然界的見解，是以整體觀念來認識，而且是處於一個和諧共存狀態，也就是沒有一件事物或形態能夠獨立於整體而存在，每一件事物都與整體環節有關聯，陰陽是物質、能量、有形、無形，甚至是一套通暢理論。易經六十四卦三百八十四爻的排列組合，代表著萬事萬物中陰陽二者之間錯綜複雜的現象，也代表著人事物的發展與變化，既然陰陽概念是源於對自然的觀察，一切事物莫不肇端於陰陽，陰陽二氣本無定位，用法六虛，託之於山河大地，放之於宇宙日月五星，寓之於人體四肢百骸，宇宙萬物存在著陰陽二氣的組合現象，也有相復相成之關係，更具有相對性和靈活性，事物的陰陽屬性也並非絕對不變，陰陽關係會隨時間和場合的不同有所改變，而且與對立面去比較或相應。例如坎為水為陰，離為火為陽，但以卦性而言，坎卦一陽爻二陰爻，為陽卦；離卦一陰爻二陽爻，為陰卦。陰陽亦存在對立與統一的自然現象，例如水火、天地、日夜、雌雄、動靜、進退、成敗等，對立統一是一切事物都不能違背的法則，事物的變化是由事物本身陰陽兩個方面，不斷運動和相互作用形成的，事物的生成和毀滅都是來自於這個根本法則。又以人體為例，肉體為陰，生命活動為陽；四肢顯於外，為陽，臟以藏為主，屬陰。陰陽之劃分具有變動性，在變動中亦包含著不變，萬物的陰陽關係，其本身亦包含著矛盾，即陰陽之中復有陰陽，例如離卦所代表的自然物，為火為陽，然離卦之中爻為陽爻，即是陰中有陽。

陰陽對立亦交感而達統一和諧，例如地天泰☷☰卦，由於地在上，陰氣濁而下降，天在下，陽氣清而上升，天地交感而兩氣相通，氣化交流而萬物暢遂，人事協調通達。陰盛陽衰，陽盛陰衰，陰陽消長是一個量變的過程，而陰陽轉化則是質變的過程。例如某些急性瘟熱病，由於熱毒重，耗傷大量機體元素，因為持續性的高燒，會突然出現體溫下降、四肢厥冷，脈微欲絕之症狀，就是由陽症轉化為陰症的現象。

陰陽維持著動態的平衡，陰與陽均不能獨立存在，亦不能獨立脫離與另一方的關係，同時要依靠另一方作為其定義及存在的依據。例如，寒涼可以降低溫熱，溫熱可以驅散寒涼；人體的興奮機能與抑制機能亦經常處於相互制約的平衡狀態。這個平衡並非靜止和絕對的，而是維持一定的範圍及限度之內，可能陽長陰消，亦可能陽消陰長，例如，從夏天至秋天，秋天至冬天，氣候由炎熱逐漸轉涼變寒，這是陽消陰長的過程；在從冬天至春天，春天至夏天，氣候從寒逐漸轉暖變熱，這是陰消陽長之過程。

《繫辭上傳》：「一陰一陽之謂道，繼之者善也，成之者性也；成性存在，道義之門。」其中蘊藏宇宙一切變化，萬事萬物莫不在陰陽二氣下孳滅，陰陽的對立統一運動，是自然界一切事物發生、發展、變化及消亡的根本原因。《內經》曰：「陰陽者，天地之道也，萬物之綱紀，變化之父母，生殺之本始，神明之府也。」此段話更明確指出陰陽是天地萬物共同遵守的普遍規律，是生命運動的始因，是一切變易的泉源，更是精神和各種功能產生的基礎。總結陰陽關係，包括陰陽對立、陰陽互根、陰陽消長、和陰陽轉化四個方面。其過程是平衡的，穩定的，漸變的，是由量變到質變的過程，由否定到否定的歷程，只是各種事物之週期有所差異而已，沒有變化就沒有發展，沒有矛盾就沒有變化，陰陽一體，一進一退，一消一長。吾人若能善用陰陽對待關係，自然富邏輯性地推演出任何事理，甚至可參透前世今生，因果由來。也可以從陰陽關係中找到諧調的法則，領悟出天道。所以，易乃教人法天象以明人事，窮盡天象至理為天下事理，物極必反，禍窮亂極，人心知悔，否極泰來。

(二)元、亨、利、貞

元亨利貞，語出《文言傳》說：「大哉乾元，萬物資始，乃統天。雲行語施，品物流行：乾道變化，各正性命，保合太合，乃利貞。」又「元者，善之長也，亨者，嘉之會也。利者，義之和也。貞者，事之幹也。君子禮仁足以長人，嘉會足以合體，利物足以和義，真固足以幹事。君子行此四德著，固曰乾元亨利貞。」

元亨利貞為《易經》中的四德，取自於自然界植物的生長過程。在易經的卦辭中，有點出「元亨利貞」的有乾為天，坤為地、水雷屯、地澤臨、澤雷隨、天雷无妄、澤火革等七卦。《繫辭上》曰：「乾知大始，坤作成物。」所謂元亨利貞，乃對乾與坤創生萬物功能的讚語。乾坤合一，天地交通，就是元亨；而陰陽相應，相互協調配合，成和而物生，天地生物以利人，這就是利；貞，指事物獲得了正定。

乾坤二卦有著對立統一的關係，而乾坤合德生成諸卦象，天地交感生成萬物，且相互作用，相互依存。「元亨利貞」在自然界相當於春夏秋冬，元：對應春天，萬物生發，植物發芽，象徵事物的初始；亨：對應夏天，萬物暢茂，植物的生長，象徵事物的成長；利：對應秋天，萬物成熟，象徵事物的收穫；貞：對應冬天，象徵萬物的收藏。乾卦之德，有純陽之性，自然能以陽氣始生萬物，而得元始、亨通；能使物性和諧，各有其利；又能使物堅固貞正而終。

「元亨利貞」是自然規律形成的四大要件，人法地，地法天，天法道，道法自然，自然是創造、孕育一切的起源。因此元亨利貞不宜與吉、凶、悔、吝、無咎、厲等斷辭來表達其內涵。乾：元亨利貞是乾卦的卦辭，是乾卦的四種特質，乾坤是天地，天地生萬物，而萬物生生不息之謂「易」，乾坤合德生《易》之六十四卦。乾坤在六十四卦中是主象，取象天地是固定不變的，有了乾坤，有了陰陽矛盾統一，陰陽互根，才會成象成形，成男成女，乃至化生萬物。乾為天，萬物都是「元」的功能，根據自然規律的創造，孕育衍化而成的。乾之為天體，行健不息，萬物因而產生，而上天這種生生不息之仁，是所有德性之根源，從太極、兩儀、四象、八卦，萬物種種之境遇，皆在「元亨利貞」的四大特質範疇內，故以天道言之為元亨利貞；以四時言之為春夏秋冬；以人道言之為仁義禮智；以氣候言之為溫涼燥濕；以方位言之為東南西北；以物言之為色氣財酒。所以，乾健的本質特點，是事物變化的永恆性，它可以說是天之道及於人之道的演繹活動。

「元」統領著天道自然，是萬事萬物的本源，主宰萬有的開始與生成，從無到有，是一切天象、現象、萬物之始生，具備創始，孕育的功能，一切活動發展的作用，所以元是起源、創始、善之長、復始、心念、循環的開始。

「亨」是通達、順利、亨通、嘉之會，通行無阻、通關、感應、享用、轉化、提昇。天體對萬物具有彰顯亨通的作用，四象之上為形而上者謂之道，為太極、兩儀；四象之下為形下者謂之器，為八卦、六十四卦。只有陰陽和合，上下交流，才能萬物化成。

「利」者義之和也，是利益、祥和無害、無往不利、各得其所、共利、公利、雙贏、各正性命、保合太和。天體的運轉與化育，自然又和諧有序，萬物各得其所，互助合作、蒙受和諧之利，而能順天利物而合義。

「貞」為事之幹也，為貞固、固守、正固、堅定、堅守正道，天剛毅行健，化育不息，人法天行，參疊化育，依循常規正道，不執著於好壞不執著於外象，持之以恆，堅定信念，保持誠信，才能善始善終。

(三) 吉、凶、悔、吝

吉凶指卦爻中之得失，悔吝為卦爻中之小疵，悔事有過失而悔恨，吝為做錯事而不知悔改，不知羞恥。就以「形而上」者而言，天地間沒有所謂絕對的吉凶，也沒有絕對的是非，也沒有絕對的好壞，是人之心理相對的一種反應。易經六十四卦，沒有一卦是大吉大利的，也沒有一卦是大凶的；而貴賤是由存在的位置之不同，當位不當位而已；幸福也是沒一定的標準；快不快樂更是因人而異。嚴格來講，吉凶悔吝四個變化之中，只有吉是好的，所以萬事萬物只有四分之一是好的，故人生不如意十之八九，瞭解人生艱辛寂寥的本質，就能處之泰然。

「悔」可以看作是過之，所以易經中的无悔是指在做事之前知道這件事，做了對自己沒什麼好處，但卻必須要做；悔亡，是自己做了之後不再後悔。而之所以有「吝」，是指一個人應該做某事，但是由於他內心的一些想法或顧慮，而沒有去做，或是做的不甚成功。從人的角度言，「悔」就是煩惱，「吝」是困難，人愈是在意得失，愈會使自己陷入痛苦或煩惱，因此，只要認知有得必有失，勿太過著重虛榮或炫耀，置身於簡樸無華，慾望有節制，知足常樂，自然就不會陷入吉凶悔吝的漩渦裡。

(四) 卦辭、爻辭、彖傳、象傳

卦辭在討論卦的意思，例如水火既濟，既濟亨小利貞，初吉終亂。說明《易經》六十四卦每卦要義的文辭‧內容主要有自然現象變化；歷史人物事件；人事行為進退得失；吉凶之評斷。或分為占兆之辭、象占之辭、敘事之辭。一般會舉出暗示或潛藏意義的形象，或列舉用於譬喻的相關事例，再寫出吉凶的斷語。除了記載西周初期前的歷史事件，也涉及到狩獵、飲食、戰爭、經商、旅行、婚姻、爭訟、享祀、農牧、疾病、孕育等內容。

「爻辭」，易經由小成八卦以不同的次序兩兩重合，產生了六十四卦，每一卦由六個爻組成，六個爻由下而上稱為初、二、三、四、五、上，陽爻稱為九，陰爻稱為六，例如水天需，下卦為乾☰，上卦為坎☵，六個爻分別為初九、九二、九三、九四、九五、上六。爻辭即在解釋六十四卦各爻象的文辭，如前卦初爻為初九，潛龍勿用就是乾卦初爻的爻辭；坤卦初爻為初六，履霜堅冰至就是坤卦初爻的爻辭。

「彖傳」在解釋六十四卦的卦義，統論一整卦的卦體，說明每一卦的主爻從何而來，彖傳在十翼中，稍有別於《序卦》、《象傳》、《繫辭》、《雜卦》，尤其在卦的特性和卦象的說明方面。主要在解釋各卦的卦名和卦辭，從六爻的整體形象卦象說明該卦的意義。比較能夠在象與義上會通內外，對經文的解釋既全面又有層次，可謂純萃精緻，博大精深。

「象傳」，分為《大象傳》和《小象傳》，大象象有六十四條，是為解釋六十四卦卦名卦義，並從卦象來闡釋社會人文倫理道德意義。而小象傳有三百八十六條，解釋爻辭和用詞，說明爻象或爻辭的意義。所以，象傳乃先賢通過闡釋卦象、爻象所蘊涵的哲理、道理，提示人們如何對自己的作為做正確的行動。

(五) 六爻功用

易以道陰陽，陰陽藉由爻來表現，再探討爻象，每爻都有陰陽或剛柔，爻位也有陰陽剛柔，因而有了吉凶福禍的變化。爻的生成順序，是由下而上，第一爻取名為「初」，第六爻取名為「上」，是為了強調爻位的始終與上下的意義，初爻是一卦的開始，也是時間上的開始，上爻是一卦的終了，上下是為空間的概念，也是尊貴與卑賤，其功用是多弱的，如坤卦初六履霜堅冰至，上六龍戰於野，其血玄黃是也。二爻與四爻同功而異位其善不同，二爻多譽，四爻多懼；而二爻居內卦之中，五爻居外卦之中，固二爻多譽，五爻多功；如坤卦六二爻辭是「直方大，不習無不利」，六五爻辭是「黃裳元吉」是也；三爻與五爻同功而異位其善不同，三爻多凶，五爻多功；三爻居內卦之末，四爻居外卦之始，因轉換半週期，故三爻多凶，四爻多懼，如坤卦六三爻辭是「含章，可貞，或從王事，無成有終，六四爻辭是「括囊無咎，無譽」。初爻與二爻象徵的是地道的剛與柔，三爻與四爻為人道之仁與義，五爻與上爻為天道之陰與陽。

(六) 三才

《說卦傳》：「昔者聖人之作易也，將以順性命之理，是以立天之道曰陰與陽，立地之道曰柔與剛，立人之道曰仁與義，兼三才而兩之，故易六畫而成卦。分陰分陽，迭用剛柔，故易六位而成章。」又《繫辭傳》：「易之為書也，廣大悉備，有天道焉，有人道焉，有地道焉。兼三才而兩之，故六。六者非它也三才之道也。」由此可知，三畫卦是陰陽未分的三才之道，上爻為天，中爻為人，下爻為地。因此三畫分別重之而成六爻；初爻二爻代表地，三爻四爻代表人才，五爻上爻代表天，即所謂天地人三才。例如下之火水未濟：

度	六	陽	—
度	五	陰	--
度	四	義	—
度	三	仁	--
度	二	柔	—
度	一	剛	--

(七) 陽爻與陰爻之位

易經有六十四卦，每個卦有六個爻，也就是有六個爻位，陽爻用⚊表示，陰爻用⚋表示，由下往上升，初爻、三爻、五爻所居的位是陽位，如果是居陽爻，叫當位。二爻、四爻、上爻所居的是陰位，如果是陰爻，叫當位。反之，如果陽位居陰爻或陰位居陽爻，則為不當位，爻之陰陽變易而無常，或以陽爻居陰位，或以陰爻居陽位，其剛柔雜居而吉凶可見。占法有九六七八，九為老陽，七為少陽，六為老陰，八為少陰。老變而少不變，易以變者名爻，故稱九六，不稱七八。初爻有始之意，上爻有終之意，其實每卦七八九六皆然，初爻為陽爻不曰九一而曰初九，上爻為陽，不言九六而言上九；陽爻初爻不曰六一而言初六，上爻陰爻不言六六而曰上六。所以，陽爻居陽位，陰爻居陰位為正，反之則不正。

（八）應、比、乘、承

易經六十四卦的每一卦中的六爻陰陽和諧配合，即所謂「應」，應就是互應、相應、相意、嚮應，是對待的位置，即初爻與四爻對待，二爻與五爻對待，三爻與六爻對待，對待是位置上的關係，又一陰一陽是性質上的配合，例如雷風恒☳☴剛柔皆應。水火既濟☵☲卦初九陽爻與六四陰爻、六二陰爻與九五陽爻、九三陽爻與上六陰爻，皆各得其位而相應叫正應。火水未濟☲☵卦之初六陰爻與九四陽爻、九二陽爻與六五陰爻、六三陰爻與上九陽爻皆不得其位而應叫相應，雖不當位，剛柔應也。故六爻接應者八卦、地天泰、天地否、澤山咸、雷風恒、山澤損、風雷益、水火既濟、火水未濟。而皆不應者有乾為天、坤為地、坎為水、離為火、震為雷、巽為風、艮為山、兌為澤八個卦，比如坤為地䷁卦，初六陰爻與六四陰爻、六二陰爻與六五陰爻、六三陰爻與上六陰爻皆是陰爻不應叫敵應。

「比」是性質相同的兩爻相鄰，比是互連、比鄰、比肩，如果相鄰的兩爻是一陰一陽，異性相吸有情，如陽比陽或陰比陰，則無相得之情，且一爻有什麼動態，另一爻也會連帶發生動態，如坤卦初六「履霜堅冰至」，如有諸惡出現，就需在未到達堅冰的地步，給予除去，慎防接連的併發症，所謂的因果關係。

「乘」指在上一爻而言，是駕馭、乘駕、乘載、有居高臨下之意。若陰爻在下，陽爻在上，稱陰乘陽，為順，為吉；若陽爻在下，陰爻在上，稱陽乘陰，違逆，為吉。陽意謂君子，陰意謂小人，陰乘陽亦象徵臣下欺辱君主，小人欺凌君子。

「承」是指下一爻而言，乃接著、承上、乘載、烘托之意。是基於位置的上下，而特別注重順逆的情勢，凡下爻繫承上爻謂之承，如上的一爻是陽爻，在下的一爻是陰爻，乃乘與承的正常軌道，象徵柔弱者順成剛強者，賢臣輔佐明君，君子統治小人之意。

（九）卦別

「互卦」以卦中每卦二爻、三爻、四爻、五爻而言，把二爻、三爻、四爻合之以居內，三爻、四爻、五爻合之以居外，因而疊之成六爻之卦。例如澤山咸卦☱☶，其六二陰爻、九三陽爻、九四陽爻互巽，九三陽爻，九四陽爻、九五陽爻互乾，合之則為☰☴天風姤卦。

「反對卦」，又稱綜卦，覆卦，是指卦象上下顛倒的兩卦，如艮卦與震卦，兌卦與巽卦。指的是卦的內外、上下相反的偶對，是後天原則的偶對方式。綜卦因為是局部的不同，意味著所有的矛盾中，大多數都是「同中求異」的矛盾現象。

「旁通卦」，又稱錯卦，指的是每一個爻位的陰陽屬性都相反的兩卦。它是陰陽相反的偶對，是一種宇宙的先天原則，在卦性和卦氣上也是完全相對的。如離卦中爻為陰，上下爻為陽，而與之形成錯卦的坎卦，其中爻為陽，上下爻為陰。

在易經六十四卦中有四對卦同時是具旁通卦猶是反對卦的，有地天泰☷☰，天地否䷋，風山漸䷴，雷澤歸妹䷵，澤雷隨䷐，山風蠱䷑，水火既濟䷾，火水未濟䷿。

（十）八卦的構成

陰陽起源於古代中國的哲學觀念和思維模式，代表兩種性質相反相成，互相對立又互相依賴，恆久持續的力量。從一套邏輯理論，進而發展成一個思想體系，陰陽是對事物或各種現象內部存在的對立雙方的概括，既可體現為事情屬性，也是在描述同一事物的運動趨勢或狀態。其屬性以在前(一)中有所論述，《繫辭上傳》：「易有太極，是生兩儀，兩儀生四象，四象生八卦。」由此可知八卦是由四象產生的，四象即陽⚊儀與陰⚋儀兩儀初步複合之情況，四象如同四時，其陽⚊儀有感而復⚊陽於上是為老陽⚌，而復⚊陰於上，是為少陰⚍，陰⚋儀有感而復一陽於上是為少陽⚎，而復⚋陰於上是為老陰⚏。少陽為春，老陽為夏，少陰為秋，老陰為冬，《內經》曰：「陰陽者，天地之道也，萬物之綱紀，變化之母，生殺之本始，神明之府也。」陰陽生四象，天地能長養萬物，就是有春去秋來，寒來暑往的交替變化，也有著生、長、收、藏的生命現象和歷程。

四象亦表四時，即震春、離夏、兌秋、坎冬。四象亦表木火金水，土各藏其中；四象又指象徵四方星宿的四種神獸，即左青龍、右白虎、前朱雀、後玄武，四種星象。四象生八卦的八卦，是由少陽、老陽、少陰、老陰再與陰陽兩爻相交之後所得。即在老陽⚌之上再復一陽⚊以成乾☰卦居其1，老陽⚌之上再復一陰⚋以成兌☱卦居其2，少陰⚍之上再復一陽⚊以成離☲卦居其3，少陰⚍之上復一陰⚋以成震☳卦居其4，少陽⚎之上復一陽⚊以成巽☴卦居其5，少陽⚎之上復一陰⚋以成其坎☵居其6，老陰⚏之上復一陽⚊以成艮☶卦居其7，老陰⚏之上復一陰⚋以成坤☷卦居其8，於是八卦生成。（如左圖示）：

八卦所代表的基本物象是乾象天、兌象澤、離象火、震象雷、巽象風、坎象水、艮象山、坤象地，是宇宙中的代表性物象，一切自然現象的動靜狀態。把萬象納入八卦，然此八卦上不足以描述或解析宇宙中錯綜複雜的人事物現象。而兩

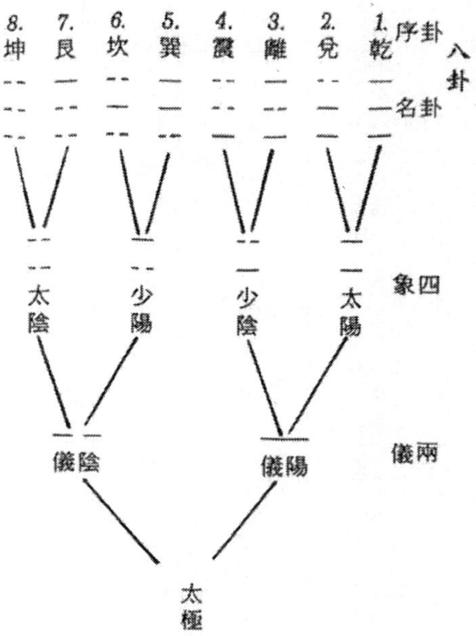

儀生四象，四象生八卦，照此二進位的發展，八卦生十六卦，十六卦生三十二卦，三十二卦生六十四卦。因八卦成列，象在其中；將之重之，爻在其中；剛柔相推，變在其中。八卦是象，重卦在於爻變，形成易道周流的內在動因。

（十一）　雜卦

雜卦為解卦時用之，基本是取兩兩相錯或兩兩相綜的兩個卦象，以三言兩語，勾勒出卦意中的重點要義，使每個卦顯現其扼要。雜卦乃雜取六十四卦，不依原來順序說明六十二卦之功用及要義。有些與本義不合，或只呈現表義，例如：乾剛坤柔，比樂師憂⋯夬，決也，剛決柔也，君子道長，小人道消也。雲，起也。艮，止也。損益，盛衰之始也。火地晉，晝也。歸妹，女之終也。

（十二）　序卦

序卦傳是對六十四卦推衍關係的總括，從序卦中看到自然發展的定律，其定律為「正、反」即消長盈虛也。它依據卦名的含義，把六十四卦看作是一個相因，或相反的因果連係序列而加以詮釋，其進行為綜卦，為向量的，內有八個卦是錯卦、即乾、坤、頤、大過、坎、離、小過、中孚。因為綜卦是位變質不變，錯卦是位變質亦變，從物理學角度，天體的運行，都是螺旋的前進，所以人生的現象也是向量的，宇宙成波動，是以陰陽電子為主。

序卦只有六十二卦，因為乾坤兩卦為變化的基本，故未列入。六十二卦是六十二個階段，每個階段有如一個範疇，也顯現消長盈虛，不只是因果關係，也是感應現象，概感之起在環境，感可以造成因，由因又生果，因果循環，所以有感則有應，所以易經叫人戒慎恐懼，居安思危，如履薄冰。

序卦說明六十四卦排列的次序，從天地萬物說起，「有天地，然後萬物生焉。盈天地之間者，唯萬物，故受之以屯。…」，說明乾坤二卦居於首位，然後以萬物生長的過程，事物變化的因果關係、物極必反、相反相生的運動規律，以解釋各卦的相互關係，用對立統一的思想，建立起六十四卦的因果關係。

（十三）上經

限於篇幅，僅以乾坤二卦為代表性說明。

乾卦☰☰

乾為天乃純陽之卦，初九陽爻、九二陽爻、九五陽爻、上九陽爻，均以龍來比喻，而九二陽爻、九四陽爻雖未明言龍，實際上講的也是龍。乾卦，象天體運行永不止息，故《象傳》：「天行健，君子以自強不息」，六畫純陽，也是易道創生的根據，全卦以「龍」為意象，剛健為德性，且陽能無所不在乃君德也。

卦辭解

「乾：元、亨、利、貞。」

元為始、為大、創始、善之長也；亨為流暢、通達，嘉之會也；利為義和，適應，和諧，義之和也；真為正，為固，事之幹也。君子體仁足以長人，嘉會是以合禮，利物是以和義，貞固足以幹事，言此卦之德，有純陽之性，自然能以陽始生萬物，得以元始、亨通，使物性和諧，各蒙其利，而堅固貞正以終。

彖傳解

《彖傳》是十翼中統論六十四卦比較全面而深入的，它既會通象與義，而且對經文的基本卦義、字義，卦爻的時義，卦的產生，均有涵蓋。重點在其以主爻詮釋六十四卦的來處，使六十四卦間的關係有如緊密結合的有機體，使研習者更能瞭解一整卦的卦體，掌握卦義及卦象，理解六爻變化的法則與綱要。

彖曰：大哉乾元，萬物資始，乃統天；雲行雨施，品物流行；大明終始，六位時成，時乘六龍以御天；乾道變化，各正性命，保合太和，乃利貞；首出庶物，萬國咸寧。

「大哉乾元，萬物資始，乃統天」，是釋「元、亨、利、貞」之元，乾為天，乾之為德，乃統繼天道，與天合化，以創造萬物，乾卦象徵天道，故曰統天。「雲行雨施，品物流行；大明終始，六位時成，時乘六龍以御天」，雲行雨施，品物流行，在釋「亨」，乾以雲雨，流坤於形，萬物化成，亨為創造萬物的行動，天道博施，地道廣生，所以品物流行，萬物亨通。後三句乃在說明深切明白物類終始循環的道理，掌握六爻所示的六個階段的法則，乾為大明，六爻皆陽，因時因地而變，進退有據，不失其節，始能御天。

「乾道變化，各正性命，保合太和，乃利貞」，在釋「貞」，乾道即天道，天道的變化在讓萬物新陳代謝，各有其性能，並各得其所，有利於萬物，也因此可貞定正固。

「首出庶物，萬國咸寧」，陽氣為萬物之所始，首為始，遮物即萬物，立君而天下皆寧，引申其義而至於人事社會：只要行此「元、亨、利、貞」四德，正是修身，齊家、治國、平天下。

大象解

「象曰：天行道，君子以自強不息。」天體無數星體各依其自己的軌道運行，晝夜不息，永無休止，周而復始，其德剛健，人們宜效法天象之自強不息，剛毅圖強。所以，自強不息是宇宙進化的力量，社會進化的法則，君子處事也當追求自我進步。

爻辭解

「初九，潛龍勿用」

初九位居卑位，能力尚不足，陷西北乾宮，為不得志之際，宜沈潛，切忌表現自己，以避免禍害臨身。

「九二，見龍在田，利見大人。」

雖位居三才地位，然龍已出現於地面，漸漸嶄露頭角，學養、能力、時機漸成熟，不要再潛伏，有如旭日東昇，切勿錯失事物的進行以及為萬民服務的機會。

「九三，君子終日乾乾，夕惕若，厲，无咎。」

有德之人一直戒懼，努力不懈，隨時在戒勉自己，如臨深淵如履薄冰，反省警惕，能夠忍受艱難困苦，沒有罪咎。

「九四，或躍在淵，无咎。」

九四已由下前晉至上乾，為外卦之始，或為不確定、也許、可能之意，躍為躍進、突破、淵為深淵、依陷、陷阱。既為外卦之始，為大轉換之始，就當嘗試去突破現狀，切勿盲目，必須徹底掌握人事物之狀況，並做可能的因應或修正，才能免於禍咎。否則必然墜入深淵，致萬劫不復的災難。

「九五，飛龍在天，利見大人。」

龍者君德，天者君位，五爻居六位，象徵陽光普照大地，人事物已進入平穩狀態，有才德之人得以發揮，具君德的人晉升到君主之位，是以萬民有利大人之象。

「上九，亢龍有悔。」

亢為二十八星宿之一，亢有高傲、過度、極之意、悔為後悔、懊悔、悔過、反悔之意，亢龍有悔，比喻盛極必衰。九五為至尊之位，上九居極，又以陽居陰位，更要注意登極而傾陷，不可一意孤行，為所欲為，如能知所警惕，才不致悔然。

用九：「見群龍旡首，吉。」

乾卦六爻皆陽，六爻皆不相應，九為陽之鼎盛，又六爻皆龍，都能依自己的地位、角色、能力，時機去行事運作，也能夠跳脫身段，隨時可以當潛龍、見龍、惕龍、躍龍、飛龍、亢龍，也就是可以依不同之狀況、不同之時機、不同之事物，去做好每一個角色，既是領導者，也是被領導者，既是主角，也是配合者。比如在公司，老闆不可能知道每一個環節或每個部門之專業，就該部份，老闆必須要信認員工，尊重專業，讓該員工或主管去主導處理，切勿做無謂的干預，各部門都能正常運作，公司自然吉順。

小象解

「初九象曰：潛龍勿用，陽在下也。」

陽氣在下有如龍潛在水中，此自然之象，猶如小人道盛，此時唯宜潛藏，切勿施展，否則易遭小人之害，弱不敵強，又因此時序為子時，宜養晦待明，時機未到也。

「九二象曰：見龍在田，德施普也。」

九二居下卦之中，居中不偏，二為大人，有如龍在地上能興雲雨以滋潤萬物，君子之德廣被。

「九三象曰：終日乾乾，反復道也。」

九三處內卦之末，屬人位，內外上下之交，不上不下，當升降脫變之會，宜省斯檢視所作所為，此乃進退之道。

「九四象曰：或躍在淵，進无咎也。」

九四可謂上不在天，下不在田，處進退無常之時，居非所安，所以，當面臨阻礙之時，不能靜待致蠱，要堅守正道，不營私，並適時調整且積極向前推進，則進无咎也。

「九五象曰：飛龍在天，大人造也。」

九五居天位，陽氣飽滿，君德處盛位，功業亨通，所以飛龍在天，大人造也。

「上九象曰：亢龍有悔，盈不可久也。」

上九陽氣已至極，盈則虧，物極必反，驕者必敗，陰陽消長，日中則昃，月圓則缺，甘井易竭、招木易伐，乃自然之道理，切勿得意忘形，而一意孤行，須知進退存亡之道，盈不可久也。

「用九象曰：天德不可為首也。」

九是天之德，乾道剛健，當以柔和接應於下，以減乾陽剛健之陽氣，不以尊剛為物之首，意即群龍無首。

文言解

文言曰：「元者善之長也，亨者嘉之會也，利者義之和也，貞者事之幹也。君子體仁足以長人，嘉會足以合禮，利物足以和義，貞固足以幹事。君子行此四德者，故曰：乾，元亨利貞。」

元代表萬物的開始，示眾善之首領，天地之德，莫先於此，於時為春，五行屬木，於人為仁、為善、為良，故為眾善之長也。「亨」是亨通，是好的集合，於時為夏，五行屬火。於人為禮，萬物各得其所，是眾美的集合，故為嘉之會也。「利」是「和」，人與人之間，物與物之間相和，各得其宜，此利是各蒙其利，互利、共利，「利」乃一切爭端之所起，要避免爭端，必須和氣，合於正義，於時為秋，五行屬金，於人則為義，利可以說是義理的統一，故利者義之和也。「貞」者生物之成，萬物的生長交易必須公平正直的調和處理，貞者於時為冬，五行屬水，於人則為智，堅持正道就足夠可以成就事業，故貞者事之幹也。「君子體仁足以長人」是說君子要具備元、亨、利、貞四個字，具此大德仁心的君子，便可以為人民的君長。「嘉會足以合禮」，意即人與人相處要合禮儀，天地萬物，有無交易各得其所需，必須都合乎禮節，才能達到康和樂利的社會。「利物足以和義」，意思是人與人互動，物物交易，不但和諧，更要各得其利、共利、不互相妨害，利人利物就足以和同義理。「貞固足以幹事」，貞就是理念，為人處事必須堅持正義，堅持正道，就足夠可以成就事業。

君子能力行體仁、嘉會、利物、貞固四種美德，故曰：「乾，元、亨、利、貞。」

坤卦 ䷁

坤為地乃純陰之卦，坤德象徵承載、包容、博愛、堅貞、柔順，坤象地，效法並承順天道。坤卦原文坤。元，亨，利牝馬之貞。君子有攸往，先迷後得，主利，西南得朋，東北喪朋，安貞，吉。故靜守安順，妄動招損。故宜以靜制動，依天順時，方吉。

卦辭解

坤代表大地，講的是地勢，乘載一切，元亨指春夏，雷行雨施，坤以雌馬為象徵，比喻大地之廣闊與柔順的德性，表明地道生育撫養萬物，其性至柔、承乾養物。坤卦以追隨他人為要，乃為臣之道，乾坤二卦，一龍一馬，龍以示變，馬喻堅貞。乾以立律，坤以實行。而坤之相對宮位為艮，天地定位於北方坎卦，在深夜時序易迷失，堅守正道，終有所得。後天坤宮陽氣暢旺，萬物茂盛。而東北寒冬，萬物凋零，故不只要柔順謙卑，亦不宜主動或過於進取，跟隨別人，自能得到指引之利。

象傳解

「彖曰：至哉坤元，萬物資生，乃順承天；坤厚載物，德合无疆，含弘光大，品物咸亨；牝馬地類，行地无疆，柔順利貞，君子攸行；先迷失道，後順得常；西南得朋，乃與類行；東北喪朋，乃終有慶；安貞之吉，應地无疆。」

「至哉坤元，萬物資生，乃順承天」，是讚嘆坤道廣生之德，化生萬物無所不至，萬物最初的起點是氣，叫乾元，萬物形體的最初起點叫坤元，乾道施博，坤道承順天道，化生萬物。

「坤厚載物，德合无疆，含弘光大，品物咸亨」，此乃釋坤之亨，坤厚德以載物，凝聚萬物，有化生萬物之德，乾陽合坤陰，坤道之廣生，在於能承順天道。含弘光大，荀爽：「乾二居坤為五合，坤五居乾二為弘，坤初居乾四為光，乾四居坤初為大也。」依其註解，含弘光大指的是乾坤旁通而成屯與家人，說明事由漸變而來，非一蹴可及。致使萬物均相互通暢。

「牝馬地類，行地无疆，柔順利貞，君子攸行」，坤為陰為地，以母馬作隱喻，母馬性柔順，大地承載萬物，化育萬物，日夜不息，故曰行地無疆，馬性柔而伏人，坤為臣，順而承天，貞正，謹守臣節、堅毅不拔，故君子應當效法天地規律。

「先迷失道，後順得常」，為臣者必須服從君主的命令去行事，如先君之命，自作主張，貿然前進，不止失為臣之道，其必蒙不利，只有遵命行事，才是為臣之道，其結果必然是復於正軌，是吉利的。

「西南得朋，乃與類行；東北喪朋，乃終有慶」，後天坤宮陽氣暢旺，又為朋象，而巽長女、離中女、兑少女都是陰性，三陰為朋，有如陰邪小人朋比為奸。而東北方之雲長男，坎中男，艮中男都陽性沒有陰，不與同類朋比謀私，忠心效忠君主，東北又為後天八卦的艮位，代表萬在此成中而成始，故必獲吉慶而終。

「安貞之吉，應地无疆」，坤道就是地道、臣道，其利貞者乃柔順之德，人法地順應地道，堅貞前進，必獲大吉。

大象解

「象曰：地勢坤，君子以厚德載物。」

坤為陰，象徵地，承載萬物，化育萬物，依天順時，坤乃純陰，具有凝聚吸引的性能，又能包容萬物，坤卦象徵母親、溫順、陰柔，任勞任怨，具最高之同情心及最大的包容性。

爻辭解

「初六；履霜堅冰至。」

九月之中氣為霜降，霜為秋天之象，腳踩著秋末之霜，當知道寒氣已在凝聚，接下來是冬至，嚴冬即將到來，落霜之後就是結冰，告誡人凡事要順勢而為，不可逆天而行，履霜，堅冰至。所以，《文言傳》：「積善之家，必有餘慶；積不善之家，必有餘殃。臣弒其君，子弒其父，非一朝一夕之故，其所由來者漸矣，由辯之不早辯也。」可謂冰凍三尺非一日之寒。

「六二：直方大，不習，无不利。」

直者正直、線也，方者方正、面也，大者大度、體也。具備這三個德行，符合中庸柔順之德，又六二為當位，不待學習，只要循自然之法則去實行，自然無往不利，所以大吉。

「六三：含章可貞，或從王事，无成有終。」

六三居內外交遞之際，爻變則成謙卦，而下卦成艮，艮為藏，故應韜光養晦、穩固自持，把具備成事的美德藏內而不發，因坤為地道，以順為德，不為物先。或從王事之或為不定，選擇之意，互卦成震，為向外，主動之象，也許沒有什麼大成就，但可以有個歸宿，得到善終。

「六四：括囊。无咎无譽。」

括囊為綁緊袋口，意即將嘴緊閉，謹言慎行。六四近君位、伴君如伴虎，位多優之地，又恐有小人陷害，故不可隨意發表議論，謹慎小心，明哲保身，但求無過，物奢求讚譽。

「六五：黃裳，元吉。」

五為君位，呼應乾卦九五爻為飛龍在天，「天玄地黃」，坤為黃，布裳，黃袍以代表君位，處此尊位，集富貴尊榮於一身，中庸又柔順，德行自然表現於外，大吉也。

「上六：龍戰于野，其血玄黃。」

玄黃為天玄地黃。上六登極，氣極則變，性極則戰，與乾卦之亢龍產生激烈戰鬥，兩敗俱傷。喻小人居君位，雞毛當令箭，為惡多端，正邪不分，勢必引來災禍，窮途而沒路。

「用六：利永貞。」

乾坤象徵天地大義，坤卦六爻皆是陰，故為用六。坤卦為臣妻之義，事奉君主或夫君，必須柔順貞正，不變其志，不心懷二志，則大吉而有終。

小象解

「初六象曰：履霜堅冰，陰始凝也。馴致其道，至堅冰也。」

到了霜降之際，不久之後寒冬即將到來，結成堅冰，所以當踩到薄霜，就要想到陰陽消長，引申犯錯之初就要即時改正，也說明陰邪小人的漸變惡行，啟示人們要小心初始之惡端，見微知著，防患未然，以免發展釀成滔天之大禍。

「六二象曰：六二之動，直以方也。不習，无不利，地道光也。」

六二位居內卦之中，上應六五，含生化作用，中正、正直、順天德，不須刻意去學習，這是本能，有如宇宙行星各自依軌道運行，自然無往不利。

「六三象曰：含章可貞，以時發也。或從王事，知光大也。」

位居下卦上爻，即將會又變動，經過一段時間的韜光養晦，穩固自持，但也難以隱藏，等待時機的到來，自然被發現而展露頭角，仍需含蓄，遵守為臣之道，不在意自己的地位與成就，亦可得到善終。

「六四象曰：括囊无咎，慎不害也。」

四爻為居君側，為了明哲保身，應當收斂，戒慎謹慎，避免犯錯，雖然得不到讚賞，但可避免災禍臨身。

「六五象曰：黃裳元吉，文在中也。」

六五位居上卦中位，奇數的陽位，中庸謙遜，具備君王之大德，才華自然會流露，必然居於大位。

「上六象曰：龍戰于野，其道窮也。」

坤卦六爻全陰，上六已達最高位，又是偶數之陰位，故陰極陽生，產生水火交戰，不免有暴戾之氣，陰陽相爭，有如小人與君子，邪惡與正義，爭鬥殘烈，天玄地黃，可謂窮途末路。

「用六象曰：用六永貞，以大終也。」

坤象徵謙柔承載萬物，運用陰柔，順從承受，所以要堅持純正永固，功業彪炳，但能功成身退，善終。

文言解

「坤至柔而動也剛，至靜而德方，後得主而有常，含萬物而化光。坤道其順乎，承天而時行。」

此乃釋坤卦之卦德，陰柔是坤卦之體，所以，坤有如水之性，但能克天下之至剛，其韌性不亞於乾，所謂滴水能穿石。坤為地，地的性能為冷，為靜的，固有內縮及凝聚萬物之能力，外圓內方，其人格、能力、精神、修養均到相當的境界，所以至靜而德方。又因坤道柔順，是臣道，展現才華，但不居功，包容而不超越，故曰：「後得主而有常」。坤承載萬物，化育萬物，順應天道常軌，春生夏長秋收冬藏而生生不息，承上啟下，順天而行。

「積善之家必有餘慶。積不善之家必有餘殃。臣弒其君，子弒其父，非一乾一夕之故也，其所由來者漸矣，由辯之不早辯也。易曰：履霜堅冰至，蓋言順也也。」

這其實是在談因果，有因必有果、因果循環，「積善之家必有餘慶」，即行善積德，心性忠厚，待人和善，必有好的報應。「積不善之家必有餘殃」，心術不正、胡作非為，傷天害理，必有惡報。佛家講前世，今生，來世的三世因果，儒家講祖宗，本身，子孫三代因果觀，象界風水也是從居家論三代人之聯繫與吉凶現象。而臣殺君，子殺父，不顧尊卑與倫理，絕非一朝一夕造成，必須防患未然，不可姑息養奸，稍有惡行之徵兆，即應阻止並予糾正。才不致釀成滔天大禍。凡事都要及早警覺，瞭解原因及真相，分辨是非善惡，才不會埋下禍因，有如初六提示，踩在結霜的地上，就要知道寒冬結冰將至，告誡人們要「一葉知秋」，凡事要慎之於始。

「直其正也，方其義也。君子敬以直內，義以方外，敬義立而德不孤，直方大，不習旡不利，則不疑其所行也。」

君子品行端正，言行正直，富正義感，不巧言、不令色，不足恭，擇善固執，具不屈不撓之氣節，富仁義之精神，內外兼修，對內以敬，對外以義，在正義的道路上，絕對不會孤獨，不會寂寞，自然會有人來認同，跟隨，學習，所以，一個具有直、方、大之聖賢人格者，其正直、仁義、外圓內方的偉大胸襟，自然能包容一切，眾人亦會來幫助他，無往不利，同心一德，這也是與生俱來的本能，不須學習，沒有人會懷疑其所作所為。

「陰雖有美含之，以從王事，弗敢成也，地道也，妻道也，臣道也，地道旡成，而代有終也。」

此釋第三爻，坤德貴在含而不露，腰軟心正，不鋒芒畢露，追隨而不超越，懂得內斂自己，盡忠職守卻不邀功。孤陽不長，孤陰不生，地道乃包容萬物，化育萬物，遵循春生夏長秋收冬藏之時序，生生不息。為人妻者則扮好配合者的角色，輔佐家事，使丈夫無後顧之憂。臣子則必須服從君命，展現才華，但不居功，聽命行事，功成身退，懂得內斂自己。所以，地道是不邀功，避免功高震主，地道宜默默涵養萬物，實實在在做事，成功不必在我。

「天地變化草木蕃，天地閉賢人隱。易曰：括囊。无咎无譽。蓋言謹也。」天地即乾坤，陰陽二氣交互感應，花草樹木繁盛，大地欣欣向榮，如果陰陽閉塞，萬物凋零，沒有生機，意味著生不逢時，時運不濟，賢人君子退隱，明哲保身，隱居山林以求志，不過問世俗是非，言行舉止小心謹慎，就不會有毀譽貨或禍端，等待時機的到來再求發展。

「君子黃中通理，正位居體，美在其中，而暢於四支，發於事業，美之至也。」

黃中就是中庸之道，中者天下之大本，和者天下之達道，所以，致中和，天地位焉，萬物育焉。而位居五之正位，五多功，具內聖外王之修養。地道含辰未戌丑四季土，方能蘊育萬物，暢通於四時，進而彰顯於事業，內外合一，顯露坤體完善珍貴之處。

「陽疑於陽必戰，為其嫌於无陽也，故稱龍焉。猶未離其類也，故稱血焉。夫玄黃者，天地之雜也，天玄而地黃。」

陽為君，陰為臣，為臣者不守本位，顯現企圖心，功高震主，威脅到君主，彼可取而代之，必為君疑，懼而討伐，君臣必發生爭鬥，臣子為了鞏固自身，必起而反抗，此臣子無異是一條陰龍，陰極於陽必戰，然乾坤是天地同類，血脈相承，而天玄地黃，陰陽混雜不清，君臣職位混亂，互相交雜，豈不爭鬥？

自文王、周公以後，除了儒家以外，老莊以及其他諸子百家的學說，無不談易。《說卦傳》：「窮理盡性以至於命」，「理」為萬象所由生，宇宙間的每一事物皆有一個最基本的理存在，理雖隱而不現，但仍可依脈落探求，「窮理」就是窮究宇宙事物之理。所以，朱熹：「所謂致知在格物者，言欲致吾之知，在即物而窮其理也。蓋人心之靈莫不有知，而天下之物莫不由理，惟於理有未窮，故其知有不盡也。是以《大學》始教，必使學者即凡天下之物，莫不固其已知之理而益窮之，以求至乎其極。」

「性」者，《中庸》：「天命之謂性」，天理存在於萬事萬物之中，人之性是承天命而來，人性稟賦於天，「盡性」就是把人的善良本性發揮出來，窮盡天性之命。

「命」就是性命，人與動物都有生命，然而人之異於動物者，唯人能「窮理」、「盡性」，這也是人為萬物之靈之主因，人能明理，又能發揮天性，所以，性命不止是命，更包含生命的存在意義和價值。

《說卦傳》：「昔者聖人之作易也，將以順性命之理。是以立天之道，曰陰與陽；立地之道，曰柔宇剛；立人之道，曰仁與義。」人要以仁義惟性命之理，發揮人之善良本性，才能顯現生命的意義和價值。并徹底研究人類的心體自性，是人類行為與自然規律能夠和諧平衡，永恆不息，把人之善良本性，以之融入生命體中，以達到改變人類命運的崇高目標。所以，將人之先天固有之善良本性拓展開來，就是窮理；既能盡其心，就能知其性，知其性則能知天矣。

第五節　象數推理

《繫辭上傳》：「參伍以變，錯綜其數，通其變遂成天地之文，極其數遂定天下之象。非天下之至變，其熟能與於此？」參伍在言著，錯綜在言卦，變者象之未定，象者變之已定。意謂凡事要一再探究其相互的關係與變化，從其蛛絲馬跡，錯綜複雜地去推演其數理。天地之萬象，人事之紛紜，無時無刻不在變動，只有掌握變動之道，才能知曉人事物的理則。人事物隨象數在變，象數隨時空而變，人事物產生變化，就會呈現不一樣的象，而象的變化，顯現出物的滋生，進而而產生數的增減，從數與象即能推出它的理。

伏羲做八卦，因卦演數，由數定象，察象以推理，「天一地二天三地四天五地六天七地八天九地十」，天數五，地數五，五位相得而各有合，天數二十五，地數三十，天地之數五十五，欲理解變化之道，必須懂得數，因河圖之象正是天地生化的顯象，觀象可以知數，天地萬物萬事之變化，均有其數的規律，天地之數可推，萬物之數可定，吾人可極盡數之變化，而確定天下的物象，而觀象可以知氣，氣出於道，因而知氣則明理，可謂藉象明理。象本暗於數氣理之真義。所以，象從數出，象亦因人事物之不同而有差異，但事物的變化，象數之真義，事物的發展，必有其規律，內含其理，故從象數可推理。

一、藉數知象、數不離理

易道三元，易象為時空現象，易數為氣數變化，易理為事物的本質性理與義理。三者相因而生，體用兼備。宇宙萬事萬物都有它的「理」和「象」，任何的現象，也都有其「理」和「數」，每一種現象，到了一定的數，必會起變化，而之所以變，一定有它的道理。

《繫辭下傳》：「爻象動乎內，吉凶見乎外」，爻象以變動為其本性，而於別卦時態內進行變動，因而展現其所處時空的吉凶，此卦內的爻位變動，必然帶引著自然之象的形成，也就是陰陽的變化，自然物象推衍而生。不只一象類推它象，亦會呈現各種卦象的多元成形之變化。我們的思想之動，就是爻象的動，任何念頭的啟動，如同爻動，只要動，必產生交感，交變，人事物的變異，藉由象數而具體呈現，吉凶也會隨之顯現。

數由心生，象從數出，其中必含有理，所以，可以藉象數推理。象包含景象形象、物象，象即萬事萬物，觀物的目的在觀其理，得其理則得道，故曰：「窮理盡性以至於命」，邵伯溫云：「以目觀物見物之形，以心觀物見物之情，以理觀物盡物之性，窮理盡性以至於命，是謂真知。黃畿云：以天下之物言之，天地人物皆物也，仰觀於天則有日月星辰之理，俯察於地則有水火土石之理，近取諸身則有性情形體之理，遠取諸物則有飛走草木之理，理即性之在物者，性即理之在心者，命即性之在天者，隨聖人豈有過於此哉？」邵伯溫又云：「以物觀物性也，以我觀物情也。性公而明，情偏而暗。」故以物觀物與以我觀物，其心態與切入之角度完全不同，以物觀物是對事物的客觀認識，不憑自我的認知與成見，而以事物的本質、涵義、功能、屬性為依據；而以我觀物，容易產生偏頗，邵子把以物觀物，而不以我觀物，稱之為「反觀」，意即觀之以心，強調理性、客觀，才能掌握事物的本質和內涵。如同看風水，以自我的認知解象、易錯誤百出。

象也者盡物之體也，數也者盡物之形也。陰陽宅的風水原理，皆離不開河圖、洛書、太極、陰陽、先後天八卦理論、零正神、乘氣納氣、收山收水及出煞原理，更簡明的是以陰陽為根本，以「生氣」為核心，以藏風，得水為條件，把易理、地理、人文、水文、氣候，生態環境諸要件，引進陰陽宅及生活環境中來探討，就外在環境而言，由於地貌水文之多樣性，山川河湖變化多端，生活環境及建築更是千變萬化；內局空間擺設方面，除了格局之不同，生活物件器具之涵義、本質、功能、屬性之差異，其所呈現的吉凶現象更是千變萬化。而太陽系行星磁力線能量感應也不相同，在太陽風的作用下，各地的磁力線密度也不一，加上宇宙射線，磁場，氣場的自然因素，也都足以影響人的生理及生命活動。

《繫辭傳》：「易則易知，簡則易從。易知則有親，易從則有功。有清則可久，有功則可大。可久則賢人之德，可大則賢人之業。易簡而天下之理得矣！天下之理得，而成位乎其中矣。」乾主宰天地萬物，坤順成天道造就萬物，天地萬物錯綜複雜，任何事物的組合、規律，結構與狀態，透過八卦的六爻符號之間的相互關係及變化狀態，在不同之爻位，及不同事物，不同層面，不同的過程的現象。我們就可以執簡取繁地加以比類歸納，很明確的表示出來。所以，雖然宇宙萬事萬物之間的關係，錯綜複雜，變化萬千，也能從六個爻之卦體表示出，這是很容易知道與了解，且簡單容易跟從。

北宋的周敦頤在其《通書》中提到：「二氣五行，化生萬物。五諸二實，二本則一。是萬為一，一實萬分」，說明陰陽二氣合而為太極，五行之氣又由陰陽所化分，萬物唯陰陽五行所化生。藉由氣聚而產生萬物之形，氣散則無所成形，不能聚合則形滅。陰陽五行之氣的變動，產生聚散作用，體現出萬物的生滅消息。氣之聚散循環不已。八卦配五行，各隨其陰陽之性，各成其物，以人身而言，乾為首，坤為腹，震為足，巽為服，坎為耳，離為目，艮為鼻，兌為口。而如果八卦合五行以陰陽之氣散，則陰陽所貫通的五行，即回歸太極本體之中。

（二）卦象變數推理

乾坤二卦為變化的基礎，故未列入序卦，自屯卦開始，開天闢地，相繼代表六十二個階段，每個階段，有如人類認識萬物的領域概念，也顯現其虛實消長的運行變化。既有天地，然後萬物生焉，盈天地故變化以屯。屯者，盈，屯集之意，為物之始生。物既生必蒙，蒙者幼稚之意，既蒙則須養育，故受之以需，需者需要、必要，需者飲食、含受之道。飲食、含受必有訟……故卦成。

一個卦有六爻，可藉由互體以呈現四個基本的卦象，例如解釋澤山咸（䷞）卦卦辭，初爻至三爻為艮，為鼻，取二至四爻為巽，為股，巽木之象，取三至五爻為乾首之象；取四至上爻為兌口之象。故咸卦至少含有艮、巽，乾、兌四卦之象。卦之互體即展現卦中陰陽變動之象，如果把互體與卦變、動爻、伏卦、反卦等卦體結合，其變化更是多端，所呈現之象更多元。

爻變即引起卦象的變化，本卦即已呈現卦體之現象，本卦動爻上之所在位置上的爻辭也可分析，進一步可運用到互卦之卦象與卦意，以及錯卦和綜卦，所呈現之象更加豐富。茲分別說明如下：

本卦：惟事物的現象，初始階段的情況，目前的相關信息。

動爻：在本卦中，某一爻由陽爻變陰爻，或陰爻變陽爻，即為動爻，動搖為事物之吉凶關鍵，是本卦信息的主軸。

變卦：為提示卦象接續發展的現象，它是本卦變動而來，代表事物經過發展變化後的結果，它足以左右事物變動結果的吉凶。

互卦：為表示事物發展的過程，其組合方式是將本卦中的二、三、四爻視為互卦之下卦；三、四、五爻視為互卦的上卦，上下卦組合在一起，即為互卦，互卦之卦象或卦意即表示事物在發展過程中，會呈現的利弊得失以及相互之關係，說明事情發展的中間階段變化之方向，從中可以分析事物之直接或間接，主觀和客觀的因素，原則上，互出的內卦是主觀或直接的因素，外卦是客觀或間接的因素，所以，互卦所顯現的是事物內部的相互關係，起因，連帶之因素，以及未來的變化，以使對事物之全盤狀況能有所掌握。

錯卦：即與本卦卦爻陰陽相反的卦畫，每個爻由陽變陰，由陰變陽所得出之卦，錯即交錯之意，表示立場和本意相同，但是看法和目標不同。相錯還得依相互之關係，是否相輔，相輔則相成，不相輔相合則彼此之關係或現象會抵消，因而會有事倍功半，或相互對立、矛盾的現象。

綜卦：即把本卦倒過來看，也就是從事物的反面角度來看待事物的發展變化，既然是把本卦倒過來看，有可能是與本卦有著絕對的對立現象，或者是相錯相和，或交錯，或是在共同基點上的局部差異現象。如果能以不同立場和角度來觀察相互的關係，不但能了解錯綜複雜的一面，更能掌握因果演變的現象。六十四卦當中，乾為天、坤為地、坎為水、離為火這四個卦沒有綜卦現象，為先天四極。代表宇宙的四個方向，乾坤為天道、坎離為地道。八卦的另四個卦為四陽卦，其中的震卦和艮卦相互形成這綜卦關係，巽卦和兌卦相互形成綜卦關係，可謂同功而異位。

（二）數不離理

數不離理可以說是藉數知象的基礎，數也者盡物之形也，天地間事物的變化，必有其規律，天地之數可推，萬物之數可定，掌握數的變化，就能確定萬物之象。當我們解釋卦體時，也是先心中有數，再從卦之錯綜現象，推演出其中的道理。

在太極科學中「數」與「象」的概念是對應統一的。「數」就是萬物的「象」，且具有場的效應。其實，數先於象，而太極為數的根本，象數是太極八卦的主要機能《繫辭傳》：「極其數，遂定天下之象」，宋代沈作喆《寓簡》：「物之成敗皆寓乎數，知數者以數知之，知道者以道知之，物不能離乎數，數不能離乎道。以數知之則通矣，以道知之則玄矣。」說明物離不開數，數離不開道，數和道相通。以數理運算，亦能得知事物不變的道理。數與數理是不可分離的。古希臘著名數學家兼哲學家畢達哥拉斯：「數學是宇宙萬物之源，凡是物皆有數。」認為上帝或造物主將其重要的訊息，記錄在數學符號中，透過定律，傳達生命的訊息，傳達出真理。

河圖以天地合五方，陰陽合五行，結構為一與六共宗，居北方，因天一生水，地六成之。二與七為朋，居南方，因地二生火，天七成之。三與八為友，居東方，因天三生木，地八成之。四與九同道，居西方，因地四生金，天九成之。五與十相守，居中央，因天五生金，地十成之。河圖乃理之微，為無形之理，萬物有生數、成數，萬物生成皆有其數，先天下開其物。後天下而成其物，何圖為不易之理，河圖者理也。理主五常，常則恆久不變，在天謂之天理，在地謂之地理，在人謂之性理。河圖乃天之生物成物，此不易之理，本無象無形，天現河圖以象之，所以，極其數，遂定天下之象。象有八卦之象，六爻之象，爻位之象，意形之象，方位之象，反對之象，五體之象。我們可以藉「象」所顯現的線索去求得事物的數據，此乃「象以定數」。也可以針對事物的本質、涵義、屬性，數理以推算測定其數，進而了解事物的形象，這是「以數徵象」。

數本身就是象的一種屬性，二者可以互相轉化與融合，是分不開的統一體，所以才說「參位以變，錯綜其數」而極數知來之謂「占」，又「參天兩地而倚數」，即根據天地所對應的數，把河圖、洛書、爻、卦數、卦序數，相關錯綜，進而明白其組合變化所呈現的內涵與道理。《皇極經世・觀物篇》云：「天下之數出於理，違乎理則入於術。」故理不外乎數，錯綜其數，正所以明理。數之相因相成有其定則，窮於數者，誠可以察微知幾，然必盡物之形，不離事象，否則易泥於數，因而入於術。

二、義理

易經六十四卦乃由八卦符號兩兩重疊而成，而八卦形態是陰陽兩種符號三疊而成，易經自陰陽爻畫、八卦、六十四卦符號、至卦辭，均是觀物取象所得，既有象，陰陽剛柔之數乃生，象數的整體組合，即構成易經之本，是易經象徵的形式範疇，而六十四卦、三百八十四爻之所喻示的，所蘊含，皆是大自然、人類社會的陰陽消息之義，以及發展變化之理。可以說，義理之蘊蓄乃含藏於象數之中，故易經乃原本象數，發為義理。

子曰：「書不盡言，言不盡意。」書面文字難以完全表達人類的語言，而語言未能完全表達人類的思想，或涉及哲理方面亦不能盡其義，所以才需透過設立卦象、爻象以「盡義」，透過撰繫卦辭、爻辭以盡其言，先賢很巧妙的使意之不能盡者，卦以盡之；言之不能盡者，象以顯之。故易經本身的內在蘊涵是由象數與義理兩大部分所組成，易經哲學的本質內涵既是包括「象數」和「義理」二要素，自當象數與義理並重，才能更周延的揭示易經哲學的本旨。事實上，易經有關象數之論述，都在喻示義理，「易」乃假象以寓意，如果沒有象數，那易經與《詩》、《書》、《禮》、《樂》諸經並無多大差異，又如沒有義理，只論象數，則與方技、術數無異。

「義理」自魏王弼倡導「掃象闡義」，經唐代孔穎達等人之弘揚光大，到宋代以新儒學思想為根基的義理學，其宗旨是一脈相承的。「掃象闡義」開闢了三國以後，以義理解易的先河，不談納甲、互體、卦氣、卦變等，而是以文字揭示《易》中所涵蓋的根本義理。明確提出得象而忘言，得意而忘象，強調去把握《周易》象徵哲學中的內在意義，他明確指出盡意莫若象，盡象莫若言，而言生於象，故可尋言以觀象；象生於意，故可尋象以觀意。意以象盡，象以言著，故言者，所以明象，象生於意而存象焉，則所存者乃非其象也，言生於象而存言焉，則所存者乃非其言也。故立象以盡意，而象可忘也，重畫以盡情，而畫可忘也。既然《周易》的象，是用來「出意」，《周易》的言，是用來「明象」，因此，可以「尋言以觀象」，「尋象以觀意」，王弼並非完全否定卦象、卦爻辭、爻象的作用。而是強調從整體上去領會《易》之本旨，透過卦爻辭之喻示，以理解卦畫、爻畫之象；透過卦象的隱喻，以領悟卦爻之內在的象徵意涵。

至于宋代的新儒學思想，則直接在經文中去尋求義理，並進而闡揚《論語》、《孟子》、《大學》、《中庸》等性理之學，強調「經世致用」理念，北宋儒學的發展，至程頤、程顥始確立理學思想的學術體系及活動，二程繼周敦頤之宇宙論，張載之形上義理，乃以天理作為宇宙起源的原理，強調人生最高的境界及最終之目標，都要合於「理」，人類的本然之性，為純然至善之本性，人之所以會為惡，皆出於氣質之性，要去惡向善，就必須從變化人的氣質之性下功夫，同時且將宇宙和人類社會的最高法則做聯繫，因此，強調人類自我的涵養，便能夠豁然開朗，天理昭明。同時要破除個人之私慾，體悟萬事萬物的道理。

直至南宋，集理學大成者為朱熹，並建構了自孔孟以來最完整的理學體系，對儒學的影響極其深遠，朱熹不但對儒家經典作全體性的論述整理，使之成為一個具有思想體系的學說，病以《四書》為底本，以通《尚書》、《春秋》、《周禮》等之經書，即以教育一個人如何修養自己為其基本理念，以至內在本身的修養，作為其要求統治者的修德成聖之途徑，以達修身、齊家、治國、平天下之理念。

天地萬物都各有其理，而太極乃是天地萬物中最根本的理，太極不但包含天地萬物之理，相對的，萬事萬物各自體現太極最根本之理。至於理與氣，更是不相離，理未嘗離乎氣，雖然有理然後有氣，實則無先後之分，因為理形而上者，氣形而下者，從形而上下言，並無先後之分，理存乎氣之中。天下事物沒有無理之氣，也沒有無氣之理。例如，陰陽五行的生剋制化，錯綜關係，本身即存在著理，沒有氣之聚，理亦無所附著，沒有氣，理豈能付諸實行？朱熹甚至認為，天地之性，乃專指理而言，論氣之性，則理與氣二者兼之。從道德層面而言，天地之性即是「理」，理是至善之道，而氣顯有清濁，「氣質之性」，便帶有善惡。

人性之為善為惡，自古即有論戰，人之慾望，乃為惡之本源，只有去除貪念與慾望，才能回復天理之純善。如何實踐？朱熹提出「格物致知、即物窮理」的理念，亦即窮究事物的原理法則，而總結為理性知識。是謂物格而後知至，知至而後意識，意識而後心正，心正而後生修，生修而後家齊，家齊而後國治，國治而後天下平。除了窮理，還得不斷的涵養此「心」，時時自省，才不致使私慾萌長。因為人心本具有事物之道理，事物之道理，其實就是人心的表現。

《周易》哲學的內在蘊含本由象數與義理兩大部分組成，義理始於先秦的《十翼》、《左傳》、《國語》所載之筮例，十翼即《易傳》，為解經之論，包括〈彖傳〉上下，〈象傳〉上下、〈文言傳〉、〈繫辭傳〉上下，〈說卦傳〉、〈序卦傳〉、〈雜卦傳〉等七種十篇。七種內容要點如下：

(一)〈彖傳〉

分上下兩篇，共六十四節，分別解釋六十四卦的卦名、卦辭及卦之要旨。「彖」即斷定一卦意義的話，闡釋體例，大體以取上下卦、六爻爻象，明示卦中為主之爻，並論斷該卦之主旨。

(二)〈象傳〉

分上下二篇，闡釋各卦之卦象即各爻爻象，其中〈大象傳〉為釋六十四卦的卦象；〈小象傳〉釋三百八十四爻之爻象，而乾、坤二卦多出「用九」、「用六」

文辭之象，因不屬於爻象，故未列入。〈大象傳〉的體例，先釋每卦上下象相重之主旨，再從重卦的卦象中推衍出人事物的象徵意義，多取君子應有的言行及道德規範為戒、為隱喻，〈小象傳〉的體例，則根據每爻的性質，爻位之特點，以分析爻義之吉凶。

(三)〈文言傳〉

分前後二節，分別解說〈乾〉、〈坤〉二卦的卦辭與爻辭之義理。其中解釋乾卦的稱《乾文言》，解釋坤卦的稱《坤文言》，文中蘊含著深與哲理，包含宇宙人生與奧義的元、亨、利、貞與仁、義、理、智、信。

(四)〈繫辭傳〉

分繫辭上下兩傳，細說六十四卦爻辭的基本義理。對經文作較全面性的剖析。例如，「一陰一陽之謂道」，將天地間人事物之變化納入「道」；「立象以盡意」，不只釋八卦之象，更著重「象」所表現出來的義理；「以類之概念象徵各類物之共性」，由陰陽產生八個卦，八種類性分別是六十四卦的共性，六十四卦象徵天地間萬事萬物，又因陰陽為統一於道的整體，故不只具有一套完整的哲學體系，更全面的抒發易理之精微。

(五)〈說卦傳〉

是記述解說乾、坤、艮、兑、坎、離、震、巽八經卦所象徵的各類事物，說明八卦的取象特點，廣引象例，中言八卦先天、後天方位，闡述六十四卦卦序排列原理及各卦之屬性。並述作《易》者用「蓍草」演卦的歷史，被認為是先秦的筮法書。

(六)〈序卦傳〉

全文分兩段，乾段敘上經〈乾〉至〈離〉三十卦次序，後段敘下經〈咸〉至〈未濟〉三十四卦次序，是對六十四卦推衍關係的總括，依據卦名的含義，敘各卦相次依承的意義，把六十四卦看作是一個或相因，或相反的因果聯繫序列，含有事物正向發展或反向轉化的辯證觀點，對事物變化的因果關係，物極必反，相反相生的運動規律以解釋各卦的相互關係，藉助已有的經傳文字，取其卦象或卦義，以兩卦為一組，用對立統一的思想，將六十四卦建立起因果關係，是一篇頗具哲理的六十四卦推衍綱要。

(七)〈雜卦傳〉

晉韓康伯注：「雜卦者雜揉眾卦，錯綜其義，或以同相類，或以異相明也。」

把六十四卦分成三十二組兩兩對舉，精要的解釋其卦義，特點和相互關係。因為在順序上交雜，故稱為〈雜卦傳〉，在對舉的兩卦之間，其卦或「錯」（旁通），指六爻相互交變，如艮與兌；或「綜」（反對），指卦體相互倒置，如泰與否即是。其卦義多成相反。傳中或以一字釋一卦，或數字釋一卦，或自然成韻，或隨手拈來，揭盡天地陰陽變化之機，示人陰陽剛柔進退消長之理，表明事物的發展在正反相對下去體驗變化的規律。

卦爻辭是附繫在六十四卦符號下的文辭，分別表明各卦各爻的寓意，卦辭每卦一則，總括了全卦大義，爻辭每爻一則，揭示該爻意旨。故相應繫有六十四則卦辭，三百八十四則爻辭。有了卦爻辭，使「經」成為符號與語言之結合，更富哲理，也使易象從簡單的符號，發展為用文字表述的形象意涵。故六十四卦、三百八十四爻皆是以喻象來展示哲理。

「義理」本意是正義和公理，套用易經，涉及哲學思想、人生觀、宇宙觀的概念，表現出對自然、社會、人生在運動變化中規律發展的基本認識，故易經的義理內涵，即是六十四卦、三百八十四爻所蘊含的象徵意義及哲理。《易經》本具有廣泛且深刻的義理內涵，從「占筮」也能顯現義理內涵，又在〈繫辭下傳〉云

：「夫《易》，彰往而察來，而微顯闡幽，開而當名辨物，正言斷辭則備矣。其稱名也小，其取類也大，其旨遠，其辭文，其言由而中，其事肆而隱。」又云：「《易之為書也，廣大憂備，有天道焉，有人道焉，有地道焉。兼二材而兩之，故六。六者，非它也，三材之道也。」前述《易傳》，乃在於進一步闡明其義理，給後世研易者能廣泛，深入的探究易理。

第六節　風水理氣

風水學乃結合方位理氣、氣候、建築、天文、地理、地形、地質、環境、景觀、格局擺設諸因素的判斷與取捨，以期適宜人居，進而達到健康、舒適、平安、順利為目的。風水學說起源於黃帝時代，到了春秋戰國時期，百家爭鳴，陰陽、五行、八卦、氣運諸學說盛行，連帶使得天文學及風水地理方面亦著墨甚多，漢代以後，各種相術，術數日漸盛行，比較代表性的有晉朝郭璞的《葬經》，唐朝楊筠松的《疑龍經》、《撼龍經》、《倒杖篇》，卜應天的《雪心賦》、《發微論》、《穴情賦》、《九星篇》、《趨庭經》，《勘與寶鏡》等，皆地理之正宗。

歷來風水著作甚多，典籍龐雜，偽作淆混其間，真讓人莫衷一是，又因自古以來，風水向為帝王之學，秘不輕傳，甚至刻意誤導，尤其如果太過側重理氣，穿鑿附會，自由心證，或過度濫用水法與天星，恐更加偏頗。宋元開始，對陰陽八卦及風水理論的闡釋漸多，羅盤理氣的運用漸漸普及，直至現今，在台灣約有二十個派別，大陸更是超過三十個學派，再細分則超過五十個系統。原則上凡言形勢性情者，較正宗，論天星、卦例者，則要明辨慎用，理氣也須配合形勢、形象論之，方不致以偏概全。風水地理偽作、瞎掰、胡扯、不符陰陽五行者甚多，務必要明辨，切勿照單全收，否則愈學愈迷糊。

「理氣」是指由方位所推出的吉凶，重點離不開「氣」，風水學上所重視的是「生氣」，是陰陽交感能生萬物的氣，各家之論述與切入稍有差異，諸如定遊星起伏位，爻氣交生了玄空大卦，引氣口交會而定城門，引星氣挨排九宮為挨星，引龍配水而判雌雄，引時氣八卦交中五為金龍，引八卦交錯而生玄空，零正催照水，八宅，八卦九星之套用，乾坤國寶、龍門八局先後天，六十四卦爻象分金、甲子、配納法、三合的一百二十分金，九星的天定卦、輔星五鬼卦，紫白飛星、砂水法、紫微、奇門…。理氣大體以河圖、洛書、數、卦、星之變化定龍、山、砂、水之零正衰旺，導引卦理、卦數、卦氣、時氣、爻運、納甲、日月九星、納卦、挨星之生剋定吉凶。

歷代正宗堪輿學著作簡介，以供後學研習。

《黃帝宅經》黃帝葬山圖。

《青囊經》，為秦末漢初黃石公傳，分上中下卷，上卷述陰陽二氣融合與河圖五氣、洛書方位，天地定位學理。中卷談天地間形氣依附與方位配合而成一體的動力。下卷論天地間氣與形、方位、法則配合之影響，堪稱理氣始祖。

《葬經》，晉朝郭璞：「氣乘風則散，界水則止，古人聚之使不散，形之使有止，故謂之風水。」生氣即一元運行之氣，在天則周流六虛，在地則發生萬物。該書實為葬儀之經典，堪輿入門之代表作。

《天玉經》，唐楊筠松著，後有蔣大鴻輯錄注疏，為風水理氣之重要經典，時至今日，注釋版本繁多，甚至衍生多套理論，讓人無所適從。

《疑龍經》，唐楊筠松撰，全書分為三篇，介紹如何依據山水之性情形勢尋找龍脈。上篇論幹中尋枝，以關局水口為主，中篇論尋龍結穴，看面背朝迎之要領，下篇論結穴形勢，附以疑龍十問，以闡明其義。

《撼龍經》，唐楊筠松著，言龍脈形勢性情，分貪狼、巨門、祿存、文曲、廉貞、武曲、破軍、左輔、右弼九星，分論說明。

《倒杖篇》，楊筠松撰，首尋陰陽交感之氣點立穴，放棺則從脈、息、窟、突四象中取得一象，再從象之四法中取一法，從一法中取上下左右四氣中之一氣。立穴放棺非常嚴謹，須經六階段之探究，才確立合適之葬穴。

《理氣心印三卷》，唐邱廷翰，《天機書》吳景鸞，為玄空理氣薪傳寶典，列戴太極、河洛、先後天、太陰、先天納甲圖、天星四垣圖、九星圖、以及形氣之變化要訣說明。

《雪心賦》唐卜應天撰，論山川理氣及龍、穴、砂、水形勢格局分辨，強調體賦於人者，有百骸九竅，形著於地者，有萬水千山，氣化形生、穴共三停、山分八卦、審四勢之四維，入山尋水口，登穴看名堂，考究分合向背，詳察五星之變化，審視龍虎關係，認龍之雌雄貴賤，明穴之結實虛花，均有詳細論述。

《發微論》，宋蔡元定著，大旨論地道剛柔，以明動靜，聚散、雌雄、強勢、順道、審向背、究分合、別浮沉、定深淺、正饒減、知裁成。

《穴情賦》，宋蔡發撰，主要論脈、口義、卦例、擇地十要訣、論生死、論黃地、富地、論文貴、武貴、風水二十四怕、論宜忌等。

《堪輿寶鏡》，明劉伯溫撰，對龍、穴、砂、水有簡明扼要的論述。

《堪虞管見》，明謝廷柱撰，論龍、穴、砂、水，以及穴、穴補、扦穴左右、葬深淺、化生腦、分授、土色等，均有詳細說明。

風水系統概論

除了各個不同風水學派外，又分幾十個系統，絕大部分的理論只適合陰宅，對公司住家無法細論，立論及切入點也不同，準確度如何？如何運用？衝突矛盾如何取捨？請風水師們自己斟酌，作者在此不予評論。

一、三合派

強調龍、水、向三者之間的配合，另指金木水火四局的生、旺、墓三合，特別注重水來去的方向，以判斷吉凶，以地支三合演繹，將二十四山配十二長生位，再看水之來去方向。

分三個支系

1．三合古法：楊筠松所創，以天盤雙山配十二長生消砂納水，《玉尺經》

、《天玉經》、《青囊奧語》均有論述。

2．三合新法：賴布衣所創，其格龍立向納水仍延用三合古法，另主張二十八宿五行配合人盤雙山消砂，把羅盤三才合一，內層為地盤正針，為磁力子午線，格龍定向之用；中層為人盤中針，為地理子午線，供撥砂之用；外層縫針，為天星子午線－北斗星，雙山五行，供納水之用。代表作為《催官篇》

3．向山三合：為王徹瑩及趙九真所創，將龍、穴、砂、水、向用五向作為最終的統一，從向上起長生，代表作為《地理原真》、《地理五訣》。

三合風水講究父母三般卦，要求龍的入首、坐度、水口三卦合一，如水口是四大局的金局水口，長生向巽，帝旺向庚、墓庫向癸，來龍入首是金龍，穴之坐度一定要在全龍之坐度內。在羅盤之地支都含有金木水火四大局屬性，其實一個字都有不同的理氣法，不同的龍局，其十二長生不一樣。

立向要訣：例如長生位的壬子宮，水從坤申宮方向來，過堂後從乙辰宮方向流去。

1．左水倒右：立帝旺向－壬子、庚酉、丙午、甲卯、以收長生、沐浴、冠帶、帝旺來水、出病、死、墓、絕方之去水。

2．右水倒左：立長生向－坤申、巽巳、艮寅、乾亥、以收帝旺、臨官、冠帶、沐浴之來水，出胎、絕、墓方之去水。

3．雙水匯聚：立墓向－乙辰、癸丑、辛戌、丁未、以以會合右方之長生水和左方之帝旺水，再由墓庫出水。

四大局十二雙山

1．坤壬以文曲從頭出：坤申、壬子、乙辰，是申子辰三合水局，以文曲為代表。

2．艮丙辛是廉貞：艮寅、丙午、辛戌，是寅午戌三合火局，以廉貞為代表。

3．巽庚癸是武曲位：巽巳、庚酉、癸丑，是巳酉丑三合金局，以武曲為代表。

4．乾甲丁為貪狼：乾亥、甲卯、丁未，是亥卯未三合木局，以貪狼為代表。

羅盤的二十四座山也區分成十二雙山，形成四大局的十二長生順序，其出水口在五行的墓庫、絕、胎之範圍內，即為該五行的局。

四大水口

其劃分是依據河圖一六、二七、三八、四九生成之數，以及洛書九宮十合之數劃分而來，皆依天盤縫針定方位。

口訣：

以丙交而趨戌。為丙局乙龍。

辛王會而聚辰。為壬局辛龍。

斗牛納丁庚之氣。為庚局丁龍。

金羊收癸甲之靈。為甲局癸龍。

二、三元、玄空飛星

是以九宮配九星為基礎，以八卦九宮立極方位為地盤，代表八方九位，即離南、坎北、震東、兌西、巽東南、乾西北、艮東北、坤西南的後天八卦方位，以洛書九數為天盤，代表九種不同的星，每種星先以原始的狀態進入地盤本宮方位，則坎一、離九、兌七、巽四、坤二、艮八、乾六、五居中宮，形成天盤與地盤相合的格局，即所謂玄空飛星盤，玄空即時空之意。

元運之分法

洛書元運：以黃帝元年，即甲子為始元，六十年為一個循環週期，六十花甲計為一元、三元即三個花甲，即上元、中元、下元，共計一百八十年。每一元分為三運，共有九運，其中一、二、三運分為上元，四、五、六運合為中元，七、八、九運合為下元，每運主二十年。乃因木星每十二年繞太陽一週，而土星是每三十年繞太陽一週，因而土星與木星每二十年會合一次，即稱之為一運，而十二年與三十年之最小公倍數為六十年，即土星和木星每六十年會在同一地點交會，故六十年謂之一元。所以又稱三元九運。其順序是一白水運、二黑土運、三碧木運、四綠木運、五黃土運、六白金運、七赤金運、八白土運、九紫火運，循環推演。

排運盤是以值事元運之洛書數入中宮，順飛八宮，例如目前是九運，即以九帶入中宮順飛。

九運盤：套入坐向、即可得出山星與向星。

八	四	六
七	九	二
三	五	一

二十四山每山下卦、兼向星盤

羅盤每山有十五度，下卦起法即在定向時經緯線壓在某山正中的七點五度為標準的左右各四點五度之間。而兼向起法是在定向時經緯線壓在以某山正中間九度外的左右各三度之內。

另一法是以每山有五格分金，其中三格分金為下卦，旁邊二格為兼向，有如三格共九度為下卦，左右格各三度為兼向。

父母三般卦

宅命盤如果出現九個宮位中，每宮位的山星、向星、運星，構成一四七、二

五八、三六九的格局，父母三般卦只會出現在二運、五運、八運中，上山下水的格局，其每宮的元運可以貫通上、中、下元，為旺財之吉象。

以八運申山寅向為例

4 1 七	9 6 三	2 8 五
3 9 六	5 2 八	7 4 一
8 5 二	1 7 四	6 3 九

連珠三般卦

宅命盤中如果每個宮位的山星、向星、運星均構成相連的數字一二三、二三四、三四五、四五六、五六七、六七八、七八九、八九一、九一二，且運星數字須是在連續數字的中間。可通三元之氣，且向星所在有水，必主旺財。

以七運亥山巳向為例

7 5 六	3 1 二	5 3 四
6 4 五	8 6 七	1 8 九
2 9 一	4 2 三	9 7 八

零正神

零神：是散發氣的方位，有產生動象的作用，位此方位之人，感覺舒暢，對於物則會令人想去動它。

正神：是聚氣的地方，位在此方位的人，會想走動，但是坐久了亦會疲憊，因此適宜擺放盆栽、收銀機、或金庫。

當二、四、七、九運時，六、七、八、九宮為正神，一、二、三、四宮為零神。

玄空六法：二十四山零正

當一、三、六、八運時，坐山在一、二、三、四為正神位，見山吉，坐山在六、七、八、九為零神位，見水吉。當二、四、七、九運時，坐山在六、七、八、九為正神位，見山吉，坐山在一、二、三、四為零神位，見水吉。

玄空大卦零正

內卦一、二、三、四為上元正神方，下元零神方。

內卦六、七、八、九為下元正神方，下元零神方。

卦運（九運）

一貪狼、二巨門、三祿存、四文曲、六武曲、七破章、八輔、九弼。

外卦一、二、三、四為上元旺方，下元衰方。

外卦六、七、八、九為下元旺方，上元衰方。

正神、零神所到之處，必須與地勢之虛、實、空、滿相配合，忌犯零正顛倒。

玄空飛星四大局

山星陰、向星陽，旺山旺向局，合局之條件須後有山、前有水或空曠。

山星陽、向星陰，雙星會向局，合局之條件須前面有水，水外又有山。

山星陰、向星陽，雙相會坐局，合局之條件須前面平坦、後面有水，水外又有山。

山星陽、向星陰，上山下水局，合局之條件須前面有山，後面有水。

玄空風水之重點在六法：玄空、雌雄、挨星、金龍、城門、太歲。

年運之計算：

以先天八卦卦爻陽九陰六之法計之。統上下元分八運。

後天坎一運：先天坤，統十八年。

後天坤二運：先天巽，統二十四年。

後天震三運：先天離，統二十四年。

後天巽四運：先天兑，統二十四年。

後天乾六運：先天艮，統二十一年。
後天兌七運：先天坎，統二十一年。
後天艮八運：先天震，統二十一年。
後天離九運：先天乾，統二十七年。

雌雄

以先天卦之相對分雌雄為配，合以山水，不配則不交
坎離卦，為中男中女相配。
震巽卦，為長男長女相配。
艮兌卦，為少男少女相配。
乾坤卦，為老父老母相配。

挨星

以先天八卦為體，並將二十四山分配二十四爻，每一卦有三爻，再依天氣逆旋之原理，逐爻挨出。
先以乙、辛、丁、癸、寅、申、巳、亥八山為卦之初爻，次以子、午、卯、酉、乾、巽、艮、坤八山為卦之中爻，再以甲、庚、壬、丙、辰、戌、丑、未八

山為卦之上爻。以陽變陰，陰變陽，一索再索。

若變到主爻，則三爻全變，各卦之主爻如下：震巽以初爻為主爻；乾坤坎離以中爻為主爻；艮兌以上爻為主爻。得知二十四山所屬之挨星卦氣：

申子辰卯山為乾卦氣，寅午戌酉山為坤卦氣，子卯未巳山為坎卦氣，午酉丑亥山為離卦氣，甲癸申巽為震卦氣，庚丁寅乾山為巽卦氣，坤壬乙辰山為艮卦氣，艮丙辛戌山為兌卦氣。

金龍

以五黃為大金龍，其位置是隨元運而變化。

以後天洛數，配後天之卦，陽順陰逆飛佈九宮，以五黃所到之宮位為零神，對宮為正神。

一運為坎，一為奇數入中順飛，五黃為離，以水火卦為用；二運為坤，二為偶數入中逆飛，五黃為坤，以天地卦為用；三運為震，三為奇數入中順飛，五黃為兌，以雷風卦為用；四運為巽，四為偶數入中逆飛，五黃為巽，以雷風卦為用；六運為乾，六為偶數入中逆飛，五黃為乾，以天地卦為用；七運為兌，七為奇數入中順飛，五黃為震，以山澤卦為用；八運為艮，八為偶數入中逆飛，五黃為艮，以山澤卦為用；九運為離，九為奇數入中順飛，五黃為坎，以水火卦為用。

運之正神用法：

一運山用坎，水要收離；二運山用坤，水要收乾；三運山用震，水要收巽；四運山用巽，水要收震；六運山用乾，水要收坤；七運山用兌，水要收艮；八運山用艮，水要收兌；九運山用離，水要收坎。

運之零神用法：

一運零神為離，山要用坎；二運零神為艮，山要用兌；三運零神為兌，山要用艮；四運零神為乾，山要用坤；六運零神為巽，山要用震；七運零神為震，山要用巽；八運零神為坤，山要用乾；九運零神為坎，山要用離。

城門與正城門：

城門是指景物最明顯之處，向首左右兩旁之宮位為城門，若城門之元旦盤洛數與向首之元旦盤洛數和生成之數者，為正城門。

離山坎向，以乾為城門。

震山兌向，以坤為城門。

兌山震向，以艮為城門。

坎山離向，以巽為城門。

太歲：

太歲有用於元運，亦有用以推五運六氣，計有年支太歲。紫白法太歲，二十四山配二十四節氣，以辰戌丑未為界的二十四山四季歸屬。

三、八宅派

八宅派著重山向和年命，卻有四種不同之起遊年法，一是以坐山為伏位起遊年，二是由大門起遊年，三是以年命起遊年，四是由向起遊年。每間房屋都有八個吉凶位，吉位包括生氣位、天醫位、延年位、伏位；凶位包括絕命位、五鬼位、禍害位、六煞位。依各人支初生年份，劃分震、巽、離、坎為東四命，乾、坤、艮、兌為西四命，共有八個命卦，再以房屋所坐落的卦為宅卦，分成東四宅及西四宅，原則上以東四命住東四宅為吉，且以四個吉遊星所在的地盤宮位，來開門、安床、安灶為吉。

命卦是依後天洛書，即坎一、坤二、震三、巽四、乾六、兌七、艮八、離九推之。事實上，一家幾口人，不大可能所有人之命卦均配合宅命。東四命住東西宅，則興旺繁榮，東四命住西四宅則傷亡禍重，因此，風水師只能依男主人為住房之決定取捨。

四、陽宅三要

三要即大門、主臥、灶位，三者之間的宮位生剋關係來論吉凶。不論大門開在何方，均由大門起伏位，三個宮位五行相同或相生，配置得宜，即可不必考慮宅主年命，原則上，灶位之位置壓在吉凶，臥房是生氣、延年、天醫、伏位，均論吉。

門如人之口，忌昏暗、忌道路、屋脊、壁刀來冲射，主臥房與灶均宜與門相生，灶與主臥相生，所落位的星與宮相生，論財丁兩旺，福壽雙全。

宅之分辯法：

靜宅：宅院為靜宅，如工廠、公務機關有建圍牆者，則指出入的圍牆門。從門順佈遊年。

動宅：凡兩院、三合院、四合院，皆為動宅，用巧翻八卦看，動宅考量到金木水火土五行，故至五層為止。

變宅：凡六、七、八、九、十層為變宅，用雙金、雙木、雙土、貫井看法。

化宅：十一、十二、十三、十四、十五層，皆為化宅，五與十為土數，土上生化育萬物，故曰化宅。

靜宅之看法，在天井用尺分清，在正中下十字線，將羅盤放在天井十字中心，定準坐向，再分別看門、主、灶在某宮某字，從關係上斷吉凶。

動宅、變宅、化宅之看法則不同，首先在大門內，二門外院之正中，用十字線分開，看大門在某宮某字。次至較高房之正中，拉線至房門之正中，看在某宮某字，係東或西四灶，最後將門、主、灶合參，依生剋斷吉凶。

定門、定主、定灶法

門，即宅之大門，或圍牆出入的總門，主是指宅主所居住的臥房，或是公務機關，多排層或多廂房之宅院，大型廠房，則指最高大之主屋，或主管之辦公室等，灶是指廚房之位置，以灶之房門定灶，非以灶門定灶，若廚房有前後二門，即下二羅針。

以乾門乾主為例

為伏位純陽之宅，純陽易傷婦女。

坎灶：水泄金星，初年得財，日久漸敗，賭色，傷妻，乏子嗣。

艮灶：金相生，初期富貴，生三子，因純陽無陰，傷婦乏嗣，再婚。

震灶：犯五鬼，不利長子，易官司，火舌，敗財。

巽灶：為祿存土星，初年小吉，日久則婦女短壽，傷腰及心腹。

離灶：火金相剋，陰盛陽衰，財丁不旺，婦女性剛強、頭、眼、瘡之疾。

坤灶：為延年，土金相生，夫婦正配，福祿壽全。

兌灶：為生氣，初年財丁旺，久則重婚、寡居。

乾灶：比和，三陽同居，初年發福，日久則利妻剋子。

五、奇門遁甲

奇門遁甲把天文、五行、律歷及周易融於一體，並依河圖、洛書、八卦九宮，利用天時、地利、人合，結合時間空間所形成的格局來斷吉凶。「奇」是指三奇，即天干之乙、丙、丁，「門」是指八門，即開門、休門、生門、傷門、杜門、景門、死門、驚門。「遁甲」即把「甲」遁入戊、己、庚、辛、壬、癸六儀之中，三奇六儀分布九宮，而甲不獨佔一宮，故名「遁甲」。

奇門遁甲自古是排兵、佈陣、安營、占天侯、判吉凶的經國兵書，晚近尤被應用在堪輿、修造、殯葬、動土、人事物之預測、占驗、以及陰陽宅之佈局。針對陽宅用事，是以門向為主，陰宅用事坐山為主，坐生向死為最佳，其次居為杜門、景門，最好能考慮到年盤、月盤、日盤、時盤的計算，起碼要以時盤為主。至於納氣方位，計有木、火、金、水四局，每個五行方位轄五山，而乾、艮、巽、坤四個天地角位不論吉凶。

六甲旬符首即其支向如下：

甲子旬符首為戊，子丑向（壬、子、癸、丑），子丑支合。

甲戌旬符首為己，戌卯向（辛、戌、甲、卯），戌卯支合。

甲申旬符首為庚，申巳向（坤、申、巽、巳），申巳支合。

甲午旬符首為辛，午未向（丙、午、丁、未），午未支合。

甲辰旬符首為壬，辰酉向（乙、辰、庚、酉），辰酉支合。

甲寅旬符首為癸，寅亥向（艮、寅、乾、亥），寅亥支合。

奇門遁甲法則：

1．驛馬、空亡均以時支來推，貴人則看年干及值符。

2．八神之旺衰，隨宮而定，宮旺則旺，宮衰則衰，而宮又根據求測局當時之月令而定，例如五月則火旺土相。

3．旺不為空，動不為空。（臨驛馬或驛馬冲，即表示動）。

4．起局時，中五宮永遠跟著坤二宮，只有在論終身盤時，陽局跟艮八宮天任，陰局跟坤二宮天芮。

5．八門、九星只與九宮一致，其五行依八卦，九宮五行。

6．王時（九星），只看與所落宮位之旺衰關係。

人和（八門），與所落宮位參看月令關係。

地利（天盤干），只看落宮的十二長生狀態。

神助（八神），旺衰隨宮而定。

天盤、地盤形成之吉凶格。

日干或年命有否臨三奇。

盤局：

地盤干：戊、己、庚、辛、壬、癸、丁、丙、乙。

九星：天蓬、天任、天冲、天輔、天英、天芮、天柱、天心。陽遁局時，天會依附天任，陰遁局時，天禽依附天芮，不管陽、陰遁局，一律依順時鐘方向排列。

八門：依序為休門、生門、傷門、杜門、景門、死門、驚門、開門。不論陰、陽遁局，一律依順時鐘方向排列。

八神：值符、螣蛇、太陰、六合、白虎、玄武、九地、九天，陽遁局為順時鐘，陰遁局為逆時鐘排列。

本宮盤

天輔(文曲) 杜門 巽4	天英(右弼) 景門 離9	天芮(巨門) 死門 坤2
天冲(祿存) 傷門 震3	天禽(廉貞) 5	天柱(破軍) 驚門 兑7
天任(左輔) 生門 艮8	天蓬(貪狼) 休門 坎1	天心(武曲) 開門 乾6

起局方式：

1．致閏法：即所謂的超神接氣，當起神多達九天以上時，陽遁就在芒種節置閏，意即將芒種節所用上中下三元再重覆一遍，這樣轉到夏至，改為陰遁時，自然就變成接氣了。同理，或在大雪節置閏，冬至氣改陽遁時，自然即接氣。此法缺點有違背天體運行的自然規律，因為地球繞太陽，不可能到該位時放慢。

2．拆補法：嚴格遵循二十四節氣，以套奇門局，以及遵循干支計時系統，即甲、己為符頭，符頭日地支為子、午、卯、酉就用上元，為寅、申、巳、亥就用中元，為辰、戌、丑、未就用下元。例如，某月有二十八天，則借下一個月二天來補。

3．茅山局：嚴格按二十四節氣，交節時間定奇門用局，即每五六一元局，分別為上元、中元、下元，如果下元乃用五天仍未到下個節氣，仍繼續用該氣的下元局，如果下元局上未用夠五天，下一節氣已經到來，則立即用下一節起。

有關實務上，大門、臥房、客廳、書房、通道、爐灶、廁所、保險櫃、辦公室等之盤局吉凶論斷，請參閱拙著「精準形象地理學」第一七八頁論述。

六、紫白飛星

紫白飛宮、辨生旺退殺之用；三元氣運，判盛衰興廢之時，紫白飛星是以宅之坐山為主，以洛書九宮順序，用後天八卦來飛佈九星，在九星中以紫星及白星為吉星，故稱之為紫白飛星。一卦管三山，以中宮為「我」，八方為星，將山之星吊入中宮，飛佈九星，再用我與八方之後天八卦五行所產生之生剋論吉凶。（見後之飛星圖）

八方和中央合成九疇方位，再分成上元、中元、下元，每一元管三個卦數，稱為「三元九運」。

上元甲子管一白坎、二墨坤、三碧震、共六十年。

中元甲子管四綠巽、五黃中、六白乾、共六十年。

下元甲子管七赤兑、八白艮、九紫離、共六十年。

其中一白、六白、八白、九紫等星，雖為吉星，飛佈九宮後再與中宮論生剋，未必是吉。例如八白飛至震宮，八白土剋中宮水，是煞氣方，反為凶。

論斷重點：

1．一白為官星、四綠為文昌、四一雙星加會在一起，利升官、考試、讀書、升學。

2．九紫後天火星、七赤為先天火數，九七兩星同宮，易引發火災。

3．二黑為病符，五黃為廉貞，五鬼、官煞，二星交疊主重病或生命關。

4．三碧為蚩尤、七赤為破軍、兩星相會，主爭鬥、訴訟、血光、竊盜。

5．流年飛星以立春起計，主一年之吉凶，流月飛星以交節起計，主每月之吉凶。

6．年月飛星交會吉所到之宮位，可推知應在何人或身體之何部位。

7．五黃所到之方勿修造動土，年五黃星臨坐山、亦不宜修造動土。

8．三碧、六白、八白為財星，當生旺方逢財星，始稱財位。

9．年月飛星之交會，以相生為吉，相剋為凶，例如三八兩星為土木相剋，主凶。而二黑、五黃、七赤均是凶星，有星來生亦論凶。

10．四綠文昌所飛佈到的宮位為「文昌位」，既是文昌位、逢廁所或廚房，不利考試、讀書、科名。

11．流年之煞星到門，亦引災厄。

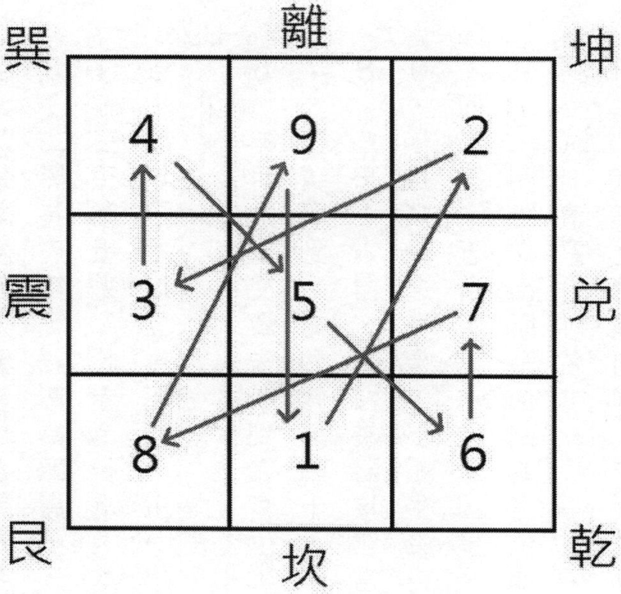

離
巽
坤
4
9
2
震
3
5
7
兑
8
1
6
艮
坎
乾

七、翻卦派

大致是根據先、後天八卦，河圖、洛書，並結合納甲原理，以八卦翻出九星，依順序為貪狼、巨門、祿存、文曲、廉貞、武曲、破軍、左輔、右弼，其中貪狼木星、巨門土星、武曲金星、輔星為四大吉星；祿存土星、文曲水星、廉貞火星、破軍金星為四凶星。

九個星的起卦法，可以九星按順序定位在手指節上，以離、巽、坤、兑四陰卦居上，乾、艮、坎、震四陽卦為下，在按乾兑互翻，離震互翻、坎巽互翻、坤艮互翻，以確定出室內局，外形局及坐向來去水。

外局是依據來龍方位，坐向及與來去水之不同定之，再依九星來判定吉凶，內局則測定坐向分金、定中宮，再依河圖、洛書之數理定吉凶。吉方宜開門、安床、設灶，凶方宜放水、排水。

翻卦類別

(一) 九星翻卦法：以一為貪狼木星、二為巨門土星、三為祿存土星、四為文曲水星、五為廉貞火星、六為武曲金星、七為破軍金星、八為左輔、九為右弼水星。

(二)二十四山翻卦法：一卦管三山，主要用於外形局，山巒、高樓及來去水。

(三)輔星翻卦法：與九星翻卦法之原理相同，但其序數不同，著重勘察外形水法。

九星翻卦以坤卦居首，因立向分金坐度都是從納甲而來，茲將八卦納甲所納之二十四山列述如下：

乾卦納甲，乾、甲二山為坤卦的祿存。
兑卦納丁、巳、酉、丑，此四山為坤卦的武曲。
離卦納壬、寅、午、戌，此四山為坤卦的文曲。
震卦納庚、亥、卯、未，此四山為坤卦的廉貞。
巽卦納辛，巽、辛二山為坤卦的巨門。
坎卦納癸、申、子、辰，此四山為坤卦的破軍。
艮卦納丙，艮、丙二山為坤卦的貪狼。
坤卦納乙，坤、乙二山為坤卦的輔弼。

八、星宿派

星宿即古代天文學上觀測日、月、五星運行所劃分的二十八個星宿，月球在黃道和赤道之間的軌道上運行一週期，大約是二十七又三分之一天，古代曆法上把月球所運行的天際分成二十八個星體，而月球每天所經過的其中一個星體，該區即稱之為「宿」，共有二十八星宿，以此來觀察日、月、金、木、水、火、土七星的運行變化，並計算日蝕和月蝕，用之於陰陽宅，看周邊高起物，砂五行與坐山五行比對。

二十八星宿分為四群，並與東、西、南、北及青龍、白虎、朱雀、玄武四獸相配，稱作四象，其四象群組星宿分佈如下：

東方青龍七宿：辰乙卯甲寅順排，角、亢、氐、房、心、尾、箕，配七政：木金土日月火水。

南方朱雀七宿：未丁午丙巳順排，井、角、柳、星、張、翼、軫，配七政：木金土日月火水。

西方白虎七宿：戌辛酉庚申順排，奎、婁、胃、昂、畢、嘴、參，配七政：木金土日月火水。

北方玄武七宿：丑癸子壬亥順排，鬥、牛、女、虛、危、室、壁，配七政：木金土日月火水。

中原地區建築多坐北朝南，對應二十八星宿，即是左青龍、右白虎、前朱雀、後玄武，四獸既是神煞，也是方位的代名詞，在風水學上更具有實質之內涵，在天成象、在地成形，星宿與山水相應，自會靈應人事物的吉凶現象。

二十八宿消砂納水

以坐山宿主五行為主，砂峰宿主五行為賓，生剋關係論吉凶。

1．砂峰宿主五行生坐山宿主五行，為賓生主，為生砂，主科甲、文昌。

2．砂峰宿主五行同坐山宿主五行，為比和，為旺砂，主科甲、文昌。

3．坐山宿主五行生砂峰宿主五行，為主生賓，為泄砂，主家業破敗。

4．坐山宿主五行剋砂峰宿主五行，為主剋賓，為財砂，主財。

5．砂峰宿主五行剋坐山宿主五行，為賓剋主，為煞砂，主災禍、是非、小人，諸事難成。

人盤二十四山五行

巽、辰、乙、卯、甲、寅，分別對應角木、亢金、氐土、房、心火。

艮、丑、癸、子、壬、亥，分別對應女土、虛、危火、室火、壁水。

乾、戌、辛、酉、庚、申，分別對應奎木、婁金、胃土、昴、畢火、嘴火、參水。

坤、未、丁、午、丙、巳，分別對應井木、鬼金、柳土、星、張火、翼火、軫水。

九、後天派

後天之論述，分靜、樓、工、風、神五種不同之用法，靜宅指平房或聚落，五行屬金；樓房向上疊伸，五行屬木；工指工廠製造，五行屬水；風則是葬乘生氣，藏風聚氣的陰宅，五行屬土；神指寺廟，五行為廉貞火。應用上有差別，陰宅講究關旺之氣，陽宅以生旺為要，宮廟講究煞旺之氣，不同五行，氣之所施亦差異。

後天派之應用，有別於八宅及陽宅三要，不以坐山起伏位，也不以門向起伏位，亦無命卦之說，其宅主指的是房子的主星，供作論斷的依據，並以八卦九星，四局及雙山五行為經緯，平房著重地支，樓房注重天干，開門斷宅用三山，起宅星用雙山，對陰陽宅則是吉的要收，凶的要化，看不到的要補氣。

針對陽宅坐向分為十六個方位：

四正：壬子、甲卯、丙午、庚酉。

四隅：艮寅、巽巳、坤未、乾亥。

四陽干坐祿：巳丙、庚申、亥壬、寅甲。

巳陰干變宮：乙辰、辛戊、丁未、癸丑。

陰宅分山地、平洋、半坡半嶺不同的用法，以楊公龍水交會點穴，二十四山變性五行、十四進神水法等之理論，葬五星、葬勢、葬水、葬天星亦各有所宜。

後天五行類別

二十四山旦五行、八卦五行、雙山五行、九星五行、十二長生五行，以及外盤陰地用的變性五行。其生剋制化不同。

放水

以宅主星所在之八卦宮位，以雙山起十二長生，陽順陰逆，干強支弱，病死正庫放水、衰絕借庫放水，沐浴、冠帶、臨官放水破財，養生放水小凶，長生放水，家破人亡。

四局庫口

申子辰水局，庫口：乙辰方放水，七至八年破財亡命。
亥卯未木局，庫口：丁未方放水，十至十一年內破財亡命。
巳酉丑金局，庫口：癸丑方放水，十九至二十年內破財亡命。
寅午戌火局，庫口：辛戌方放水，二十三至二十四念內破財亡命。

十、乾坤國寶

又稱「龍門八局」，特別注重水的來去方位，其理論主要系根據河圖、洛書，以探討先、後天八卦之相互關係，包含八卦方位水局、先後天水、三刼方、賓客水、庫池水、輔卦水、曜煞方、凶惡水、正竅位、以及各種水局，操作上首看先、後天位，先天位即屋宅坐山屬於後天八卦之何卦，該卦在先天八卦所居之方位。先天主人丁，如果水從該方流過堂前，則旺男丁。若流破先天位，則人丁敗絕、貧困。後天位即屋宅坐山屬於後天八卦之何卦，該卦在先天八卦之何卦，依此其在後天卦之方位。後天位主妻財，如來水主旺財，流破則破財、妻病。

以坎宅為例

（一）賓位

屋宅向屬後天之離卦，該卦在先天八卦居震，來水旺女家。

(二) 天刼位

是為屋宅坐山之後天位的後天位，即巽卦位。天刼水為凶水，宜出不宜來。

(三) 地刑位

由於天刼位居坐山之左前方四十五度角，即坤位，而地刑位居天刼之對應位，故在坤位。水宜出不宜來。

(四) 案刼位

指坐山之對面，朝向明堂之四十五度角範圍，即離卦，水宜出不宜來，忌見形煞、屋角、壁刀、路冲，否則損人丁，破財夭貧。

(五) 輔卦位

除了坐山，先後天位、賓位、客位、天刼、地刑、案刼位外，所剩之位即是輔卦位，坎宅即在艮卦，宜來不宜出，忌動土。

(六) 客位

依屋宅之向屬後天八卦之何卦，其先天八卦是何卦，再以此找出後天八卦方位，故為乾卦。水來旺女人、對客人有利、不利主人。

（七）庫池水

位坤卦，庫池水指財庫、以近穴、水深、水澄為佳，如收來水過明堂則旺財，去水流破大破財。

其它有關曜煞，正竅位，各種水局，可參閱拙著「精準形象地理學」之論述。

風水理氣，僅簡單介紹以上十個學派，另有九星、妙派等，以及多個分支，請有心研習風水理氣者，多方探索，再找明師學習。

第二章　象界與易象

「象界學」與易象的象，當然有所不同，易象談八卦類象、陰陽、五行、卦的象義之自然現象與人事現象，以及爻辭之意義。而「象界學」之象，在談自然界所有景象、形象、物象、圖象，包含名片、夢境之象，動物、植物之吉凶現象，以及內外形局，因為每一樣物品都有其涵義、本質、功能、屬性，加上對應關係，內外形局之不同，位置不同，吉凶也不一，應用到公司、陽宅、陰宅方面，論述既細微又精準，可謂包羅萬象。事實上，象不只是現象，象也包含天象、人象、面相、體相，觀一個人之言行，可知其進退之節度與格局之高低，象又可區分為客觀事物的象，真象與假象，真象存在於內在，所以「明心」就能「見性」，假象是呈現在外的事物現象，是人之分別心造成的，例如喜怒哀樂、生老病死、吉凶悔吝，四季變化；境界也是象，心裡有數也是象，象是現象，有其事物，必有其象，所有的現象都表現本質，所有的本質都通過現象體現，所以，易之道，始於象，源於象，沒有象，就沒有「易」，《四庫全書》：「大旨謂聖人以象示人，有八卦之象，六爻之象，象形之象，爻位之象，反對之象，方位之象，五體之象，七者備而象窮矣」。

為何要有卦象？乃因為文字無法具體描述萬事萬物的現象，書不盡言，言不盡意，況且各個人之認知有異，解釋會不同，所以，有象才能體悟，並且顯現道理。易道、易辭，皆由「象」出，象的實質不只在象其「在天成象，在地成形」之物，更包含遍布在生活中放眼所及的一切，「易」以類萬物之情，但萬物各有所本，明其本象，則萬物之象皆明矣。即便如此，易象要運用到風水地理的論斷，實在有限，大致是套入八卦、六十四卦、陰陽、五行現象及生剋關係，大致是以象意延申或類推，其大多是概括性的，不夠明確，很容易因為過度引申而出錯，更關鍵的是沒有套入物件的涵義，本質、功能、屬性，以致難以全面性的論述住家、公司、陰宅造作的吉凶現象。

第一節　象界學的「象」

人與天地併生，萬物與人合一，人屋合一，在天成象，在地成形，人自然會受生活環境形象的感應，也會受氣場的影響，而且，三代人血緣、氣脈相連，所以，屋宅會直接間接反應三代人之吉凶現象。

只有「象」才能包羅萬象，包含景象、形象、物象、形勢、形局、對應關系，加上各個物品均有其含意、本質、功能、屬性，所以，論斷既全面又精準，因此，在拙著《精準形象地理學》及《象界風水與易經》二書中，特別強調易理寄寓象，理氣所能論述的吉凶，都會在形與象裡顯現出來，不會遺漏，尤其是公司或住家只要出現文明的產物或擺設，就足以發凶，甚至使理氣當運的公司或住家破局。

風水學界對於「象」之論斷，**最嚴重的錯誤現象，是僅憑自我的認知，或無限引伸，和瞎掰亂套，而沒有根據陰陽五行法則，尤其是不懂物品的涵義、本質、功能、屬性，當然會錯誤百出，**例如，市面上所販售的各種增氣場、招財、補運之擺件；種植羅漢松，賺錢就輕鬆；種植桂花，可以招貴人；把龍過堂引用到內局來論述；把電線桿當成文筆；把冰箱看作是食祿；墓碑薄則子孫體態扁平；明堂見水即有財：等謬論。

邵伯溫：「以物觀物性也，以我觀物情也。性公而明，情偏而暗，故因物則性，性則神，神則明也」。**以物觀物是客觀事物的認識，沒有絲毫的主觀成見，而以我觀物則帶有私意，所以偏而暗。**邵子把這種以物觀物，而不以我觀物稱之為「反觀」，聖人觀物就是能透過對事物的外表，進而掌握事物的本質及其內在之特性。邵子的所謂「反觀」，即是「觀之以心」，強調理性、客觀去認識事物，任何事務有其理論、原理、理則，任何事物有其涵義、本質、功能、屬性。而陰陽五行及剛柔之道，即是萬物之「理」。

「易象」可分為內象與外象，內象為不變的，如天健也、坤順也、震動也、離麗也、巽入也、坎險也、艮止也、兌說也，等述抽象含意之類的「象」。外象為變化的，如乾為天、為圓，坤為地、為方，離為火、為虛，震為雷、為高，巽為風、為繩直，坎為水、為滿，艮為山、為石，兌為澤、為矮等之大體之象，另有具體之意之類的象，以及六爻卦體中的上、下兩卦間的變化之象。

象界風水學的象，如前所述，包羅萬象，既全面又精細，一輩子也學不完。而傳統風水所談的「象」，即所謂的形勢，概分為巒頭派、形象派、形法派。但是，不管哪一派，均沒有完全將物品、物體的涵義、本質、功能、屬性說清楚，或下定義，公司及住家之內局關係也一片空白，花樹之吉凶現象也闕如，更不見論及數之吉凶。作者常見到傳統風水師的居家，形局擺設凶象，他自己卻渾然不知，也常見到許多大師之陰宅傑作，只求坐向理氣，外表力求氣派，造作上卻給先人之子孫引發莫大的災厄。

形勢派是以山川地理形勢為判斷的依據，楊筠松為代表人物，由於形是融勢聚氣的關鍵，生氣是一元運行之氣，在天周流六虛，在地發生萬物，其因勢而行，又因形而止，形是對勢的總結。勢是龍脈走向龍穴的過程中，起伏連綿所呈現出變化多端的態勢，龍主形、穴主氣，無勢無力則氣不旺，形小而勢大，故欲認其形，必先觀其勢。

茲就形勢派的三個流派簡略說明：

(一) 巒頭派：著重山川地理形勢，主要以龍、穴、砂、水、向論吉凶。

(二) 形象派：即把山水的形態，生動地比擬成動物、物體或事件，例如雙龍搶珠，美女照鏡⋯等，常因各個人的認知與解讀之不同，而有天南地北的差異，初學者往往被搞得頭昏眼花，也常出現牽強附會或強詞奪理的玄妙論述，以彰顯自我高深的功力，徒增風水亂象。

(三) 形法派：大致是在形象派的基礎上，將形象與穴場關係，套以彼此相互間配合的法則，以判斷吉凶。

以上三個流派均沒有論及內局，其實，公司、住家百分之九十以上的吉凶現象均在內局。

一、外形局

外形局之助力或殺傷力比內局強，外形局不外乎道路、建築物、樹木、實體物、河流、水池、以及各種地形地物所形成的煞氣，有形就有靈，不良的形體或物體會產生不好的磁場，風水學以「氣」為核心，不同的氣即代表不同的物理及生理現象。氣是對於各種有形無形之本質的概括，風水學講求「生氣」，陰氣和陽氣充斥於天地山川萬物之中，陰陽交感，化育萬物之氣，稱為「生氣」，而住家及公司空間，亦因擺設之關係，因而呈現出不同的氣場環境，陰氣與陽氣也泛指事物的兩個對應面，陰陽二氣在化生中產生五行之氣，並顯現正負能量，其實，氣與形可以互相轉化，所以，聚則成形，散則化氣，故氣場與形皆會影響我們居家及公司之吉凶現象。

有關外形煞、坊間風水書多有論述，諸如路冲、壁刀、巷冲、無尾巷、白虎昂首、天斬煞、反弓煞、割腳煞、捲簾煞、包伏煞、棺木煞、探頭煞、連體煞、冲天煞、背煞、刀剪煞、高壓煞、箭煞、凹峰煞、穿心煞、反跳煞等等，在此就不再贅述，本小節僅就容易引起誤解之形煞作補充說明：

（一）高壓煞：公司或住家對面有著比自己高出甚多的大樓，有如泰山壓頂，或明堂受阻，運勢阻礙。其實周遭前後左右均論，不光指前方，也不可以因為有高樓即論凶煞，必須考慮彼此之距離，馬路，才能定吉凶。

（二）探頭煞

探頭煞即在陽宅之前後，見到其它建築物有凸出一小段物體，形如有人探頭偷窺，又有前探出賊子，後探出母舅之說，其實，探頭煞已被過度引述，如果依前述見凸出物即下定論，沒考慮到相應的條件以及現代城鄉景觀，則大半之住家均遭小偷，豈有此理？

(三) 冲天煞

高聳的大樓四周都是矮房子，即稱為冲天煞，主住戶家人不和睦，健康不佳，公司部屬背判，樓愈高愈獨聳愈凶。是否有以上凶境，關鍵在內格局，不可一概而論。比較離譜的是把此獨聳的高樓，說是會影響周遭方圓數公里的公司及住家，導致火災、意外、血光等。

不只冲天煞，連高壓鐵塔也說得多麼恐怖，每次有客人因為聽信人而向作者提問，我會反問客人，難道鐵塔及高樓四周上千戶人家都要發生血光，意外嗎？難道這上千戶房子都不能住人？都要打掉嗎？

(四) 割腳水

公司或住家貼近海、湖、江、河，即形成割腳煞。主運勢不穩，健康不佳，財存不住，是非官司。其實，住家或公司刻意私設的水溝、魚缺、水池、淋水牆，也如同水是割腳水，所以，風水師千萬不可以刻意替客人規劃環形水溝，設魚缸，旺財淋水牆等，水有多種涵義，水能覆舟，亦能載舟，水代表財，只是其中之一涵義，沒有相應條件配合，如何有財呢？「見水則發」的濫用，可真要害人。

（五）亞鈴屋

即二棟建築物之間，見有相連接二棟大樓之懸空走廊，傳統風水則稱為「連淆煞」，除了形象感應，也會造成氣場混亂，不安，多是非。

（六）環抱

陰陽宅之前、後、左、右、水或路呈向外彎者為反弓，反向則為環抱，環抱被稱為「玉帶環腰」，環抱一定好，表示有情，家運亨通，財源旺，這種論斷以偏概全，實例上大約五分之一是論好，環抱不只是有問題，而且尚須考慮水、路斜行的幅度、距離、角度、位置，才能正確定吉凶，並非環抱一定好。

（七）角煞、光射：這也被無限引申論述，凡是站在屋頂或陽台，放眼所能見到的任何屋角、牆角、牆壁、小凸物等，都是煞，而且分佈在每一戶住家的四周，依此論述，每一戶人家都不得平安、意外等，難道一半以上的房子均要打掉，不能住人。作者每次幫客人看房子，由於客人聽信人說是他家的房子，四周都是形煞，心裡惶恐不安，作者不得不花費半個鐘頭時間一一說明，有關住家四周之角煞或光射形煞成立的要件，以讓主人放心。

有關外形局之偏差論述，或過度引申，或胡扯瞎掰，近幾年來有更加嚴重的現象，有鑒於此，從去年開始的象界學高級班課程，作者特別增加外形局之錯誤論述補正單元，收集了約莫有二百種歪理或錯誤的論述，期使學生不要再迷迷糊糊照單全收，以免自誤誤人。

二、景像、形象、物象及論斷

有關景像、形象、物象及論述，拙著《精準形象地理學》及《象界風水與易經》二書中已著墨許多，讀者可多加參考理解，對公司、住家之論斷必大有助益。

人生有一半以上的時間是待在家中，居家的擺設正確，感覺就溫馨，充滿正能量，自然就平安、健康、順遂。自古以來，風水學說林立，理氣學派幾十種，百家爭鳴，理氣與巒頭更是參雜天星、水法，屢見故弄玄虛之法理，論外局形象也只是蜻蜓點水，從不見景象、形象、物象及內局細微之論述，對於「數」，更是闕如，加上媒體氾濫，益加使社會大眾對風水地理感到迷惑與質疑：有感於此，作者逐打破二十年來的低調與沉默，著于出版有關景象、形象、物象的論述，也因為見識到許多風水師，不談或不懂形與象，心目中認為陰陽宅的坐向決定一切，光捧著羅盤就要幫人看陰陽宅，對於公司、工廠也不考慮領導統御與歸位問題，有鑒於此，乃再提筆寫《理象數一體論風水》，期望風水學界以及社會大眾，對陰陽宅，以及公司、住家之規劃，務必兼顧理、象、數，才能更完善周延，享有祥和、平安、健康的居家環境。

景象、形象、物象，可謂包羅萬象，有形就有靈，有靈有象就有吉凶，人事物的吉凶現象，完全由景象、形象、物象導引而來，也代表事物的本質規律及吾人對本質的認識。「象」存在於生活環境之中，放眼所及者都是象，象乃最容易為人們所感受、感知、並體悟，除了要認識物的表象及形體外，更要瞭解其功能、屬性，才能掌握象的內涵和共性現象。

景象方面，為形狀現象，一物、二物，多物即形成景象，也是一種格局的現象。形象為形狀、形勢，例如壁刀、路冲、光射、天斬、水道、馬路、牆角、高架橋、凸峰、波浪、筆直、反弓…等。物象即物品的形象、涵義、本質、功能、屬性，物物皆太極，任何物品都有其特有的義涵，甚至於位置不同，吉凶不同，對應不同，吉凶也有異，也可能因人、因事、因行業之不同、因環境之不同而作用與吉凶有別。象界學所談論的物品，含蓋生活中任何器具、用品、樹木、花草，同類品項還得細分，例如汽車、摩托車、腳踏車、牛車、三輪車所呈現的現象不同，又如有些樹木之大小，種在地上或盆栽、種在何位、種幾棵、種在什麼場所，其作用及現象均不一樣。

（圖一）

上圖為餐飲店，從其外觀之造型及造作，即能判斷其營運狀況，所呈現的相關現象和後遺症。

1．前有管狀之水泥柱，男人身體會出狀況。

2．柱內有水，試圖引氣、引財，關鍵在如何引水，否則會有後遺症。

3．水泥柱視同水井來論斷。

4．屋形尖三角，方法不對，接氣不成，反為凶。

5．通道鋪石頭，引客人進入，但造作不對。

6．店門左玻璃、右遮木板門，表示欲蓋彌彰

7．三角、黑底白字，亂搞。

（圖二）

稱心如意擺飾，其不如意關鍵在其用途，很多東西往往是一體兩面，好壞兼有之，用錯了就變成稱心不如意，其觀象如下；

1．論斤計重，賺錢辛苦，甚至會有損財現象。

2．其人精打細算，錙銖必較，貪圖小利，不大方。

3．擺這東西也要區分身份，年齡，以及所從事的行業別，放工廠則會偷工減料，產品品質有瑕疵。

4．放餐廳則會偷斤減重，而且會坑客人。

（圖三）

十二生肖之圖象不可以輕易擺放，也要兼顧其材質、造形，擺放之位置，才能細斷吉凶現象，甚至作特殊之佈局

1．做表面功夫，錢財及事業均虛有其表。

2．高傲、自大、吹牛、霸氣，甚至喜情色。

3．表面好看，其實充滿危機，意外多。

4．擺龍必須考慮主人之身份條件，也要頭腦冷靜，有智慧才行。

5．行事虛張聲勢，喜歡在朋友面前擺架子，擺闊。

（圖四）

馬也是十二生肖之一，仍須考慮造形、樣態、配件、位置，所擺放之人的現實身份狀況，關係到究竟是千里馬，還是劣馬。

1．此馬有如老爺咬錢，對外表示老子有錢。

2．馬咬錢，尚能論有錢，但也會投資失利。

3．這是一隻被慣養的馬，作用不大，可免強適合不用工作之人來擺放。

（圖五）

這是一棟住家公寓大樓，中央為通道，左右有種五葉松，入門四片落地玻璃門，左右與正面同高且蓋滿。

1．如門衛，此通道如同護城河，住在此尚舒適，也很安全。

2．住在這裡的住戶，大都比較霸氣，也有一些不可告人之事。

3．此種形局，如兩邊種多一些數，表示裡面的人怕危險。

4．住此大樓的住戶，有相當比例是黑道或白道之人。

（圖六）

此龍柱是刻意造作的，放在公司龍邊，頂有一葫蘆造形，在下為蓮花，柱子有二條龍。用龍柱佈局，只要造形正確，擺放之位置得當，確實可以擴展業務版圖，陣住江山，也可以在市場上搶得先機。

1．表示主人彰顯一切，孤單奮鬥，沒有得力之左右手，也沒有人可以處理外來之索事。

2．此龍柱代表沒有衡量外在環境之狀況，會強出頭，時運不好會遭受挫折，被人傷害。

3．葫蘆下方為蓮花，表示不長久，不切實際，即使搶到手也只是曇花一現。而且會與同行爭鬥。

（圖七）

此為道士用之斗，道士之生財器具，為法器之一種，非有特殊之科儀，或是為了消災解厄，一般人不可以隨意擺放，只能算是一種裝飾品。

1．無緣無故惹來災厄。
2．引起無形之干擾，讓人偶爾會失神。
3．有如照妖鏡，所以，反而使鬼魅顯出原形，造成不安。
4．全家人生活不順心或是帶來困境。

（圖八）

水代表財，與水相關的裝飾品或招財器具往往被誇大其作用，已經到了走火入魔，且氾濫的地步，只知擺放招財，不懂得節令、不知擺放法、以及擺放位置，反而使自己先損財。

1．賺不到錢，賺錢辛苦，錢也存不住。

2．易有是非，財源不穩，甚至被小人劫財。

（圖九）

屋外牆長爬藤植物，形象感應現吉凶，大致都是凶象，區別在由上往下垂，或由下往上長，是否接地，由何處延伸。

1．行事作風會暗地裡要陰，侵犯他人，傷下屬、傷晚輩。

2．自己也會在不經意的情況，受人侵害。

3．會有男女私情的問題。

4．子女受侵犯。

5．男主人被設計，仙人跳。

6．男人固執、不擇手段、心思不正、作風大膽。

7．長在淺黃色的牆：心狠。

8．身體則頭部、泌尿系統出問題。

（圖十）：火刺木

「象界學」包羅萬象，包含所有的景象、形象、物象，公司住家之擺件、內外形局、樹木、花果，以及圖像等。據估計，地球上的植物大約有四十五萬個物種，其中苔癬類的有一萬二仟種，多孢植物（主要是維管植物）約有三十八萬種，有些植物分成許多種類，例如蕨類及椰子科各細分成幾十種，故地球上的花果及樹木至少有五萬個種類，任何樹木或花果，均有其含義，均有吉凶，只要種在公司或住家，即可直接論斷。有關樹木之吉凶、拙著「精準形象地理學」有較多的論述。

火刺木、又稱狀元紅、刺果、豆金娘、水沙子，產於中國大陸、台灣、東南歐等地。屬常綠灌木，種火刺木會有以下現象：

1．易有卵巢瘤、以及甲狀腺瘤。
2．不利家中之男丁、大顆會抽丁。
3．會有私生子女。

三、圖象解析

圖象的解析，必須根據所呈現的人、物及景象來論斷，最重要的是涵義、本質、功能、屬性之套用，也要運用陰陽、五行、八卦、四象、天干及地支象意，最忌諱憑自己的認知瞎掰，亂套，或者無限引申。圖象所涉及的層面非常廣泛，包含人物（老、中、青、嬰兒、男女），什麼樹、何種花草、建物，人物之動作、嬰兒之五官、河流、道路、山地、平原、丘陵、海、湖、懸崖、白天、夜晚、黃昏、晨曦、人物之裝扮、文學、字體、季節、顏色、烈日、濃霧、結冰、下雪、藍天、白雲、什麼動物、人物之衣著、室外、室內、虛幻、抽象、卡通、多了什麼、少了什麼、背景、前景、前後左右之分佈，上下之分佈、正向、側向、背向、全景、半景、人或物的數量，影像：等，另外是否出現什麼器物，例如汽車、摩托車、腳踏車、三輪車、眼鏡、杯子、門、窗、牆、拖鞋、皮鞋、皮包、被包、招牌、橋梁：等等，生活中的任何器物或用品都可以論述。

圖象包含任何之繪畫、掛圖、手機圖，均能顯現主人之現象，尤其如果主人對圖象有起心動念或意圖，其靈動力更強。

（圖一）

人與動物的對應或互動關係，必須考慮到左右、上下、以及主導性。

1．此人之感情無所寄託，一直放在內心。
2．擔心一些事，失去自己的掌控。
3．別人不瞭解我，我的心靈需要撫慰。
4．貓為女人，為老虎，自己很多事情被卡住。
5．自己過得很辛苦，痛苦誰人知。
6．眼帶閃光、看人不清、喜夢幻之情境。

（圖二）

在朦朧的天空，光圈框著太陽，獨豎一枝凋零的枝葉，看不出一點生機。

1．凋零的枝葉，顯現出內心的悲傷、孤獨、以及說不出的哀愁。

2．自認為有一種夢幻之美。

3．想脫離現實，試圖自我超越。

4．心中有個目標，不知道能否達成，在夢幻與現實之間擺盪。

5．把太陽框住，也把自己框住，大家不瞭解我。

（圖三）

奇幻又別出心裁的構思，把金元寶放在晶片上，又有如在烤肉架上，盤上冒煙，卻不見烤肉。

1．把金元寶烤了，把錢烤了，沒錢了。

2．把晶片當成烤盤，想錢想瘋了，金錢的壓力大。

3．幻想自己能夠擁有很多錢。

4．小晶片上烤錢，以小博大，幻想大錢。

5．每個環節都要賺，只能賺小錢，也代表賺錢困難。

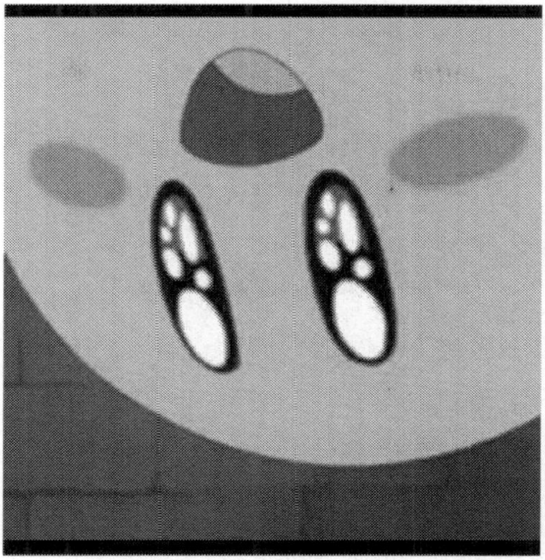

（圖四）

任天堂明星大亂鬥之卡比，將任天堂的遊戲角色，設置為個人的圖案。

1．既是遊戲，其人、事、物也都是人所設定的假象。

2．不見人影，我自己沒有自信，但想要設法去變成一個很強壯之人。

3．眼中煥發閃光，喜歡夢幻場景，表示自己對人、事、物的看法容易失誤。

（圖五）

獨自一個人站立在橋上，背著鏡頭，凝視底下的流水。

1．依靠這著欄杆，表示中年有阻礙，事物受到阻攔，而且會腰痠背痛。

2．悵然回首，思緒又亂，不想要去面對眼前的一切。

3．目視下方的流水，雖然有錢賺，但也容易有意外，或引來一些是非。

4．內心百般無奈，而且想試圖去改變。

5．側向凝視，對過去的一切，感嘆萬千。

6．溪水不多，水也不清淨，表示為目前的情況所困，苦於智慧及財力均不足，無計可施。

（圖六）

萬里長城的偉大工程，不僅是龍脈，遠眺也像似一條龍。

1．從前在邊疆守萬里長城的人，不只孤單無伴，也代表其人刻苦耐勞。

2．表示其人霸氣，有一點高傲，但又不實。

3．表示有上進心，面對事情，不怕苦，不怕難。

（圖七）

上方遠處是濛濛的山，近處是金山，下方有倒影，又有反光折射，孤獨小木舟行駛於近處。

1．金山矗立在前、虛假、想像自己有錢。
2．只見一孤獨小木舟在岸邊，自己不夠努力。
3．金山在湖水上形成倒影，伴有反光折射，表示虛幻，有如夢境，不實際。

（圖八）

圖左方是一隻鴨，右方是一瓶紅酒及倒有酒之杯子，還有一束花，面前另有一隻黃小鴨。

1．此女所交往之男友，作風霸氣、不理性，腦筋也不夠聰明。

2．讓自己有如娃娃、裝可愛，所以，自認為很美，而且一切都很美好。展現出自己與別人之看法不同。

3．喝紅酒，旁邊擺放一束花，表現出自己很有情調，其實內心鬱悶。

4．面前另有一隻黃色小鴨，表示自己會服軟。

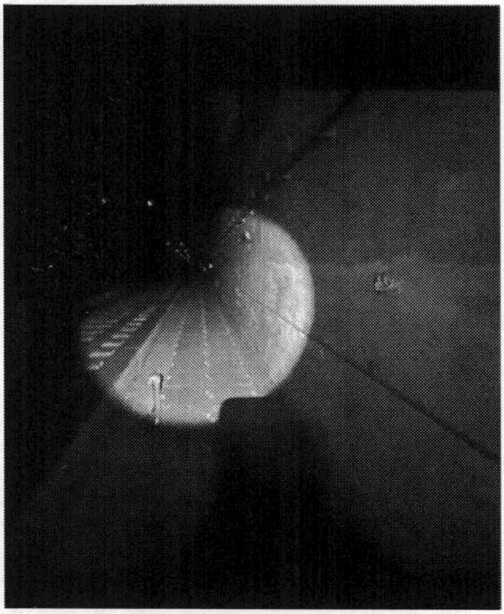

（圖九）

此圖是地下隧道，只見眼前一小段明亮，再前面則一烏黑，看不見任何景物，整個隧道也沒有人、沒有車子。

1．前途茫茫，愈走愈無路，不知前方所要面對的是什麼？

2．做事沒有頭緒，也沒有設定目標。

3．前方一片烏黑，迷失自己，也要小心生命關。

4．在那有限的空間，沒人沒車子，寂寞，孤獨無依無靠。

（圖十）

一朵盛開的花尚有一隻蝴蝶，旁邊另有一枝含苞待放的花。

1．花及蝴蝶大約佔了整個平面的四分之三，表示自己的事業尚有四分之一的發展空間。

2．底部呈半透明狀，把自己的一切都攤在陽光下，透明化。

3．另有一枝含苞待放的花，自己尚有一些資源可以運用。

(圖十一)

這是室內的場景，一根柱子支撐在兩扇圓形門的中央，種植三株芋葉植物。

1．場景在室內，足以顯現其內心世界。

2．兩扇圓形通道門，但是並沒有設門，陰沉，也表示心巧，玲瓏剔透。

3．柱子之四周有房間，與人講話要拐彎抹角，拖泥帶水、繞東繞西，自己才認為好。

4．兩個圓形框在室內，固執，思路打結，心思讓人捉不透。

（圖十二）

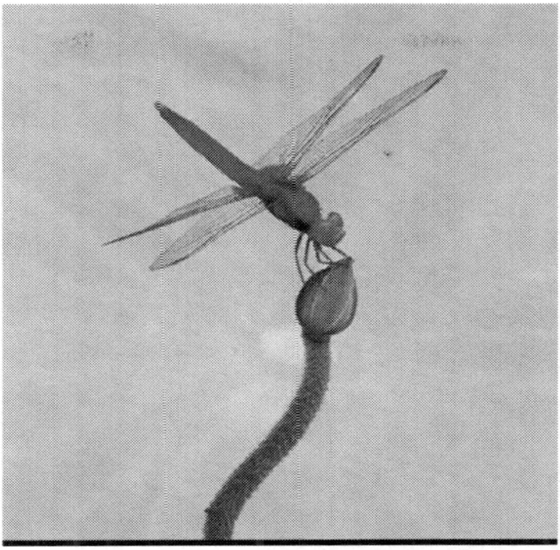

一隻紅色蜻蜓停留在一枝含苞待放的紫色花上，背景一片空白，呈現淺藍參淺綠色底。

1．蜻蜓在含苞待放的花上，只講究自己的美感，自我的感覺。

2．表現出簡單又突出的圖像，作風尚稱內斂。

3．整個圖的顏色呈現出美感，表示內心的想法異於常人。

（圖十三）

看不清楚臉孔以及穿著，只呈現黑影，後方的黑影男人，有三位明現，一個被遮擋，站立在夕陽西下的海邊。

1．看不清人像，此人坐風神秘。

2．每個人都是黑影像，心裡打結，諸事糾結在一起。

3．晚霞黃昏，運勢不佳。

4．黑影代表會犯陰，犯小人，沒有運。

5．拿著手提包，依靠男人。

6．黑影像，右下半身不現，沒有行動力，身體虛弱。

7．背面的男人，代表犯小人，有三位男人，一位妾身不明，而且凡事猶豫不決，難下決定。

（圖十四）

在秋天的樹林裡，小孩騎著一匹黑馬，馬的前身與前腳離地往上躍。

1．前蹄高陽，馬受驚嚇，表示人會受到外來之侵犯。
2．小人騎著大馬，對很多事情難以掌握。
3．在秋天的樹林裡，沒有得力的助手，凡事須自己處理，運勢也不好。
4．只有後腳站立，超出自己的能力，容易失控。
5．黑色馬，黑為集大成，對很多事情，難以完全掌握。

（圖十五）

一個人獨自在隧道內，頂部全是燈光。

1．戴著口罩在隧道內，自己想自己對，一直內耗。

2．頭頂發光，想法多，思序亂，沒有頭緒。

3．拱形發光體蓋在頭上，被自己的想法所絆住，也聽不進別人的話。

4．整個人只呈現頭，固執、一切我最大。

5．戴著帽子及口罩，急躁，我的想法不願意讓人知道。

（圖十六）

這是迪士尼的卡通人物，小飛象，旁邊並有五角星點綴。

1．小飛象，天馬行空，自己的想法特立獨行，有時會超乎現實。

2．耳朵一大一小，表示過去聽得多，而且對於過去比較在乎。

3．鼻子平，對於他人具有較強的防備心。

4．共有七顆五角星點綴在四周，表示資質高，有天稟。

5．脖子上戴著圍兜巾，愛美，裝可愛，很會包裝自己。

（圖十七）

前有二位黑人小孩，一人在喝水，在近處另有一男一女背著場景。

1．一人供另外一個人喝水，生活困難。
2．整個景象，表示我害怕窮困潦倒的生活。
3．地處荒涼，表示目前自己的際遇不如意。
4．另有一男一女背著我，表示能助我的人都遠離我而去，我必須自救。

（圖十八）

池塘上圖鑑一朵盛開的白色蓮花，上方停著一隻蝴蝶，下方另有一枝含苞待放。

1．表明我是一位修行者，行善之人。

2．一朵盛開，一朵含苞待放，自己修行有所獲，但是目前境界未到，假以時日，必能有所成。

3．上方停著一隻蝴蝶，自己在修行的過程中，受到一些干擾。

4．蓮花長在沒有流動的湖水面上，表示目前我的人生停滯不前。

（圖十九）

一位母親胸前抱著一位戴帽又帶口罩的小孩（此圖為男人手機上之圖象）。

1．一切的重心都放在小孩身上。

2．母親沒現臉及身體，不想去面對所遭過的事。

3．戴帽、戴口罩，此小孩出了狀況，不能以真目見人。

4．有如小孩正在打點滴，表示小孩過去出狀況，目前正生病中。

5．此圖為男人手機圖像，表此此小孩為未來之靠山，但是靠不住，而男人對此小孩亦沒有負到應盡的責任。

（圖二十）

女人手機圖像，自己穿著一套暗紅色的長裙，戴著黑色口罩，坐在竹籐編的心形框架上，臉及身體側向大海。

1．戴著黑色口罩，不想以真面目示人，有所隱藏，內心有秘密。

2．在造形不全的心形框架上，自己沒辦法真心真意去面對。

3．心形的頭沒有顯現出，自己很容易受騙上當。

4．暗紅色的長裙，個性屬於悶燒型的。

5．海沒有全程現，自己的上半身在水面以上，表示目前身陷其中，難以自拔。

6．側向海洋，未來不知如何是好，心裡百般的無奈。

（圖二十一）

有如天使跪坐在蓮花池上，後面是元寶，面前一隻豬，雙手捧著如意花要現給豬，左上方懸著一朵花。

1．如果這圖是男人持有，表示他想用錢引誘開放的女人。

2．如果是女人持有，表示他想去誘騙好色的男人，目的只是為錢。

3．豬在水上浮，男人對她也不會是真心的。

4．背後有元寶浮在水面上，騙來的錢也留不住。

5．此豬有如寵物豬，上勾的男人，其身份，財力並不高。

6．全浮在水面上，行事不踏實。

7．背景灰暗，表示男女雙方均不真心。

8．白衣服，表現出自己是乾淨的完美的，其實一切都是虛假。

（圖二十二）

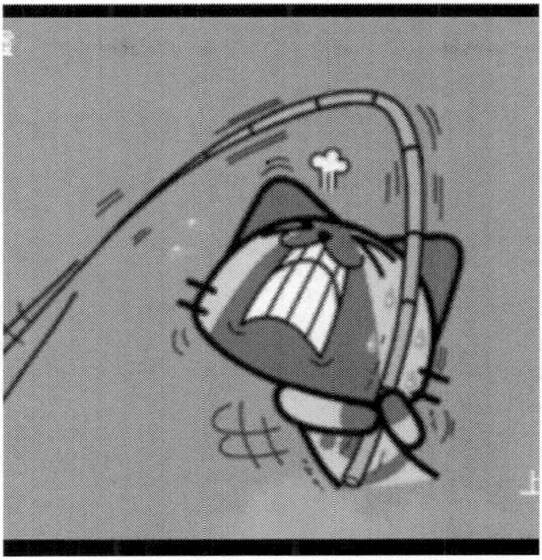

卡通圖案，貓懸空拋魚竿在釣魚。

1．貓在釣魚，表示想把所有想要的東西都釣起來，

2．表情感覺辛苦，是一種假象，其實賺很多。

3．懸空之貓釣魚，如與他人合作做事，會被人剝削，也會有意想不到的損失。

（圖二十三）：請貼

不管住家或公司，吊掛任何之圖或文字，均會呈現吉凶，有形有象就有吉凶，請貼的格式、文字擺放位置、圖樣，即能判斷結婚雙方家長及當事人的大致狀況。

1．正面下折約佔五分之四，此對新人為半路姻緣。

2．請貼右方上面二個大字，下面五行小字，女方家有錢。

3．人中飽：身體好，但可能出意外。

4．桃心左有玫瑰：新娘長相漂亮。

5．最下面有一排分散的金色花：新郎新娘今後會為錢而不合。

（圖二十四）：請貼

此請貼所呈現的是正面，上下二面對折。

1．「緣」：表示這對新人的緣分會出問題。

2．二個人相在龍邊：短期間二人相親相愛。

3．緣字一長撇，印有字：以後男人會出問題，得到理賠，因而留下一筆財。亦表示新郎之父親會有狀況。

4．下方小波浪：男人不好溝通，婚後也存不住錢。

（圖二十五）：請貼

上圖之請貼左右各半對折包含圖樣所呈現的現象如下：

1．縷空：女人期待感情，常常會苦等另一半回家。

2．上層對折：男人喜歡往外跑，終究會離婚。

3．對開又對折：夫妻會打官司，然後二人再離婚。

4．桃心下方有玫瑰：男人花心，不安份。

四、名片排列所呈現的吉凶現象論斷

從名片圖象，文字排列，即可知公司工廠之營運情況以及個人之吉凶現象。

有關名片之論斷，作者首次發表，過去亦從沒有傳授過任何學生。「象界學」的名片論斷，有如象界在論公司，住家一樣的全面又精準，絕非一般的所謂「名片學」所能比擬。

以前沒有名片，去拜訪人，事先提拜帖，所以，名片有如戰帖，宜霸氣，有攻城略地之意而且士、農、工、商所使用之名片設計亦有區別，因人而異，男女有別，老闆與員工亦有差異。

「象界學」的名片，所能論斷且須考慮的因素，包含名片之正反面、上下、左右、定位、字體、流年行運、行數、色澤、紙質、形狀、圖案、商標、字形、字數、字之大小、橫或直式、標點符號、區塊、色塊、括弧、冒號、標記、線條、底色、正反面、英文字、相片、電話、號碼、信箱、統一編號、邊框、頭銜、重疊、徽章…等。均有其涵義，配合位置及排列，逐顯現各種人、事、物的吉凶現象。

例一：

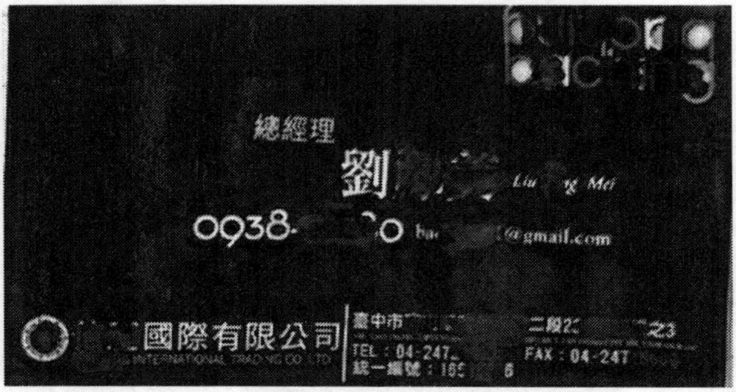

1．黑底白字加上彩色字：業務多頭、亂搞、負債。

2．頭銜、名字、英文：說謊。

3．下排右公司、左地址：業務推展不易，沒發展。

4．中央名字，左邊英文字：腰痠、不肯認錯、個人很會打扮。

5．上段左彩色字，右方空：欠缺工作人員，倒貼。

6．名字在中段，彩色字在龍方：口才好，很會做生意。

7．中段及龍方英文字：眼界高，看人交往，看對象做生意。

8．手機號碼接著英文字：會受客戶之拖累，易引發官司。

9．英文字顛倒：會有專利權糾紛，祖產糾紛。

10．下段右公司、左地址、統編：當人之小三、離婚、而且會有第二春，脊椎痠痛，二０二四年逢喪門，小心　會有血光、刀光之意外。

11．女人名字置中、左英文字：能力可以充分發揮，但是比較勞碌。

12．名字置中，左方及下方均英文字：為兒子及男人付出。

13．左方六行字：二〇二四年會有貴人相助。

14．彩色附藍色字：熟悉許多政界人士，且會政治獻金。

15．地址下方為統編：婚姻不完美，為娘家付出，公司利潤不好，公司只是外表好看而已。

16．虎方下段為公司全銜：丈夫有錢，所交往之男友正派，有能力，作風沉穩。

17．龍方三段英文字：口才好，長相甜美，很會撒嬌，很能迎合男人。

18．名字置中，左英文，右中文頭銜：執著，主見強，作風圓融，與人互動得心應手。

19．總經理、名字、英文字：偏頭痛。

20．龍邊之字體小，而自己名字字體大：具有男人之作風，野心勝過男人。

21．此人表明有多筆財產，但其龍邊之字體小，又有英文字，推斷它是當人頭，不是自賺的。

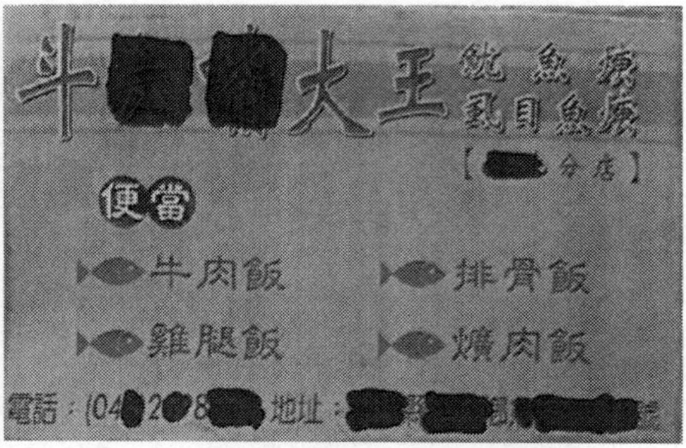

例二：

1．虎方五個字：父親風流，母親會再嫁、二婚。

2．上段龍方三行，且下段三行：父親有三段情，母親的娘家有三姓祖先。

3．大媳婦位在牛肉飯之位置，表示大媳婦出賣肉體。（牛肉湯意味著出賣肉體處所）

4．二媳婦位在雞腿飯位置：風流。（雞表示風流雞），又因雞腿飯下有電話，電話來，雞腿即可送出。

5．虎方上段角落有「斗」字：有如魚鉤可以吊二條魚，事實上，主人大兒子死亡、二兒子好賭，在外遊手好閒，他給二個媳婦錢，以作為交換肉體。

6．斗俗稱泰斗：表示父親用道教方式添壽。（為道教科儀之一種）是為抽晚輩之壽元。

7．大兒子位在○○分店小字：表示大兒子已死。

8．「斗」為四劃，位在六位：愈老愈風流，重肉體享受。而斗為裝米用，故為人小氣；又斗字在虎方，表示偷斤減兩，做事折半。

9．上段虎方五個字：父親霸氣，好色。

10．上段龍方三行字：母親迷失方向，行為走偏。

11．「斗」在虎方角：母親勞碌。（斗表示張羅一切）

12．便當二字位在虎方中段，為4位，為因果位，故大兒子死亡，父母離婚。

13．便當下方出現四之魚：表示亂倫。（公公與媳婦）

14．便當表示便宜之意：故有人把財產便宜賣，有人把身體便宜賣（公公佔媳婦的便宜），有人對人、對物不挑食。

15．排骨飯三字為大兒子之位置：表示大兒子要撿骨（屍骨啟撰之意）。

16．大兒子已死、二兒子可以補位，故排骨飯、爌肉飯論二兒子，加總共六個字，故二兒子愛賭。

17．爌肉飯表示大鍋炒，表示搞不清，糾扯在一起。

18．整個名片、黃底、紅字，下為黑字：表示有人須入土為安。

19．總共印出四條魚：表示有人混水摸魚，有人有魚水之歡。

20．虎方飯之下有電話：女人勞碌，女人口利。

21．頂之中央，7位有「大」字：父親講話大呼小叫，而且光出張嘴指揮。

22．「大」字為三劃，為虎、為女人，紅字為女人：男人好色，三兒子之夫妻不和睦。

23．此名片沒有印名字，下行電話及地址：不負責任。

24．上一排字，下一排字，中空：家人均不知足，家人都沒有家庭觀念。

25．中段黃底、綠字、紅圈：表示被符咒控制（事實上，公公叫人跟媳婦下符咒）。

例三：

1．色塊有孤行斜切，虎方也是孤行：公司分成二派人馬，夫妻不合、生意不好、運勢走下坡、不好相處。

2．左黃右白：員工亂搞，而且很多錢都虧了。老板有感情問題。

3．龍方漸次排列，中空，共七行字：以前很賺錢。

4．龍方七行字，只有名字在最上方：老板很會應變，但也是不知天高地厚，敢衝，而且會外遇。

5．二孤行對應：說大話，吹牛。

6．虎方獨立五字，下方一線：倒房來干擾。

7．老板下方有電話：口才好，但有時會講話得罪人。

8．孤形由左向右：表示讓江山，遲早會被合併。

例四：

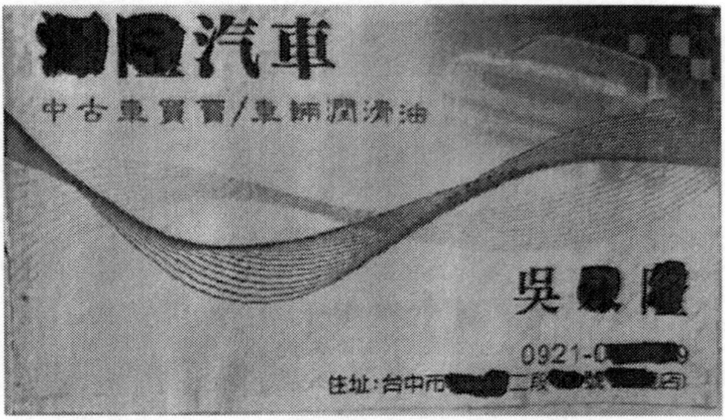

1．中段波浪狀下凹：夫妻不和睦，公司人事亦不合。

2．汽車位在龍邊上方，向斜網：會有買賣糾紛理賠。

3．汽車後方有■方塊：老板會賭博，把父親的祖產揮霍掉。

4．名字在龍方11位：光是嘴巴講，做不到什麼生意，講義氣，重朋友，自己也會另外去賺外快。

5．龍方下段之名字下有電話：生意場上很會招呼客人。

6．左三行、右二行：二0二四逢太歲，會損財。

7．孤網下垂：汽車品質不良，經營不長久，轉不到錢。

8．公司在虎方：靠女人、靠員工。

9．行號四個字：主觀意識強。

10．名字、電話、地址：父親有錢供我花。

例五：

1．藍天加上颾雲：作風敢（走雲端之意），很會扯東扯西。

2．虎方地址右方全為數字：為子女、為丈夫付出。

3．籃底白雲，直式排列：敢，大好大壞。

4．龍虎呼應：晚運不好，生意會漸漸走下坡，錢存不住，投資多失敗。

5．共有三個頭銜：自己有實力，能賺錢，父親有三段情，母親娘家有三姓祖先。

6．上籃、中雲、下藍：天地顛倒，會亂搞。

7．人名在中，左三行，右四行：婚姻不好。

8．雲下有雪：損掉很多錢。

9．藍底，名字藍色，共有八行字：此人身分特別（與國安單位有關）

例六：

1．中段空，名字在龍方：陰沉，會設計人。

2．商標紅、黃、綠：此人遊走法律邊沿，所言皆虛假，唯利是圖，如果賣東西，也會賣假貨。

3．彩色商標獨在虎方：三至五年內耍不出花樣，投資也沒辦法回收，看人大小眼，明之不可為而為之。

4．名字在龍方中段，下有電話：很會做生意，可以把死的講成活的。

5．上為董事長，下為名字，在中段之空位：此人很會講，會設計人，騙到手即脫產。

6．公司及地址均偏龍邊：本地生意尚可，外地差。

7．虎方上段有一豎紅色：會有官司，而且會被起訴，但因為小段，故是為小事。

8．虎方上段有綠色：有熟悉法官可以給他當靠山（虎方上段為武官），就自認為有恃無恐，為所欲為。

9．三色商標人位上劃一圈：很會講，他也自認為能力很強。

10・名字與地址之間出現一橫線：表示業務員為兼職，而且所投資之公司做假帳。

11・名片出現紅黃綠排列：此人喜歡上酒家，沉迷於魚水之歡。

12・地址下有傳真：錢存不住，晚運不好。

13・名字在左，右方空：此人沒什麼錢，投入的也少，客源拓展不開，客人有疑惑，公司經營也不長久，喜歡耍嘴皮，個性又粗魯。

14・把紅、黃、綠用線圈起來：想一網打盡，通吃，但是因為在虎方，下方又空，故偷雞不著，反蝕把米，甚至於反被客人所坑。

例七：

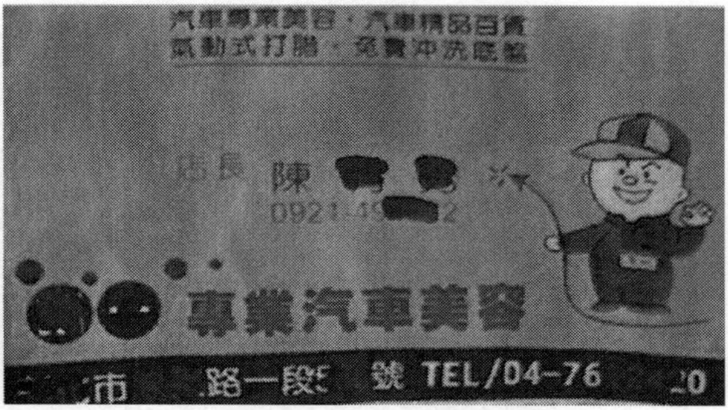

1．女人名片，但龍方有一個男人之圖像：男人之個性，很會招呼人，找不到好人才，已婚者表示另有男人，如果未婚則已有男友，如果離婚，小孩會歸我。

2．龍方有綠色的人像：此人辛苦，兼一切事物。

3．店名的上段空：欠缺工作人員，生意不可能好。

4．上段出現二行字，又有一橫線：生意不好，自己有兼職。

5．下段之地址，底為深藍色帶：有固定客源，但會讓股份，錢也存不住，女人會有婦科問題，又表示拿祖產與人拚生意。

6．黃底下段有紅字：豪爽，用已故親人的福報。

7．公司三色、虎方有泡泡：此女顧娘家，生意時好時壞。

例八：

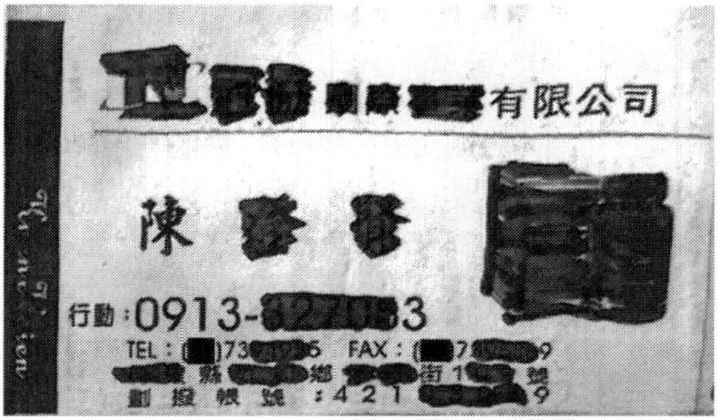

1．商標劃一圈，中有一點：業務人員很會推銷。

2．「行動」之右方有英文字直寫：偷工減料，投資錯誤因而損大財，另有部分帳款收不回，員工的獎金也會被扣。此人有一子女或兄弟姊妹很年輕即死亡。

3．六行橫字，一行直字：很敢，很會做生意。

4．公司名稱先英文大字，後中文小字：畫大餅，講得很好，做的不確實，與人互動大小眼。

5．左方藍色瓶、右方藍色帶：被劫財，下屬會出走。

6．直色帶，橫綜：另有兼職。

7．名字正對瓶子，下有四組數字：下屬不強，助力不大。

例九：

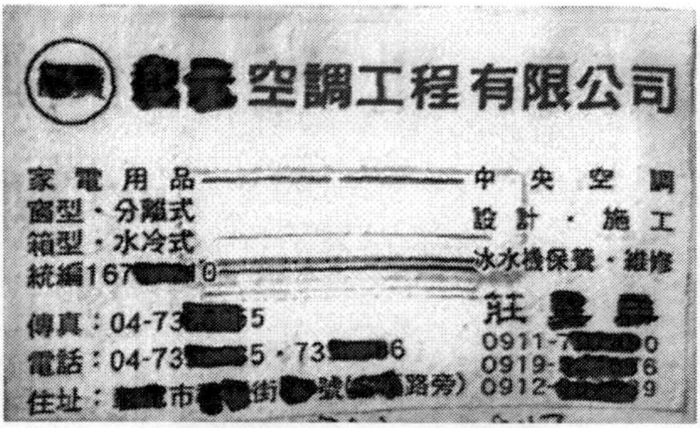

1．中央為冷氣機模型：夫妻分離，婚後不超過七年。

2．模型及三個冒號：品質不好，受人指指點點。

3．三個手機：被拖累、損大財、會有意外或受傷，也表示此很會做生意。

4．上排紅字，手機紅字：所賣之產品為大品牌、生意尚可，丈夫喜歡講大話，意外血光，會有神佛來助，並引來大客戶。

5．模型在中段：有固定之客人。

6．虎方上段綠色圖：丈夫喜歡到風月場所玩樂，公司會有官司。

7．中上段模型：請不到人才。

8．下排左電話、右地址；公司上能賺得到錢。

例十：

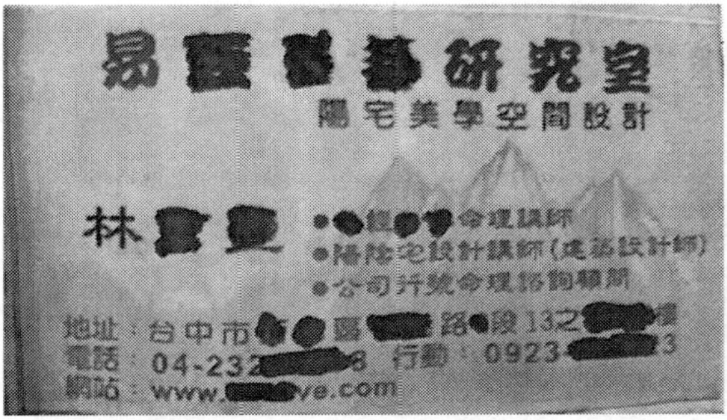

1．中央黃色山水圖：獅子大開口，敢坑客人，沒實力，吹牛。

2．虎方名字底有八卦：與無形界有關，吹牛、誇大、言過其實、不專業。

3．黃底，紅綠紅綠排，又有八卦：

①很會吹牛，用符咒騙人，害人。

②用已故親人的福報。

③邪念，思想偏差，有情色問題。

④安神、做法、用不當之法術。

⑤被捷足先登，等待機會。

⑥養小鬼，詐欺客人。

⑦遊走法律邊沿，與靈修有關。

4．名字用綠字在虎方中段：二婚。

5．上排紅字、中紅字：意外血光，有心血管疾病。

6．網站在地址下面：口才好，錢存不住，五十歲後身體出問題。

例十一：

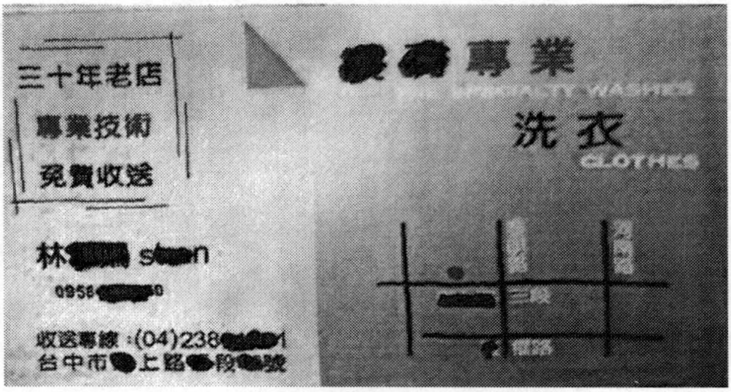

1．龍方藍色：辛苦，婚姻不美滿。請不到員工來幫忙。

2．龍方藍色、標示路段：容易意外受傷，夫妻感情不和睦，父母感情亦不好。

3．虎方上段四方未成形之線框：有許多租屋之外來客人，丈夫嗜賭，破敗家產。

4．虎方框內之專業技術為紅字：會引發官司。

5．配置均勻、尚能賺到錢，可惜龍方下段印路標，錢也存不住。

6．左路標，女人名字在右方：為人圓融，工作方面則自己辛苦，丈夫輕鬆，不負責任。

7．左方路標，藍色底：生意有門路，會動腦筋開發客源，收費也很便宜。

8．名字與路標之間空白大：

①與員工溝通不良，人員待不住。

②請不到人才，丈夫懶散，自己兼一切事物。

③生意尚可，可是不穩定，時好時壞。

9．中斷上方有黃色三角：有肩夾骨，三叉神經毛病。

10．專業與洗衣下均英文字：靠勞力，利潤薄。

11．有色塊、又不完整：生意不好經營，錢財容易流失，運勢走下坡。

12．上段置中有黃色三角，左右紅色字：丈夫的言行不可理喻，不按牌理出牌，讓我頭痛。

13．路標之文字有橫有直，又是藍色底：

①白努力、白付出、做白工、沒有好結局。

②夫妻會冷戰、互動不佳、貌合神離。

③如請員工，無所適從，流動極大。

例十二：

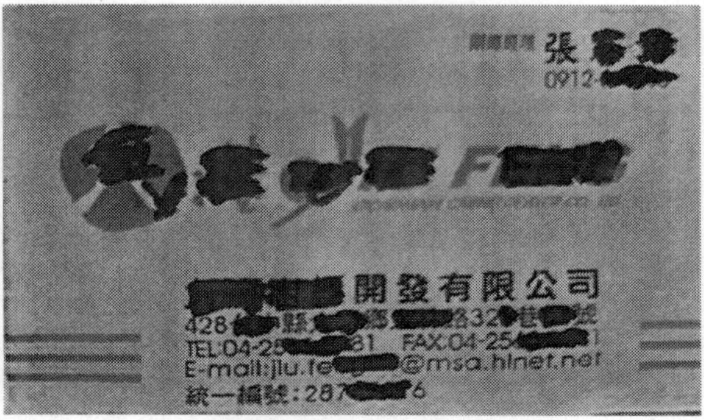

1．左右各有三色線：有貴人，有人介紹客人，自己也會損財。

2．公司之名稱，上英文、下中文：下屬兼職，競爭對手強，男人婚外情，公司機密外洩。

3．中段前中文，後英文：很會吹捧自己，老板能力不行，靠員工。

4．名字在上，右方空：此公司非自己生產，為與人配合，委外生產。

5．統一編號在中段：品質不穩定。

6．商標在虎方中段：婚姻不好，丈夫沒責任。

7．淺黃色底中綠字：做事認真，處事明快。

8．左右三條、夾中段之數字：錢存不住，今後會漸走下坡。

9．頭銜四字，名字在龍邊上方：自己不守規矩，不知天高地厚，頭腦聰明，眼界高。

例十三：

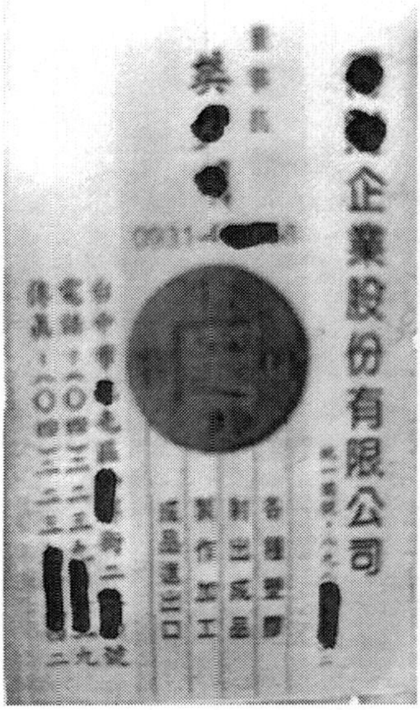

1．名字下方古錢，古錢下方直線：做生意很敢，唯利是圖，應酬多。

2．銅錢置中：做生意的口才好，只為女人付出，女人為我難以抗拒的。

3．中段下方五條線：過去賺大錢，曾為女人破大財，自己買了很多塊地（線條為規劃之意）。

4．中段水藍色底：好人才留不住，自認為最行。

5．虎方上空、下三排：請不到人才，為子女付出。

6．名字、銅錢、五條線：多才多藝，很乾脆、不拖泥帶水，個性直來直往。

7．名字下方有銅錢置中；生意上被人設計。

8．虎方字少，直式：自己生產的少，工作漸漸被取代。

例十四：

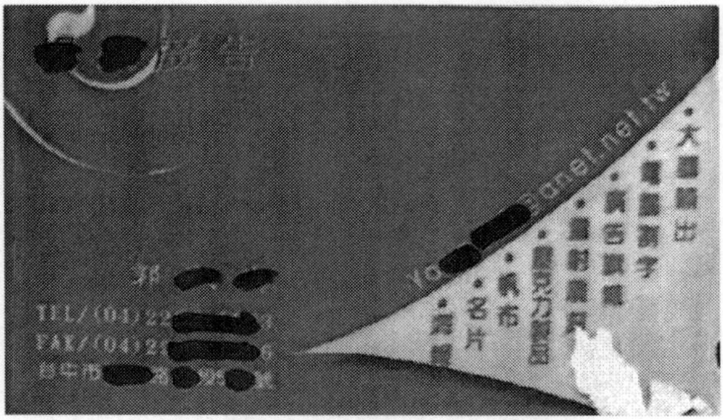

1．底為橘色及白色：無力、無奈，丈夫懶散。

2．Email在斜切線：

①很會接應客人（如拉鍊）。

②夫妻不合，易分離。

③勞綠，自己硬撐，丈夫好命。

④有三角關係，頸椎、腰椎痛。

⑤材質不好，丈夫不按牌理出牌。

3．龍方多排字斜列：大小訂單都接，每樣都招攬，客源少，丈夫不理性，不好相處，常出差錯。

4．名字在虎方，下三排：顧家。

5．虎方橘色底，空曠：

①忙碌，勞多獲少。

②講話不實在，對客人隱瞞。

③目前生意不好，經營不長久。

例十五：

1．四個字在虎方形成四三：勞碌。

2．不方正的紅色塊：熱情、血光意外，與男人有感情糾紛。

3．阿妹之店、越南美食：除了本人，另有請員工。

4．紅底斜上：客人來店吃東西會停留很久。

5．左為越南美食，右阿△之店色塊：附近客人多，外地客人少。

6．上方紅，下方黃底：

①口味辣，對客人也熱情。

②有供客人唱歌，暗藏春色。

③什麼都賺，生意尚好。

④表示快炒，對本地之餐點很專業。對越南人特別會撒嬌。

7．越南美食四方紅底，位在黃色底上：用死亡親人的福報。

五、夢境之象

「夢境」對象界學來講，也是一種「象」，本單元所論述的夢境，不但是作者首次發表，且有別於過去一百多年來的心理學家，神經生理學家對夢的研究或分析，相信本單元必定能讓讀者對「夢」有更清楚的認識，或許，很多人因為看了有關「夢之解析」的書，以至於頭昏眼花，一頭霧水，過去所謂的夢之研究學者，有說夢是人在睡著時，從內心產生的主觀現象；有說是情緒反應；夢為不經意或偶爾覺察到的腦部活動；或為佛洛伊德所認為的，夢是來自潛意識的訊息；或純粹只是一種心理現象；或是一種異常的知覺；或是一種腦部象徵性活動等等觀點。不但沒有脈絡可循，甚至很多研究報告也是天馬行空，愈講愈抽象，或硬是要把它套上科學來論述，都沒有頭緒，也不夠具體。請讀者參看後段有關夢之案例解析，對於夢之認識將更明確。

道家稱睡眠為小死（假死），夢是人在某階段睡眠時所產生的影像，通常是非自願性的，「夢」大致有三種性質，一是與潛意識溝通的管道，二是日有所思，夜有所夢，三也可能是毫無邏輯可言。

（一）當一個人在睡覺時，肉體與靈魂有如在半分離狀態，夢境可分為以下三種：

一、前夢：可能回到過去，屬於了緣之夢，是有結果之夢，其時空背景大多與現在不同。

二、後夢：可能是預示向前之時空，後夢大致上有七成可以改變，後夢為懸案，尚未結案，當下解決不了，為心結未解，其夢境大多是有身歷其境之象。後夢可能三分真，七分假，也可能三分假，七分真，故夢到凶殺、意外、死亡、爭鬥等不好的夢，亦可能有其中一點是真實的，所以，後夢容易偏頗。後夢中的「人」很重要，有可能是緣分、親友或無形界，且大致以人解自己為主，並且與周遭有很大的關係，如果是多人均夢相同之境，則必有重大事件發生。

三、夢也可能是自己虛擬出來所創造的天地，即日有所思，夜有所夢，此類之夢境，大多是驚慌、恐懼、不安、膽怯、逃亡等。

「夢境」到底是真是假？嚴格來講，沒有夢之研究者所論述的那麼複雜，如果自己把夢境說出來，則破局，亦即本來是真的，變成假的；本來是假的，變成真的。也可以說，如果自己把它當真，較易成真；心中認為是假的，大致上會是假的。夢既是實，也是虛，夢如同佛產人，人生夢，一個人感覺某事怎麼很熟，是因為不久前在夢中做了該事。正因為「夢境」之性質與以上三者有關，故解夢很難百分之百，同時還得看解夢之人的功力高低，最忌諱僅憑自己的錯誤認知，瞎掰、胡扯、亂套。

（二）「夢」之性質，大致又可分為三類：

一、與自己之對話，大多與潛意識有關。

二、先人交待？例如已故之親人來與自己對話。

三、日有所思，夜有所夢，大多是長期以來心中所在意或糾結的事物。

（三）「夢境」有幾點特色：

一、如果醒來時忘記了，記不清楚、則沒事。

二、只要把夢境講出來，或想它，或解之，則此夢境已成定數。

三、前夢與後夢其實是相疊的。

四、找人解夢，即表示已對該夢朝該方向去應驗。

五，，如果同一個場景，夢三次，就要特別注意，必有災厄，因為三為虎，虎會傷人，表示有大事要發生。又「三」可解為東北方，天干之丙，八卦之離，身體之腎臟等。

（四）解夢必須考慮的條件：

前夢與後夢雖然是相疊，但是有陰陽之差別，夢境包羅萬象，解夢必須注意以下要件：

一、有否出現人：分男、女、老、少、高、矮、胖、瘦，它關係到時序及結果。

二、有否出現動物：分為十二個生肖，它與屬性、方位、時辰及數理有關。

三、室內或室外：它與時段及心結有關。

四、時間：白天為陽中陰，晚上為陰中陽，快天亮前表示離我近，剛入睡表示日有所思。

五、場景：例如在小巷弄，表示小心謹慎；平原表示大而化之；珠寶表示貴婦，有閒錢；背包表示有需要才去做。

六、其他尚須考慮理數，陰陽、五行、八卦等。

（五）夢境之象的解析（以下案例均經當事人之驗證）

例一：中草藥業者

上午四點多左右，夢在戶外有二男一女，該男人為自己，女為妻子，但長相與本人不同，三個人在吃點心，桌上有四盒東西，離我最近的為中藥切片，次為整棟熟地，另二盒不清楚，只我自己專注在看，嘴巴講舊地重遊。

很顯然這是前夢，解析如下：

①二男一女：表示明朗化，事情已經發生，意味著三人之糾結已經明朗化。

②三個人，有四個盒子：表示尚有一個未出現，表示尚未了之緣，或者是人。此未出現者為你自己。也可以解釋為三缺一，表示在人和上要多注意，或者感情難成也。

③只自己在看：提示對家人要重視，多關心。

④有一盒切片：有人對你有期待，有人對你有下訂單，可得到財。

⑤切片為硬，熟地為軟：客戶一位好，另一位很難纏，要求高。

例二：已婚男性

不確定幾點，夢見有一隻應該是鄰居的黑狗，爬上樓梯來，一邊爬，一邊狂吠，我當時站在梯上方，我有點怕，我沒有跑開，也沒有攻擊牠，一下子牠就離開了。

解析：

①狗想咬你：狗為11，為空亡（無形），想咬你，表示主人叫人來報仇，預示有什麼事要發生。

②狗為11，又為西北方，仇家在西北方，但是你在上方，故傷不了你。

③此為前夢，所了之緣為畜牲，位階比你低，來勢凶凶，表示對方對你不滿。

④你當下沒有去打這隻狗，故不致再造孽緣，表示已經了了這個惡緣。

例三：中年男性

夢到自己變成小孩，我自認為懂一點道法，旁邊有人說：這個小孩應該很厲害，我母親在旁也說：你怎麼知道這小孩很厲害？我不想讓他懂法術，從小就已經叫人把他的法力封掉。

解析：

①場景是在室外：代表是過去的事。

②你在上輩子當道士，事實上你小學開始即跟著長輩學道法，至少三十年以上都沒有運用，但了緣又表示有結果，表示道行功力已恢復，是該發揮的時候。

例四：家庭主婦

白天在山上夢見一凹陷之硬幣（不是現行之錢幣），另有珠寶，我即拿來放在我口袋，有人說：不可以拿，於是我又把它放回去。

解析：

①夢到自己：表示為陰，只是想法。

②在室外看到錢：表示過去，表示自己能賺到錢，或者怕沒錢，視為對過去的糾結。

③見到珠寶：心想要能賺多些錢，使自己有閒錢。

④順勢拿了珠寶：表示自己會去買車，或買有價物品。

⑤又放回去：表示未必會去買，同時也在提醒自己的習性，不要一時想去買，買了又後悔。

例五：企業老闆

這個夢是小時候做的夢，歷經三十幾年，仍然記得很清楚，大約是在下午五點，我從二樓的住家往樓下走，樓梯兩旁站了天兵天將，表情很嚴肅，當我走到一樓之樓梯口，有一紅色的塑膠桶裝米，桶上坐著一位肥胖的老人，他全身穿紅衣，衣服帶有金絲邊，戴一頂員外帽，留著長白的鬍鬚，我就坐在他的大腿上，我問他幾歲？他說七００歲。

解析：

①歷史記載，只有彭祖活七００歲，為福祿壽之代表。

②室內：代表未來。現在提問，表示機緣快到了，也代表有任務要交給你。

③米缸：是為長壽、富足之象。古時候的有錢人家，必有米缸，米缸之米可供助人、救災，預示你長命富貴，而且要多行善積德。

例六：已婚女

夢見已死的婆婆，白天時在室內，我心想他到底是活著，還是死了。

解析：

①在室內：表示未發生。

②認為婆婆已死亡，但能夢見他還在世，表示婆婆的意念很執著，放不下這個家。

例七：已婚男

夢見有一疊錢，數了三次，再確定有七萬元，太太也打電話給我，他也敘述同樣的事情。

解析：

①室內：表示此事為未來，可預期。

②數了三次：表示一直會有收入，數了三次，表示今年之收入會大大的提升。

例八：已婚男

夢到小時候，傍晚時在學校之操場，忽然被一隻蛇咬著，被拖去洞裡。

解析：

①白天：表示陽中陰，尚可以修正。

②夢到蛇：蛇為巳，巳為東南方，過去代表財，故木生火，表示即將可賺到不少的錢。

例九：職業婦女

在睡覺醒來前一瞬間，夢到數字二三五一二。

解析：

①如果是賭徒，會認為有神靈要讓我翻身，但是此數字可能不完整，有運之人，才可能正確推算而籤中。這種情況大多是在數學中暗藏玄機，例如：顛倒看，或者是取尾數定結界，或者是應驗在下一期的號碼。

②數字可能代表日期，時辰方面之暗示。

例十：已婚女

在半睡半醒時，聽到有人跟我說：⋯⋯要去做⋯⋯。

解析：

①可能是幻聽，也可能是白天遺留的情緒反應，或是來自潛意識的訊息。
②可能是冤親債主在提示你，必須要去做什麼事。

例十一：已婚男

夢中連續分別見到幾位不同的女人。

解析：

①表示自己的慾望不滿足。
②表示你的太太身體氣虛，要多關心她，必須補陽氣。

例十二：經銷商

夢見一隻小蛇，好像在吃樹枝，又好像被吊著，旁邊另有許多小蛇互咬，很多蛇被咬死，只剩其中一隻黑白相間、沒有頭、有嘴，聽到有人說：它還活著。

解析：

①蛇為巳，蛇為財，凶狠惡毒，表示東南方之生意的對象，要心機，且很多人虎視著你。

②有一隻蛇被吊著，一隻還活著，無頭、有嘴：暗示不可強出頭，只要口頭講講，能掌握權力就好，不必有虛名虛位，否則會有黑白兩道對你不利。

第二節　易象

想要瞭解易象，必須對陰陽、四象、八卦、六十四卦、五行、象、數、理、以及易經的思維模式，並配合易道與哲理，在與人、事、物等作用相關性的連結，「象」是最容易為吾人所感知、感受，並去體悟，象也暗藏氣、數、理之真義，是故，有理而後有象，因象以明理。

有象才能體悟，有象才能顯現道理，有象才能明白吉凶現象，所以，《說卦傳》：「天生聖物，聖人則之；天地變化，聖人效之；天垂象，見吉凶，聖人象之；河出圖，洛出書，聖人則之」，又云：「昔者聖人之作易也。幽贊於神明而生蓍。參天兩地而倚數。觀變於陰陽而立卦。發揮於剛柔而生爻。和順於道德而理於義。窮理盡性以至於命」，「將以順性命之理。是以立天之道。曰陰與陽。立地之道。曰柔與剛。立人之道。曰仁與義。兼三才而兩之。故易六劃而成卦。分陰分陽。迭用柔剛。故易六位成章」，「天地定位。山澤通氣。雷風相薄。水火不相射。八卦相錯。數往者順。知來者逆。是故易。逆數也」，「雷以動之。風以散之。雨以潤之。日以晅之。艮以止之。兌以說之。乾以君之。坤以藏之」。另《繫辭上傳》：「聖人設卦觀象，繫辭焉而明吉凶」，「聖人有以見天下之賾，而擬諸其形容，象其物宜，是故謂之象」，「君子居，澤觀其象而玩其辭」，「聖人之象，以盡意」，「以製器者尚其象」，「變化者，進退之象也」，「極其數，遂定天下之象」。均在言象之法、象之變、象之用。

「易象」，大致是以太極、兩儀、三才、四象、八卦、洛書九宮，河圖十數、陰陽、五行、七日週期、乾坤六子、十二辟卦、六十四卦等之符號、圖書或意涵，來表示宇宙萬物及其交易變化之道。「象」可以表達意念和義理，例如，以八卦象徵的引申物象，引申為事物之間關係所發出的種種現象、功能、屬性、增進了說明萬物及其發展變化。

太極圖為負陰抱陽的圓體，也是時間、空間、物質、能量的大小個體及總稱。倆儀為陰陽，陰陽為宇宙的二種相對之物質、元氣、性質、動能。三才即為天、地、人，天是指宇宙、天體、思維、心，地是指地球、萬物、所有的人事物、行為。而八卦的下一爻即六十四卦的下兩爻表示地之位置，八卦之中爻及六十四卦的中兩爻表示仁的位置，八卦的上一爻及六十四卦的上兩爻表示天的位置。四象為陰陽、陽陰，陰陰、陽陽的兩兩排列或其交易變化，以顯示四季、四方，如從數學角度，四象為七、九、八、六，飛禽走獸則為青龍、玄武、白虎、朱雀，亦可為陰、陽、剛、柔。八卦則以乾為天、坤為地、巽為風、震為雷、離為火、艮為山、兌為澤顯示自然現象。大致是用圖像及符號，以蘊涵和表述萬事萬物之間的關係及運動變化之情況，表達人事物的福禍休咎。

象可以說是包羅萬象，例如、景象、形象、物象，事或物的存在即是象，喜怒哀樂、生老病死也是象，春夏秋冬、刮風、下雨、烏雲密佈也是象，人際互動、商業活動、心裡有數都是象。又如乾卦的卦象是天、父、頭、君、男、大、馬、剛健、果實等，六十四卦的每一個卦都包含天地、人事物，解釋一個卦，必須根據人物、事物、事件、環境、時間、方位、條件、情境間接相關的象。因此，瞭解各事物的涵義、本質、功能、屬性，正如同賦予爻象、卦象、圖像，有著更全面且豐富的蘊義，以正確的構思吉凶變化。所以，邵伯溫云：「以目觀物見物之形，以心觀物見物之情，以理觀物盡物之性，窮理盡性以至於命，是謂真知」。

一、八卦類象

象有景象、形象、物象、意象。《四庫全書》：「大旨謂聖人以象示人，有八卦之象，六爻之象，象形之象，爻位之象，反對之象，方位之象，五體之象，七者備而象窮矣」。先賢仰觀於天、俯察於地，遂歸納天地之要素有天、地、風、雷、水、火、山、澤等八個現象。觀萬事萬物之現象，以「德」而言，遂分剛健、柔順、光明、變動、止靜、喜悅、謙善、危險等八類。觀象於天，即觀察日月星辰，四時晝夜變化；觀法於地，即觀大地萬事萬物的變化。沒有象，易則無以為「易」。

茲就八卦萬物類象分述如下：

(一)乾

①卦易：龍、君、王、聖人、大、人、老、武人、高、甲、天體、上古、上、高、首、門、威、明、賢人、言、善、精、剛、德、生、始、頂、先、陽物、郊野、天道、貴、吉、立、盈等。

②象意：中庸、精氣、元、亨、利、貞、天、上、大、高、頂、頭、領導、古代、古董、陳舊、過去、祖先、原始、開始、遺址、陽物、點

、圓、球體、白天、向上、積極、變化、成功、健壯、振奮、充實、茂盛、精良、高貴、純淨、吉、堅硬、激烈、憤怒、決斷、成功、韌性、強制、冷酷、謀略、專制、高傲、喜慶。

③人物：上帝、君王、領袖、首相、總統、總書記、主席、理事長、大使、會長、廠長、專家、銀行家、聖人、祖父、父親、長老、族長、圓滑之人、成功之人、上進之人、帶頭者、正大光明之人、專橫之人、殘暴之人、有德行之人、決策者、執法者、名人、男性、行人、老人、刻薄之人、趾高氣昂之人。

④人體：手、頭、左肺、脊椎、骨、硬朗、骨關節、骨瘦之人。

⑤病徵：頭部疾病、左肺、骨髓、關節炎、硬化性疾病、結石、舊疾、淤血。

⑥物象：天體方面有恆星、小行星、衛星、彗星、粒子。物理方面有球、圓、點、阻塞、充填。物品方面有高級品、水晶、金銀、珠寶、玉器、鑽石、寶石、鐘錶、鑽子、眼鏡、武器、帽子、火車、汽車、金屬製品、摩托車、自行車、古董、舊貨、古玩、冰箱、玻璃及其器皿

、各種首飾、鍋、碗、碟、神佛器物等。食物方面有圓形果、糖果、蛋糕、各種瓜、豆腐、各種醃製品、臘肉、豆類、山珍野味、蛋等。

⑦動物：龍、馬、獅子、老虎、大象、熊、鵝、鷹、狗、豬、鯨魚等。

⑧場所：首都、大廈、銀行、廣場、政府機關、宮殿、大會堂、教堂、寺廟、名勝古蹟、警察局、博物館、老房舍等。

⑨氣象：太陽、晴天、白天、寒天、冰、霜、雪、雹等。

⑩數象：河圖數是四、九，洛書數是六，先天八卦數是一，後天八卦數是六。

⑪業種：首飾業、高級品、精密品製造與銷售、玻璃製品業、眼鏡業、鐘錶業、賓館、帽子業、博物館業、古物業、中古貨業、祭拜殯葬業等。

⑫樣態：原點、起始、點、圓、球體、圓滿、中心、本源、環形、飽滿、上層、天上的、廣闊的、高高在上的、頂級的、天體的、向上的、白天的、陽性的、完美的、堅硬的、充實的、純淨的、古老的、陳舊的、年長的、永久的、生發的、冰冷的、冰製的、強盛的、威嚴的、

誠信的、亨通的、豐富的、吉祥的、專橫的、殘暴的、獨裁的、有謀略的、傲慢的、權威的、憤怒的、成功的、精緻的、積極的、多變的、真實的、自然的、茂盛的、直立的、生生不息的、有規律的、統一性的、統治的、神佛的、郊外的、遠方的、守信義、重禮儀的等。

(二) 坤

①卦意：牝、黃、裳、方、囊、民、臣、母、小人、鬼、富、藏、形、財、容、下、禮、土、邑、厚、田、方、體、類、禮、惡、用、亂、牝牛、黃牛、卑、靜、聚、閉、邑、國、地理、戶、凶、喪、死、泥、恥、賤、暗、陰物。

②象意：柔順、從、地、凝聚、收斂、靜、藏、承載、滋養、柔和、眾多、低下、操勞、有形無氣、滋長、恭敬、膽怯、卑微、厚重、老實、元亨、利、貞、忍耐、禮節、持久、吝嗇、廣闊、台階、回復、反復、安靜、死亡、消失、晦暗、晚上、平安、終止、累積、富裕、群眾、樸實、沉重、慎重、閉塞、窮困、平穩、依賴、寂靜、懦弱、內斂、陰暗、疑惑、隱藏、變化、轉化、器物、表面、孤寡、國家、疆

域、國界、母、飼養、田地等。

③人物：人民、群眾、女人、母親、女主人、祖母、姑姑、阿姨、妻子、寡婦、凡人、皇后、樸素之人、助理、敦厚之人、守規矩之人、軟弱之人、正直之人、溫和之人、小氣之人、膽怯之人、謙讓之人、大腹之人、平靜之人、地產商、稅務人員、畜牧之人、園藝之人、勞動者、外地人、本地人、迷惘之人、躲藏之人、恭敬之人、低賤的人、孤家寡人、醜陋之人、沉默的人等。

④人體：腹部、腸胃、肌膚、老化、脾臟、婦女病、右肩。

⑤病徵：腸胃、腹痛、皮膚病、浮腫、食慾不振、濕疹、疲勞、健忘、失眠、慢性病、癌症。

⑥物象：地面、地域、方形、土、疆土、疆界、板、線、衣服、布、毛巾、日用品、婦女用品、瓷器、水泥、五穀、農具、大車、食品、藥品、紙類、洗劑、磚瓦、布帛、絲綢等。

⑦動物：母牛、母馬、羊、夜行動物、地上蟲類、雌性百獸、對地磁場敏感的動物、如海鷗、鴿子等。

⑧場所：平原、農村、城廓、田野、農場、市場、操場、停車場、廣場、舊屋、平房、儲藏室、糧倉、農產加工廠。

⑨氣象：陰天、雲霧、露水、濕度高、低氣壓。

⑩數象：河圖是五、十，洛書是二、五，先天八卦是八，後天八卦是二、五。

⑪業種：房地產業、農業、牧業、農貿交易、養殖業、五穀雜糧業、皮革業、紡織業、造紙業、水泥業、服裝業、居家用品業、肉類加工業。

⑫樣態：平坦的、四邊、四角、低下、卑下的、柔軟的、柔和的、祕密的、忠厚的、老實的、樸實的、虛空的、厚實的、迷惑的、正直的、膽怯的、謹慎的、隱藏的、陰暗的、模糊的、鬆散的、潮濕的、覆蓋的、承載的、舊物、謙讓的、孤獨的、包容性的、忍耐的、表面的、沉重的、袋裝的、保守的、遲緩的、黃色的、緩慢的、封閉的、老百姓的、聚集的、靜默的、孤寡的、醜陋的、虛空的、滋養的、複雜得等。

（三）震

①卦意：帝、主、兄、士、夫、聲音、言、語、行、人、征、奔走、動起、笑、樂、鳴、生、定、鼓、響、趾、出、器、剛、雷、青、園、奮、武、長、木、車、稼、宗、族、公、玉、反、莽、興、祭、君、主、宗等。

②象意：陽氣、雷、升發、向上、生發、積極、激發、快、動、行、起、健、躁、勇猛、征討、率領、開拓、果決、暴發、驚恐、憤怒、害怕、高、大、上升、主動、運動、聲音、撞擊、鳴、炮、強制、霸道、道路、衝動、鼓、緊迫、震動、緊張、堅強、人、呼應、主人、丈夫、武士、領導、警衛、出發、進取、豎立、暴亂、跑、深、逃、大、遠、新鮮等。

③人物：長男、年長者、主人、軍人、警衛、法官、統帥、官員、帝王、醫生、律師、學生、飛行員、駕駛員、運動員、主持人、音樂家、吵鬧者、易發怒的人、發言人、演說者、參賽者、狂人、名人、浮躁的人、急性的人、驚慌的人、意氣風發的人、神經過敏的人、趾高氣

昂的人、浮誇的人、愛現的人、強悍的人、健壯的人、勇敢的人、太空人員、出征的人、航空人員、炮兵、導彈部隊、防備者、高處上的人等。

④人體：足、四肢、肝臟、神經、筋、左耳、聲音、喉嚨、頭髮、左手臂。

⑤病徵：恐懼症、神經病、神經過敏、過動症、狂躁症、羊癲瘋、肝病、緊張、歇斯底里症、手足痲痺、神經衰弱、心悸、腿痛、咳嗽、喉嚨疾病、突發性症狀等。

⑥物象：快、雷、彎、曲、鼓、打、衝、跑、跳、汽車、火車、飛機、摩托車、槍、炮、子彈、鞭炮、音響、電話、手機、鬧鐘、武器、樂器、鈴、敲、擊、投、火箭彈、發射台、導彈、園林、竹子、樹林、種植、躁動、動能、引力、震動、爆炸、喇叭、音響、手機、裙、褲子、哨子等。

⑦動物：龍、馬、鹿、鷹、駱駝、多足類動物、會鳴叫的昆蟲、蛇、鳥類。

⑧場所：樹林、田園、庭院、戰場、停車場、菜市場、歌廳、體育場、電影院、軍營、車站、公園、機場、高速公路、賽車場、夜總會、商店、舞廳、發射場、刑警部門等。

⑨氣象：雷雨、打雷、地震、海嘯、颶風、火山爆發、龍捲風、極光。

⑩數象：河圖是三、八，洛書是三，先天八卦是四，後天八卦是三。

⑪業種：樂器業、娛樂業、木材加工業、林業、生態保護業、蔬菜加工業、種植業、機械業、音響設備業、交通運輸業、交通器材業、養鹿業、牧馬業、祭祀業、交通工具製售業、軍警、炮兵、廣播業、導彈部隊、地震防護業等。

⑫樣態：激烈、恐怖、勇敢、急速、大聲的、向上、向外的、對抗的、震驚、噴怒、暴躁、振動、雷鳴般的、誇大、高、大的、上大小下、變化的、彎曲、發射、宣揚、帝王、征戰、比賽、率領的、競爭、名氣大的、起動的、跳動的、主持、大哥的、打擊、武士、射擊、飛行、新鮮的、升華的、積極、運動的、開拓、春天的、健壯的等。

(四) 巽

①卦意：風、女、婦、利、命令、交、妻、號令、商、谷、床、果木、蛇、草木、茅、繩、腰帶、老婦、舞、帛、工、賓客、損落、官人、伏、桑、楊、魚、庸、為木、齊、散的、不決斷的等。

②象意：風、散、命令、指揮、進退、覆蓋、利益、急速、更替、滲入、空虛、輕快、浮動、交替、振動、傳播、依附、直立、精細、利益、疑惑、巧妙、靈感、氣味、比較、繁盛、裂紋、順風、跟隨、伸入、中風、藤蔓、木條、茅草、腰帶、床、繩、拖、拉、綁、砍、刺、刀具、鋸、扇子、吹、煙、牽動、細長、猶疑、淡薄、飛舞、漂渺、技巧、船、指引、不確定、伸縮的等。

③人物：老婦、長女、寡婦、僧尼、宗教家、氣功師、精密技術人員、科技業人員、作家、巧匠、木材商人、廣告業人員、教師、商人、出版商、營銷人員、飄浮不定的人、直爽的人、造謠者、流浪者、疑惑之人、狡猾者、進進出出的人、專業技師、優柔寡斷之人、偽裝之人、傳達命令的人、公關人員、傳達人員、教官、隨員、新開人員、

細心的人、文貿彬彬人員、奔波之人、隨同人員、敏銳的人、引路人、潛伏者、談判人員、偵察人員等。

④人體：肝臟、神經、股、四肢、坐骨神經、膽、頭髮、血管、筋、食道、淋巴系統等。

⑤病徵：中風、坐骨神經痛、神經痛、膽疾、膽結石、風寒、哮喘、憂鬱症、氣管疾病、抽筋、食道疾病、血管疾病、傷風感冒等。

⑥物象：風、空氣、細、長、直、飛、漂、浮、薄、覆、吹、傳、霧、煙、拉、刀、床、擺動物、扇子、風扇、伸縮物、傳輸、屏風、氣球、風箏、指揮、教授、命令、繩子、船、飛機、排風機、絲製品、木製品、木財、蔬菜、大蒜、韭菜、蔥、洋蔥、香料、羽毛、草木、草藥、香菸、水果、絲綢、紙張、毛巾、化粧品、旗幟、汽車、藤蔓、電線、手杖、旗杆、細線、吹風機等。

⑦動物：雞、鴨、鵝、蝶、蜜蜂、蜻蜓、蚯蚓、鱔魚、帶魚、蛇、鰻魚、蝙蝠、斑馬、長頸鹿、細長的蟲等。

⑧場所：草原、欉林、竹林、跑道、通道、道路、管道、走廊、管線、

索道、電梯、塔、吊橋、電線桿、升降機、電線、煙囪、城牆、機場、郵局、寺廟、商店等。

⑨氣象：刮風、颱風、龍捲風、多雲。

⑩數象：河圖是三、八，洛書是四，先天八卦是五，後天八卦是四。

⑪業種：商店、手工藝品業、空調業、交通運輸業、航空業、通信業、編織業、絲綢纖維製售業、吹風產品製售、設計業、電線電纜業、管道業、纖維業、電梯業、電車業、升降機械業、燃氣業等。

⑫樣態：輕快的、漂浮的、游動的、牽引的、帶狀、條狀、線狀、直細的、綑綁的、精巧的、不穩定、不確定的、傳輸的、外實內虛、上實下虛、外剛內柔的、振動的、往復的、伸縮的、顫動的、生氣的、有氣味的、鋒利的、藤狀的、茅草的、暢通的、茂盛的、交流的、依附的、順從的、疾速的、忙碌的、覆蓋的、蛇形的、進退不前、猶豫不決的、沒把握的、迷惑的等。

㈤坎

①卦意：為川、河、艱、律、思、疑、悔、勞、毒、悖、桎梏、災、暴

、蹇、阻、憂、馬、弓、車、為冠、北、幽、酒、鬼、淫、孤、孚、惕、謀、雨、冥、險、為罪人、脊、破、習等。

②象意：水、困、擔憂、低、臼、險、陷、凶、暗、溺、隱、伏、潛、藏、滲、浸、變、淹、敗、苦、惡、順從、隨從、吸收、滾動、順變、旋轉、河、川、溝、凹陷、疾病、艱難、恐懼、勞碌、疑心、欺詐、偷、狡猾、陰險、困惑、不安、懷疑、操心、盜賊、悔過、罪人、暴徒、黑道、病毒、吸毒、惡毒、流氓、走私、判刑、監督、法律、法院、崩潰、精明、警惕、收縮、吸收、招攬、中實、旋轉、曲折等。

③人物：中男、盜賊、黑道人物、吸毒者、動腦筋行業的人、流動性大的職業之人、窮困勞碌之人、欺詐者、流亡者、冒險性職業之人、思想家、水產人員、勞動者、宗教家、病人、貧困者、受害者、狡猾的人、淫亂的人、溺水之人、漂泊之人、煉油業者、緝毒者、漁民、海關人員、冒險者、消防人員、釀酒業者、石油工人、自來水公司人員、聽明的人、清洗人員、流動人員、多心的人、水手、司機、酒徒、

冷凍業人員等。

④人體：耳、腎臟、子宮、性器官、膀胱、泌尿系統、血液、卵巢。

⑤病徵：耳疾、腎病、性病、生殖器、糖尿病、免疫系統疾病、泌尿系統疾病、血循疾病、遺精。

⑥物象：水、酒、茶、油、果汁、飲料、液體、毒藥、漿醋、海產、藥品、血、黑色物、醃製品、梅子、李子、桃子、杏仁、墨水、溶解、油漆、染料、洗滌業、墨水、鹽、漿、曲線、孤形、旋轉、螺旋、收縮、吸力、凝聚力、拋物線、塗料、牢、罰、重力、滅火器、消防設備、脂肪、溶液、冷藏設備等。

⑦動物：魚、水鳥、水中動植物、四足動物、豬、鼠、狐狸、夜行動物。

⑧場所：河、江、井、泉、池、湖、溝、沼澤、洼地、水庫、水車、水漕、澡堂、浴室、酒店、酒廠、下水道、冷飲店、自來水公司、噴泉、水族館、消防隊、汽車廠、蓄水池、汽車修配廠、洗車場、黑暗場所、妓院、看守所等。

⑨氣象：水災、雨、露、雪、霜、黑雲、寒冷、深夜、霜凍。

⑩數象：河圖是一、六，洛書是一，先天八卦是六，後天八卦是一。

⑪業種：水產養殖業、釀酒及銷售業、飲料業、石油業、冷凍業、游泳、冷卻業、油漆業、石油業、酒店、跳水、溜冰、滑雪業、造船業、汽車業、海關、消防器、緝毒業、煤碳業、盜版業、偷盜行業、水上活動業、車廠、汽車零件業、防盜業、醬油業等。

⑫樣態：冰、冷、滑的、流動的、液態的、膏狀的、轉動的、漂泊的、浮動的、下面的、彎曲的、弓形的、聚集的、收斂的、濃縮的、溺水、淹沒的、對稱的、善變的、髒亂的、連續的、淫亂的、相反的、困難的、陰暗的、陷落的、悲傷的、險阻的、污染的、潛伏的、潰退的、損壞的、疑惑的、腐敗的、憂愁的、大膽的、敏捷的、殘暴的、精美的、聰明的、狡詐的、辛苦的、仁慈的、操心的、有智慧的、通達的、危險的等。

(六)離

①卦意：日、火、明、子女、夏、南、鳥、斧、刀、飛、戒、焚、朱、

雀、牝牛、目、泣、苦、害、大腹、甲冑、先、見、域、惡人、折首、歌、空心木、智、歌、兵、燥、光等。

②象意：外實內虛、外剛內柔、外動內靜、火、虹、暖、煮、刀、戈、鴻、飛、鳥、雉、炸、射、網、防備、警視、競爭、上升、盛大、表現、光明、美麗、鮮豔、打扮、明亮、裝飾、燥熱、燒、烤、暖和、熱烈、照射、包圍、容納、升發、虛偽、炫耀、抵抗、火焰、中空、火山、外強中乾、文采、虛榮、焦躁、爭奪、火山、火場、燃燒、閃爍、膨脹、煩躁、美術、藝術、醫生、蔓延、正中、中虛、飛禽、兵器、刀箭、軍隊、軍火、發明、依附、電器、砲火、漁網、聯絡、網絡、幻想等。

③人物：中女、孕婦、美人、熱情者、多情的人、幻想者、作家、博士、畫家、軍人、藝術家、設計人員、大眼睛的人、虛榮的人、愛打扮的人、焦躁的人、撒謊者、花言巧語的人、外強中乾的人、光明磊落的人、打扮鮮豔的人、養鳥的人、文明的人、檢舉的人、示威的人、溫柔的人、抗命的人、競爭者、記者、廣告人員、藝術人員、醫務人

員、美容師等。

④人體：心臟、眼睛、臉部、便祕、小腸、血液循環、視力、乳房、上焦。

⑤病徵：心臟病、眼疾、視力、燙傷、發燒、熱性病、乳房疾病、臉部疾病、擴散性疾病、血液疾病、囊腫、頭痛、肥大症。

⑥物象：紅色食物、包含蝦、蟹、貝類、硬殼蟲類、螢火蟲、燈光設備、火柴、打火機、灶、火爐、火燭、火車、烤箱、熱水器、微波爐、燈泡、太陽能板、火箭、火炮、虹、火、熱、烤、汽車、房子、門、窗、化粧品、美術品、照相機、傳真機、綠影機、印刷機、影印機、報紙、雜誌、葫蘆、枯樹、煎炒食物、燒烤食物、證券、照片、字畫、執照、容器、電子產品、電器產品、電動車、電銲、廣告牌、烤肉、臘肉、甕、鳥籠、籠子、融解、擴散、虛空、膨脹，爆炸等。

⑦動物：鳥、雉、蝦、蟹、螢火蟲、甲殼蟲、孔雀、鳳凰、金魚、熱帶魚、變色龍等。

⑧場所：廚房、美容院、火災場、明亮場所、真空物、空屋、房子、車

棚、教堂、學校、法院、醫院、派出所、倉庫、車子、電廠、變電所、火車站、電視台、交流道、廣告牌、銀行、冶金場、證券交易所、熱處理所、煉鋼廠、盆地、凹地、電影院、歌劇院、體育場、展覽館、影視廳、博物館、軍營、圖書館、電器設備場、畫廊、印刷廠、X光室、心電圖室、發射場、爆竹廠、鍋爐場、燈泡場等。

⑨氣象：晴天、熱天、乾旱、中午、彩虹、閃電、雲霞等。

⑩數象：河圖是二、七，洛書是九，先天八卦是三，後天八卦是九。

⑪業種：燈光器材製造業、軍火業、取暖設備業、烘烤業、加熱設備業、爆竹業、兵器製造業、消防業、媒體業、廣告業、印刷業、設計業、繪畫業、冶煉業、醫療業、影視業、網路行業、傳播業、防護設備業、照像業、電器業、電子業、停車場業、交通業、水產業、養殖業、藝術業、倉儲業、烘烤業、兵器製造業等。

⑫樣態：重禮的、熱心的、虛偽、彩色、枯燥、火熱、明亮、豔麗、閃亮、溫暖、中空的、真空的、外剛內柔、外實內虛、外強中乾、虛假、紅的、燒燙的、燒焦、乾燥、文明的、藝術、裝飾、美容的、熱烈

、蔓延、擴散、升發、膨脹、幻想、偷窺、圍困、惡人、盛大的、進取的、煽動、修飾、創造、發明、女人的、明白的、慌張的、燙傷的、萎縮的、愛出風頭的、向陽的、向上移動、隨和的、瓶狀的、排斥的、煽動性的等。

(七) 艮

①卦意：小、男、弟、鼻、膚、童、道、靜、山、東北、舍、小木、果、狐、虎、狼、豹、官、賢、人、君子、穴、背、多、皮、取、域、厚、居、節、虛、石、丘陵、碩果、手、慎、趾、指、斗、順、友、肱、尾、光、宅、求、庭、門庭、宮室、社稷等。

②象意：止、阻、停止、靜止、終止、山、高、退、拒、休止、休息、凸、鼓起、阻礙、退、後退、背、脊背、隱蔽、落後、辛苦、艱難、擋、蹇、阻擋、阻力、丘陵、防、防備、保衛、保育、抵禦、頑固、執著、堅持、獨立、孤立、孤單、孤寡、高處、突起、高嵐、高漲、界線、界碑、分水嶺、邊界、反面、相反、背面、節制、更替、限制、制裁、制度、變化、穩固、安定、冷靜、等待、房屋、假山窯洞

、圍牆、階梯、台階、厚重、貞固、任性、少男、蒙昧、手、腳、鼻趾、掐、反擊、抗拒、撞、分水嶺、廟宇、塔、僧尼、星斗等。

③人物：兒童、少男、佣人、和尚、道士、礦工、建築工人、房地產商人、管理人員、藝術、司法人員、法官、獨裁者、休息人員、落後的人、駝背的人、彎腰的人、仲裁人元、護理人員、宮廟的人、守門員、阻攔人員、防守人員、孤獨者、被孤立者、奴僕、頑固者、反叛者、受難者、登山者、裁判、騙子、冷靜的人、保衛人員、安靜的人、登山者、墓區的人等。

④人體：鼻子、背部、關節、手、手指、男性性器官、脾、胃、腰、腳、乳房等。

⑤病徵：胃病、關節炎、痘疹、腫脹症狀、腫瘤、氣血不順、結石、脊背僵硬、筋骨痠痛、栓塞。

⑥物象：碗、床、錢包、桌子、櫃子、門板、凳子、石碑、石牆、屏風、牆壁、櫃台、大門、屋舍、窗戶、山坡、椅子、階梯、台階、土堆、墳墓、斜坡、手套、手球、足球、手銬、瓷器、鞋子、箱子、櫥櫃

、庭院、碼頭、堤岸、三角形、斜線、梯形、拱形、山形等。

⑦動物：虎、熊、狼、狗、鼠、昆蟲、爬蟲、有尾巴之動物等。

⑧場所：丘陵、山地、墓地、梯田、階梯、城牆、牆壁、堤防、邊界、山路、碼頭、礦廠、採石廠、教堂、派出所、寺廟、銀行、佛堂、儲藏室、倉庫、休息室、拘留室、監獄、房屋、高台、橋梁、大樓、手球場、足球場。

⑨氣象：陰天、多雲、霧氣、山嵐。

⑩數象：河圖是五、十，洛書是八，先天八卦是七，後天八卦是八。

⑪業種：採礦業、礦石加工業、建築業、房地產業、碼頭營造業、庭院設計業、電梯製造及銷售業、休閒業、管理業、食品加工業、食品製造業、雕刻業、養狗或訓狗業、宗教用品業、門窗製造及銷售業等。

⑫樣態：貞固的、堅硬的、頑固的、自我的、主觀的、獨立的、任性的、幼小的、下層的、倒退的、限制的、阻礙的、禁止的、隱蔽的、防備的、背面的、制裁的、相反的、背道而馳的、突出的、突起的、鼓起、高聳、高漲、交叉的、變化的、謹慎的、嚴格的、厚重的、艱難

、困苦、蒙昧的、階梯狀的、抵抗的、說謊的、上小下大、上硬下軟的、具建設性的等。

(八) 兌

①卦意：口、妾、女、食、笑、西、秋、悅、缺、少、小、朋、孔穴、折、友、契、傷、斧、見、巫、刑、兩、妙、為通等。

②象意：澤、悅、說、缺、缺陷、秋、西、少女、小、光亮、艷麗、吸引力、誘惑、快樂、喜悅少、興趣、親吻、嘴唇、口、牙、入口、穴、孔、吃、喝、洞、坑、沼澤、濕地、潮濕、和善、和好、和諧、恩惠、實惠、破壞、破損、潛藏、容納、潛入、潛伏、柔弱、幼稚、喜慶、丟棄、殘廢、失掉、缺乏、掙、刺、傷、折斷、手術、凹、殘、傷疤、柔順、溫和、不健全、悲傷、痛苦、不完全、不便、悲哀、演講、吵鬧、商量、討論等。

③人物：少女、妾、愛人、親人、歌唱者、演員、歌星、公關人員、通訊人員、合唱團、交流人員、談判人員、進出口人員、服務人員、介紹人、翻譯、解說者、巫師、講師、秘書、媒人、演講者、外交人員

、通訊人員、音樂家、牙科醫生、相聲人員、服務人員、和悅的人、妖豔的人、善辯的人、偏激的人、吵鬧的人、游說的人、受傷的人、偽善的人、金融人員、空姐、導遊等。

④人體：口、牙、右肺、喉嚨、呼吸器官、大腸、舌、氣管、傷口、傷疤、肛門。

⑤病徵：口、齒、舌、喉之疾病、咳嗽、氣喘、貧血、性病、氣胸、創傷、皮膚病、肺炎等。

⑥物象：盆、碗、盒子、瓶子、鍋、鏟子、破、洞、碎、傷、針、刀、剪刀、樂器、五金工具、鋸、管樂器、金屬製品、玩具、飲食器具、白線、星星、垃圾、廢棄物等。

⑦動物：羊、脊角動物、兔子、水鳥、猿猴、沼澤地帶動物。

⑧場所：門口、路口、巷弄、口岸、山口、山洞、洞穴、凹地、井、峽谷、湖、池塘、沼澤地、遊樂場、滑冰場、演奏場、交易所、聚會所、妓院、五金廠、五金店、教室、飯店、宴會廳、歌劇院、會議廳、律師事務所、吹奏樂器店。

⑨氣象：新月、星星、多雲、潮濕、小雨、小雪、低氣壓。

⑩數象：河圖是四、九，洛書是七，先天八卦是二，後天八卦是七。

⑪業種：音樂廳、樂器店、遊樂場、歌劇院、餐廳食品業、飯店業、交易業、介紹所、小五金業、冶金製造業、餐具製造、餐具銷售業、翻譯業、服務業、進出口業、裝飾業等。

⑫樣態：柔小的、柔和的、喜悅的、幼稚的、可愛的、艷麗的、有魅力的、有吸引力的、誘人的、高興的、凹陷的、不完整的、破損的、不圓滿的、斷裂的、危險的、不足的、欠缺的、可笑的、親密的、吵鬧的、相應的、閃爍的、口頭的、聚集的、瓶裝的、潮濕的、向上的、有缺口的、滋潤的、虛偽的、缺德的、片面的等。

二、六十四卦象意

1．乾為天 ䷀

六爻統陽，充滿元陽之氣，具恆久不謝，自強不息，至剛極健之精神，具聲勢壯觀之象，須奮發向上，亦不可操之過急或退縮不前，切勿驕傲，志得意滿，得意忘形，否則難以圓滿，不能如願，心態亦須剛毅、正直、誠心，必得助。由於全陽，固在感情上，互不相應，難有美滿，宜多包容，柔順以對；謀財則有榮景之象，然高處不勝寒，必須小心謹慎，以防破財。對財物也易遺失，有虛空之象。

2．坤為地 ䷁

坤卦為陰氣之始，乃婦德之常，坤厚載物，德合無疆，坤卦全陰，象徵母性，溫和慈愛，大度包容，宜被動，不可強出頭，順從長上，切勿盲目躁進，並且守本分，堅守正道。坤為外虛內實，包容而不超越，努力充實自己，先幫別人成事，一步一腳印，鞏固自己。也要小心被有心人或小人利用，宜跟隨有才德的人，任勞任怨，必會苦盡甘來。又因卦象中虛，對人來說，有氣虛無力、懶散之象，對事有虛空之意，對物則有隱藏、遺忘、不易得之象。

3．水雷屯 ䷂

「屯」維剛柔始交而難生。陰陽二極交互作用，具混屯之象，故諸事辛苦、煩惱、不如意，有志難伸，易遭遇意想不到的險難，故要提防不測之災，任何事物在初始階段必有艱難，不宜輕舉妄動，必須抱持鍥而不捨的奮發精神，有如剛出生的芽，脆弱又易受折損，凡事要小心，多請益師長，換位思考，或可解危。對人、事、物均不堪如意，身體方面也是病情不明，甚至出現誤診的情況。

4．山水蒙 ䷃

「蒙」為山下有險，險而止。進退兩難，迷惘狀態，有如山下泉水，初出而遇險，在霧中迷失方向，處在暗昧不明，停止不前之狀況中，不知從何而往，猶如孩童之無知，人性之初，純潔心念不雜，有待啟蒙，啟發，才能通達事理，所以，凡事不可自作主張，我行我素，一切都必須謙虛，向師長，專家或主管請益，獲得賢者之引領指導。又因所面對的人事或財務方面，也都是處於陰暗蒙昧的現象，甚至受騙，對感情之對象亦有無知幼稚之象。

5．水天需 ䷄

需即須也，有所待、須求、期待、等候之意，需卦因坎險在前，有如雲在天上，有密雲不雨之象，天地萬物皆等待雨降甘霖，未來固然充滿希望，但雲而未用，須再等待時機到來，不論遇到任何困難或挫折，均要把持悠然態度、從容不迫，時機到來再行事，自然峰迴路轉。從需卦之五爻變，即可知是為地天泰卦，表示雲散後即降甘霖以滋潤萬物，所以，絕不可躁進，否則必會遭遇險阻，以致陷於險境。凡是對於人事或謀財均不可急切，又在《序卦傳》曰：飲食之道也，即要注意飲食養身，否則易有腎及肺方面的疾病。

6．天水訟 ䷅

訟卦為上剛下險，險而健，天高高在上，水在下向低處流，不會有交集，人際互動、運勢方面，皆不順心，難免相爭興訟，主管與部屬亦有爭執，逢訟卦絕不可意氣用事，獨斷獨行，應退守，適可而止，勿過於堅持，克制自己，接受批評指教，或互相協調，不可輕易聽信他人之承諾，以智慧處理爭端，必可化戾為祥和。既然訟必遭凶，謀事與運勢必受阻難成，戀愛、結婚之事則阻礙多，終至爭吵分手，等人、失物亦落空，事與願違。

7．地水師 ䷆

師卦即憂、眾也，有人多、征戰、爭奪之意。上卦表示對方或事物，「坤」有包容、柔順之象；下卦代表自己，「坎」有勞苦、波折之象，故為內險外順。又初六明示師出以律，否藏凶，亦即出師作戰，以吹六律來卜吉凶，六律響亮調和即示吉，故出師以律，紀律嚴明，團結一心，士氣高昂則吉。《序卦傳》：「訟必有象起，故受之以師。」以上均說明險道順行，變動不定，凶多吉少，煩心不順，紛爭纏身，故宜多人一起行動，全力以赴，積極行事，但也不可盲目前進，切勿勉強，有時甚至要以退為進，養精蓄銳，終能在波折之後順利解決。

8．水地比 ䷇

上水下地，水性往下流，水滋潤大地，養育萬物，有親比、親近，相鄰之象，故要相親相愛。又因一陽居五位，居中得正，眾人跟隨，領導眾陰，乃萬象歸心，呈現上下和睦共處，各守其分，各守崗位，但是自己要有包容力，親愛精誠，通力合作，積極努力前進，則平復吉祥，切勿獨妄為，對於上下之關係，亦須有所分際，否則會橫生枝節。至於團隊只要上下一心，必能成功，個人事務也都能如願，在感情方面，一陽統眾陰，固男性的桃花旺，仰慕的女性多，但要心誠不脫軌才吉。

9．風天小畜 ䷈

小畜為寡，為有所畜，表示柔得位而上下應之。顯示一陰統畜五陽，風在天上行，陰氣尚未能凝聚，雲層高而無法降雨，表示機會還未成熟，停滯不前，一時的不如意，所以要有耐心，養精蓄銳，堅定意志，終降雨潤澤，達成心願。另外也提示凡是欲速則不達，事業方面要採漸進方式，如欲有所作為，必須廣積糧，厚殖實力，充實自我，機會是給準備好的人，又如懷才不遇，也是時機未到，要積極進取。此卦一陰統五陽，工作上尤其要重用女性之力，感情上也代表女性受多位男人之愛慕，如因得意而忘了巽順之美德，必遭禍端。

10．天澤履 ䷉

履卦為文明之象，教化之成也。天在上，澤在下，尊卑之位得正之象。《象傳》：「履虎尾，不咥人，亨。」猶如少女不懼猛獸老虎，而其戲弄其尾，虎也溫順不咬人，所以無咎。是以柔克剛，以柔順和悅，誠正的態度，小心翼翼的去面對，雖遇勇猛者也不會來加害，所以，凡是要以道為本，遵守禮節，不可貪取，勿自私自利，或行為走偏，投機取巧，過度依賴別人，即使起初不盡如意，終究會是太平之象。更要定其秩序而安其生，下位者要尊敬上位者，居上位者要愛護在下者，所有之不安或前方的危機，自然能化解。

11．地天泰 ䷊

《象傳》：「小往大來。吉。亨。」上為天的陽氣下降，下為地的陰氣上升，象徵陰陽之氣相互交感，生化萬物，也表示內陽而外陰，內健而外順，內君子而外小人，君子道長，小人道消，象徵持盈保泰，一切亨通而安康，萬事進展順利，欣欣向榮。處事方面為先小人後君子，君子主事小人服從，上司關懷下屬，下屬服從上司，群策群力，上輩照顧晚輩，晚輩順從長輩，夫愛妻，妻順夫，情感交融，一切圓滿。

12．天地否 ䷋

《雜卦傳》：「反其類也。」《序卦傳》：「不可以終通。」《彖傳》：「否之匪人，不利君子，貞。大往小來。」是為天地不交而萬物不通也，上下不交而天下無邦也。天地無法交融，內陰而外陽，內柔而外剛，內小人而外君子。小人道長，君子之道消。一切因閉塞而氣運不通，諸事不順，波折多，所以，君子要以儉德避難，不可榮以祿也，要潔身避難，超脫名利，不可特立獨行，宜靜觀以待時機，不可喪志或悲觀，亦不宜張陽行事，低調以對才能否極泰來。

13．天火同人 ䷌

同人為親也，不可以終否。與人同者。此卦五陽一陰，柔得位得中，而應乎乾。象傳曰：「天與火同人。君子以類族辨物」。君子薈萃一堂，其功用各自不同，發揮各自正大之力量，實現理想願望，照亮社會。同人卦貴在不標新立異，能善與人同，必先盡同人之誼，以同人于人，無後人再同我。同人為親近、合作、和諧、集結、志同道合、異中求同，同而不爭等多種涵義，並明示由內而外，由已及人，眾志成城，廣結善緣，是為平安吉祥之好運。凡獨斷獨行，自私自利，或與人不和諧者，必遭失敗。

14．火天大有 ䷍

《彖傳》：「大有，柔得尊位大中，而上下應之，曰大有。其德剛健而文明，應乎天而時行，是以元、亨」。又《象傳》：「遏惡揚善，順天休命」。固表示在一陰五爻之尊位上，統率五陽，意味要順應天命，順天時而動，合乎天意，不違背事理，除惡揚善，行為光明正大，必然順遂成功。大有為大有，元、亨。表示盛大、富有，大有為而收穫豐盛之意。離之日輪，在乾天之上照耀，育成萬物，得安定之受用。然盛極必衰，宜小心謹慎，不可得意忘形，得志而狂妄，以免招損。

15．地山謙 ䷎

序卦傳曰：大者不可以盈，象傳曰：「謙。亨。天道下濟而光明，地道卑而上行。天道虧盈而益謙，地道變盈而流謙。鬼神害盈而福謙，人道惡盈而好謙。謙尊而光，卑而不可踰。君子之終也」。字裡行間一再強調要謙遜自處，不可驕傲自滿，君子要以謙卑為志，樂天知明，明達事理，淡泊寧靜，能退讓而不代不衿，謙而人益尊，自晦而德益顯。謙，亨。明示即使得天祐，也勿志得意滿，謙虛不可超越常軌而淪為卑微，而不懂得謙遜，自戒自重，傲慢狂妄，必有隱患。

16．雷地豫䷏

有大而謙者必豫。豫，剛應而志行，順以動。豫之真諦在以行動順民心，順民心就得於民之所好好之，民之所惡惡之，又要心定見性，怡然自得。從卦象即表示震雷出現在地上，象徵興師動眾，振動萬物，並賦予萬物生命，養育萬物，天地合德，上下同心，展現志向，也因為天地運動的規律，順時而動，所以四季分明，循環不已，一切會受到好的照應，為安樂、居家思危之意。氣機已動，凡事要預作準備，謀定而後動，即時把握，萬事可成。也須防過於安逸順遂而懈怠，以致樂極生悲。感情方面則會有激烈激情之象，而男性則對象多，桃花旺，均應理性面對，以免後悔。

17．澤雷隨䷐

豫必有隨，剛來而柔下，動而說。隨有根元、亨通、利益、貞正等四種德性，隨有跟隨、隨和、隨機應變、順其自然、以自己的行動感悅他人，按自然規律去辨等意思。而元亨是大通，利貞是宜正，故隨之目的必須正當，意即爭取悅隨者必循正道，才能通達。雷潛伏在澤之下，有如太陽西下，暫時休息，所以，只要隨順時間、情勢、人事去做，就可以平安如意。而跟隨必須是隨有才德的人，捨棄自我私見、順從大多數人之意見，自己須心隨和他人，大家也會隨和你，正如同想當領導者，首先要學會被領導，自己才有能力去領導部屬，而要讓眾人跟隨你，必須你能讓大家動起來，帶領大家向前行，跟隨你有希望，才能創造雙贏。另一方面，不可隨情境而起波動，自己要有定見，掌握輕重緩急，不可迷失方向，內心迷惘，難成大事。

18．山風蠱 ☶☴

蠱為腐敗、整治、閉塞、萎靡之意。是山阻擋風的象徵，字義是器皿上的東西，因腐爛而長蟲的意思。所以要整飭腐敗，除弊以革新。《彖傳》：「蠱，剛上而柔下，巽而止，蠱。蠱，元、亨，而天下治也」。意思是被阻擋的風，又再吹動，而把所有穢氣，一掃而空，比喻掃除弊病，萬事更新。蠱。元。亨，利涉大川。是遭逢失敗，想要振作之象，因為盛極必衰，物極必反，所以，居安思危為止險。經營事業方面，必須大刀闊斧地加以改革，男女感情上，蠱有女禍之象，切勿感情用事，慎防色誘，否則沒有好結局。

19．地澤臨☷☱

臨是來臨、逼迫、以上臨下、以高臨卑、從上勘視之意，又含有賓主相對，物我相抗之現象，固當知退避，不可久留，否則會陷入困境。《象傳》曰：「臨。剛浸而長，說而順，剛中而應，大亨以正，天之道也。至於八月有凶，消不久也」。為了慎防反覆消長，順遂不平的現象，應有效的運用組織，任用賢能，行正道，仁心寬厚待人，才能令人心悅誠服，得以避凶。臨卦為消息卦，為運勢上昇，開創事業的大好時機，但中途有逆轉之象，只要小心因應，大象仍然是步步高升。

20．風地觀☴☷

觀為觀察、靜觀、觀望、從下仰望之意，《象傳》：「大觀在上，順而巽，中正以觀天下」。天之道就是神之道，天地運行不違，所以是觀天之象，順天之理，觀地之物，用地之利，觀人之性，使天地與人類皆生生不息。只要真心，雖小道也有可觀者，仍可盡人文之大觀。又因風在上，地在下，大人之德風，風行草偃，有如我們看到草葉之動態，即知道風吹動的方向一樣，同理，觀民之風，觀察老百姓的動向，可知政令是否推行得當。由於觀卦有「可觀」之象，固其有可賀、可喜、無不利之意。

21．火雷噬嗑䷔

噬嗑表示頤中有物。《象傳》：「剛柔分，動而明，雷電和而章。柔得中而上行，雖不當位，利用獄也」。離上、震下，含剛之象。外卦為離，表示明；內卦為震，表示動，象徵雷電相擊，互相摩擦，不能相合之意，又因打雷時，發出閃電，照耀萬物。離也表示光明，雷表威動，「雖不當位，利用獄也」，所以，明者足以察奸，威者足以除暴，要用刑罰使善惡分明，即所謂賞罰分明，勿枉勿縱之意。猶如口中有食物，必須慢慢咀嚼，才可以吞下，不致嗆到，如同處理事物，要適時施以刑罰，以便即時矯正，使無所梗，自然運勢亨通。

22．山火賁䷕

賁即飾也。艮上、離下，裝飾之象。象徵文明光輝之象，火雖光耀美麗，然也能毀物，光耀的背後，往往是罪惡的一面。《象傳》：「柔來而文剛，故亨。分剛上而文柔，故小利有攸往」。代表對方或事象之上艮，有止之象；下代表自己，下離有太陽光明之象，上艮下離，山下有火之光明象。又「天文也，文明以止人文也。觀乎天文，以察時變。觀乎人文，以化成天下」。意思是天地靠天文為之裝飾，人類則靠智慧美化社會，使之更文明，而對於人事則表示外表華麗，但內心空虛，只靠表面功夫，只是虛而不實，必須充實自己，腳踏實地，表裡一致，才能擺脫衰運。自己也不要被表象所迷惑，必須務實的看清本質。

23．山地剝䷖

「剝」即剝，柔變剛也。由於一陽在上，五陰在下，陰長變剛，致使剛陽剝落，猶如變成純陰的坤，所以序卦傳曰：致飾然後亨則盡矣，表示有脫飾之象。因為僅存一陽浮於群陰，內在生機已消盡，只存餘陽在表面，如人之真誠已失，彼此只是表面敷衍，表美而不實，內在空虛。《彖傳》曰：「剝也，柔變剛也，不利有攸往，小人長也」。一陽五陰，表示小人囂張，君子不敢有所作為。而「順而止也，觀象也。君子尚消息盈虛，天行也」。告誡人在不得志，窮困潦倒之時，危機四伏，此時宜停止行動，隱忍並審視情況，謀求根本的改造，更要堅守正道，自強不息，慎防欺詐，受陷害，或由高處跌落之意外。

24．地雷復䷗

復有重複、恢復、往復、歸來、重新開始之意，坤上，震下，陽開始成長的卦，有回春之象。陽反於下，有如植物發出新芽，日漸旺盛，意謂澤被天下，君子道長，小人道消。表示欣逢轉機，能力日漸增長，必有所作為。春天來臨，萬物復甦，陰霾已過，機運到來，反復有利之象。《彖傳》：「復、亨，剛反，動而以順行，是以出入無疾，朋來無咎。反復其道，七日來復，天行也。利有攸往，剛長也。復其見天地之心乎」。說明一陽向前行進，要回到原位，需要七天才能完成，有如天行之過程，表示否極泰來，象徵朝著光明大道邁進，所以復其見天地之心乎。

25．天雷无妄 ䷘

无妄即不要亂，為真實無虛之象。乾卦在上，震卦在下，天威下行，天道生育萬物，運行四時，毫無差錯，日月有度，凡事要行正道，合天理，盡其在我，以誠心任事，不可以狂妄自大，不虛偽。彖傳：「无妄，剛自外來而為主於內。動而健，剛中而應，大亨以正，天之命也」。行事不可超出自己的能力，不可擅自行動，按正常規律辦事，如果好高騖遠，不行正道必有災。尤要注意外部影響內部，外來之人事會影響內在之運作，事業上亦以固守為吉。

26．山天大畜 ䷙

大畜有剛健、篤實、積蓄、積少成多、適可而止、大收穫、光輝、厚實、養育、養精蓄銳、自新之意。《象傳》：「大畜，剛健篤實，輝光日新其德。剛上而尚賢，能止健，大正也。不安食吉，養賢也。利涉大川，應乎天也」。陽剛在上，能崇尚賢能的人，又能畜止剛健之賢，這是至大至正之理。之所以能度災惡險難，是因能應天而行。山天包含萬物，可大可久，取之不盡，用之不竭，象徵擁有龐大之積蓄，厚植實力，更應避免太過自信、過度進展，不能止於所當止，往往會造成嚴重的損失。

27．山雷頤 ䷚

頤含有頤養、保養、養身、養德之意，故要用正道行正途，飲食有節制，生活有規律。《象傳》：「頤貞吉，養正則吉也。觀頤，觀其所養也。自求口實，觀其自養也，天地養萬物，聖人養賢以及萬民，頤之時大矣哉」。春雷動，山上草木生長，萬物復甦，天地養萬物，使萬物各得其所；聖人教賢能的人，使他們能福澤萬民。頤卦應特別注意節制飲食，慎言慎語，避免心直口快，不可與人爭吵，以防被人重傷或遭毀謗，更要小心禍從口出，病從口入，行事亦要從大處及高處觀看事物，以養育的心情去處理事情，必有大收穫。

28．澤風大過䷛

大過即超過、過度、過失、本末倒置之意。也就是違反常道、違反自然，所負擔的責任已經超過自身能力所及，稍不慎就會一敗塗地。序卦傳：不養則不可動。《象傳》曰：「大過，大者過也，棟橈，本來弱也，剛過而中，巽而說行，利有攸往，乃亨。大過之時大矣哉」。意思是房屋之棟樑已呈彎曲的險象，卦象又是上下陰，中四陽，呈現無法負荷之狀，之所以沒有跨下，乃因三及五爻陽位有陽剛，所以要量力而為，剛柔並濟，並與人通力合作，互相配合，才能突破危機，否則會陷入險境，甚至一切化為烏有。

29．坎為水䷜

坎為陷沒、陷阱、曲折、險象重重、困境之意。也表示人心險惡，善人君子受小人之包圍，必須經歷相當的艱險才能成功。象傳曰：「習坎、重險也，水流而不盈，行險而不失其信，維心亨，乃以剛中也。行有尚，往有功也。天險不可升也，地險山以丘陵也。王公設險以守其邦，險之時用，大矣哉！」習坎是行雙重之險難，水如果清澈地流動，又在行險境時能堅守誠信，具剛毅中庸之德，必能渡過重重險阻而成功，天險如日月天空不可得而升，地險如山川丘陵，所以物得以保全，王公在邊境設城池關口以守護邦國，險之時用則大矣。所以，險坎在進攻方面是障礙，在防守上是一種防護作用。得坎必須要有萬全準備，堅忍不拔的意志去克服，必能成功。

30．離為火 ䷝

離為麗也，有光明、熱情、亨通、柔順之意。彖傳曰：「離、麗也。日月麗乎天，百穀草木麗乎土，重明以麗乎正，乃化成天下，柔麗乎中正，故亨，是以畜牝牛吉也」。象傳曰：「明兩作離，大人以繼明照于四方」。示人凡事內順外強，內明外剛、中正柔順，自能欣欣向榮。切勿自恃其才，不自量力，固執己見，或依附邪惡，自私自利，否則會自暴其短，遭致失敗。要認清目標，中正和順，與人合作，自然能明白通達。

31．澤山咸 ䷞

咸為以虛受人，感恩、溝通、共鳴之象。彖傳曰：「咸，感也，柔上而下剛，二氣感應以相與，止而說，男下女，是以亨，利貞，取其吉也。天地感而萬物化生，聖人感人心，而天下和平，觀其所感而天地萬物之情可見矣」。陰柔的兑卦在上，陽剛的艮卦在下，表示陰陽二氣，相互交感，萬物化生，相與調和，也是夫婦之道，有如男女兩性交感爾後嗣自然繁衍也，舉凡天地間，人與物之相應，澤有亨通之理，包含君臣、父子、夫婦、朋友、相互調和交感，則和順亨通。咸卦說明山受澤之滋潤，澤為山所包容，澤山交應，蘊育生機，教人要具聖人之德，自能容他人之情誼而調和，以謙虛、堅定、誠懇之態度去面對人事物，就能有所共鳴。

32．雷風恒 ䷟

恒為恆久、安定、固守、維持之意。卦爻一剛一柔皆相應，乃理數之常，所以能恆久。象傳曰：恆，久也。剛上柔下，雷風相與，巽而動，剛柔皆應恆。恆、亨，无咎，利貞，久於其道也。天地之道，恆久而不已也。利有攸往，終則有始也。日月得天而能久照，四時變化而能久成，聖人久於其道而天下化成。觀其所恆，而天地萬物之情可見矣。既如天地運行恆久不已，無往不利，而剛柔相應，則恆久安定，因物循常道而能垂久，事緩則圓，持之以恆，恪守正道，有志者事竟成。故只要雷起風生，相互配合，各循其軌道運作，必能去除困難，永久不易。

33．天山遯 ䷠

遯即逃避、隱藏、遠離、不張揚之意。彖傳曰：遯，亨，遯而亨也。剛當位而應，與時行也。小利貞，浸而長也。遯之時義，大矣哉。而象傳亦曰：天下有山，遯，君子以遠小人，不惡而嚴。此卦二陰下，上四陽，有逃避之象，陰邪漸長，小人得勢，壞人當道，正人君子應當維持操守，潔身退避，不與小人共謀，不為小人所包圍，才是明智之舉，誠如象辭所言，山雖高乃不及天，所以，在見到事勢已不可為，宜暫退守，再恃機進取，以伸其道，正所以求致之溝通，不屈其道。得此卦，在人事物方面都應隱忍，謹言慎行，低調以對，也要避免創業，或是擴大營業，當退則退，不可留連，以待時機。

34．雷天大壯 ䷡

象傳曰：「雷在天上，大壯。君子以非禮弗履」。彖傳曰：「大壯，大者壯也。剛以動，故壯。大壯利貞，大者正也。正大而天地之情可見矣」。又序卦傳曰：「物退不可終，故以大壯授之」。由上所述，故大壯利於正直無邪，有壯大、強盛、固守正道、克己復禮，不可驕傲自滿之意。震上、乾下，其壯必有衰，有強必有弱，也可能物極必反，物之榮者反其寂，道之放者歸之懷，愈明則愈晦，愈減則愈益，陽盛將是陰衰之時，宜懂得消長之理，方能應對自如。大壯亦有動盪之象，天雷之聲勢驚人，氣勢過強，所以不可以自負，切勿輕舉妄動，以防盛極而衰。

35．火地晉䷢

象傳曰：「明出地上，晉。君子以自昭明德」。彖傳曰：「晉，進也。明出地上，順而麗乎大明。柔進而上行，是以康侯，用錫馬蕃庶，晝日三接也」。離上，坤下，為光明，前進之象。亦是發揚輝煌之能，升勝之時。康侯乃武王之弟，封侯康國，並頒賞眾多之馬匹，以表其治國有功。而晝日三接乃指天子接見諸侯時的三禮。所以，卦顯氣運旺，只要盡忠職守，就會被賞識提拔，一片光明之象，萬事如意，前途看好，得貴人之助，象徵計畫，買賣或交易有實現的機會。

36．地火明夷䷣

離在坤下，光明入於地中，是為明夷。故明夷有誅、傷、見不到光明、韜晦之意。象傳曰：「明入地中，明夷。君子以蒞眾，用晦而明」。彖傳曰：「明入地中，明夷。內文明而外柔順，以蒙大難，文王以之。利艱貞，晦其明也，內難而能正其志，箕子以之」。謂君子領導群眾，在黑暗時期，能夠韜光養晦，以避免受中傷，最終必見光明。而對大難要內心明智，表現柔順，有如周文王大氣度去蒙受大難。「利艱貞」則教人要委屈保全內在之明，有如商朝時之賢臣箕子，由於諫暴君無果，於是披髮佯狂為奴，以免禍端。所以，面對艱困時要收斂，不可鋒芒，以明哲保身，放低姿態，隱藏自己，忍耐自重，以待時機之到來。

37．風火家人 ䷤

象傳曰：風自火出，家人，君子以言有物而行有恆。巽風在外，離火在內，其象風由火之鼓盪而出，有如家人親愛和睦，同心協力，而且言語誠正，做事持之以恆。又象傳曰：「家人，女正位乎內，男正位乎外，男女正，天地之大義也。家人有嚴君焉，父母之謂也。父父，子子，兄兄，弟弟，夫夫，婦婦，而家道正。正家，而天下定矣」。男主外，女主內，各得其位，夫婦立，家道立，此乃因於風火相生之理，天地之大義。家人之間彼此互動和諧，言行亦合乎恆常之規範，是為齊家之象。同時也在教人凡事要先整治內部，然後才能有所作為，所謂攘外必先安內。

38．火澤睽 ䷥

火在上，水在下，天地異位，故有乖違、反省、背離、分離、背叛、矛盾對立之象。所以象傳曰：以同而異。彖傳曰：「睽，火動而上，澤動而下，二女同居，其志不同行。說而麗乎明，柔進而上行，得中而應乎剛，是以小事吉。天地睽而其事同也，男女睽而其志通也，萬物睽而其事類也，睽之時用大矣哉。」兑為少女，離為中女，二女之志不同行，有如水火不容，兩者情志各殊，背道而馳之象。萬物雖殊而各有其用之理，很多事物往往是事與願違，甚至相互有爭執，人情乖違，務必要抱持寬容的態度，異中求同，因異而致同，分工合作，因勢利導，始之同歸於正道。

39．水山蹇 ䷦

序卦傳曰：判必有難，故受之以蹇。象傳亦曰：「山上有水，蹇。君子以反身修德」。所以有阻滯；退守、陷阱、險難、窮途末路之象。彖傳：「蹇，難也，漸險而能止，知矣哉，蹇利西南，往得中也。不利東北，其道窮也。利見大人，往有功也。當位貞吉，以正邦也。蹇之時用大矣哉」。險難當前，見險而能止步，行末善於知止，知止而後有定。蹇象前有水，後有山，進退維谷，不可盲目前進，必須往西南坤處較有利，而對立的東北艮方是險象之所在，不可輕易犯險，要傳乎中庸之道，修正自己的缺失，才能化險為夷。

40．雷水解 ䷧

解有緩恕、緩解、解除、解救、決斷之意。序卦傳曰：物不可蹇於終，故受之以解。解，緩也。所以，不可鬆懈意志，不可苟且偷安。彖傳曰：「解，險以動，動而免乎險，解。解利西南，往得眾也。其來復吉，乃得中也。有攸往，夙吉，往有功也。天地解而雷雨作，雷雨作而百果草木皆甲坼，解之時義大矣哉！」世人宜由西南往東北推進，較易得眾人之支持。面臨險難，象示雷雨交作，陰陽和暢，大地得以紓解，滋潤而欣欣向榮流暢之象。「甲坼」，坼為裂開、破裂，故指草木初生，意謂困難即將獲得解決。然對於契約或婚約，卻是解約之凶兆。

41．山澤損 ䷨

兌下、艮上，有損失、折損之意思。彖傳曰：「損，損下益上，其道上行。損而有孚，元吉，无咎，可貞，利有攸往。曷之用？二簋可用享。二簋應有時，損剛益柔有時，損益盈虛，與時偕行」。盈者當損，虛者當益，然後一切才能均衡適當，公私交感，相繼為用。損卦之象，損下體乾陽，以益上體坤陰。「簋」是古時祭祀或宴客，用來盛黍稷等的圓形器具，亦人損得其當，祭祀貴在誠敬，非豐盛之餐。損亦指開始興旺，下面的人損失，上面的人得益，當損則損之象。

所以，唯有相互調節，彼此配合，反而可以減損。

42．風雷益 ䷩

序卦傳曰：「損不必益，政授之以益」。象傳曰：「君子以見善則遷，有過則改」。益卦與損卦相反，始損上益下之象，有衰之始、受益、增加、生收魚利、先賺後賠之意思。象傳曰；「益、損上益下，民說无疆、自上下下，其道大光。利有攸往，中正有慶。利涉大川，木道乃行。益動而巽，日進无疆。天施地生，其益无方。凡益之道，與時偕行」。象徵和順深入的作為，奮發的意志，順風而行，氣運亨通。所以，有機會就要馬上行動，不可猶豫，先付出才能有收穫，唯須注意不可得意忘形，或過分鬆懈，因益卦為衰之始。

43．澤天夬 ䷪

夬即剛決柔，決而不疑，決而去之，益而不已必決。決斷、解決、不測之災的意思。象傳曰；「夬，決也，剛決柔也。健而說，決而和。揚于王庭，柔乘五剛也。孚號，有厲，其危乃光也。告自邑，不利即戎，所尚乃窮也。利有攸往，剛長乃終也」。卦義大致上有如河流決堤，亦有除去水中壅塞物，使之疏通，另有抉擇、果斷、缺損及快速之象。示人在處理事情時，首先自己要正，尚德不尚力，再以公理及公道去集眾之力，以消除障礙，須防因自不量力而承受傷害，不可有絲毫的鬆弛，隨時保持警戒之心，君子道長，小人道憂，正義必戰勝邪惡。

44．天風姤䷫

卦象下巽柔上長而與剛爻遭遇，陰長而陽消，陰盛逼陽、失其和諧，故姤有不期而過、邂逅、交媾、淫女、美好、善解人意之象。彖傳曰：「姤，遇也，柔遇剛也。勿用取女，不可與長也。天地相遇，品物咸章也。剛遇中正，天下大行也，姤之時義大矣哉！」。姤卦為君臣相遇，是君得臣，臣亦得君，是君臣交卒，也表示不貞之婦，不忠之臣，故要止邪防淫，防意外之災難，防被屬下、小人或女人所害，而自認為志趣相投之朋友，亦暗藏禍心，姤卦對女人有利，對男人不利，亦不宜娶妻結婚，而且女人能力強，作風大膽，男人則懼內。

45．澤地萃䷬

澤在上，地在下，表示潤澤、聚合、凝聚、下順上、上應和下、豐潤萬物之象。序卦傳曰：「物相遇而後聚，故受之以萃」。彖傳曰：「萃，聚也。順以說，剛中而應，故聚也。王假有廟，致孝享也。利見大人，亨，聚以正也。利貞，用大牲，吉，利有攸往，順天命也。觀其所聚，而天地萬物之情可見矣」。既愉悅的聚合，而祭享祖先以致其孝思，豐盛富足、志同道合、團結和樂、天地萬物一片欣欣向榮，無往不利。值得注意的是象傳提示：「澤上於地，萃。君子以除戎器，戒不虞」，物聚澤難免錯亂，溫飽思淫欲，人聚易紛爭，因此要整頓兵戎器具，以防不測。

46．地風升 ䷭

下卦為巽，上卦為坤，均是柔順之卦，故序卦傳曰：聚而上者。象傳曰：以順德，積小以高大。故有上升、前進、亨通、循序漸進、順服、積少成多之象。象傳曰：「柔以時升，巽而順，剛中而應，是以大亨。用見大人勿恤，有慶也。南征吉，志行也」。既顯現植物的生長，人事的成長，職位的高升，財物的增多，甚至心性修養的提升，就必須按部就班地積極行事，而且要循序漸進，不可躁進，又因巽為東南，坤為西南，均座南方，故往南方有利。

47．澤水困 ䷮

升而不已必困，困卦為澤中有水，然困在澤中，為澤水漏到地下而涸乾之象，又陽爻為陰爻所包圍，且兑為喜悅，為柔，坎為落陷，為剛，故有困難、糾纏、邪壓正、好人被壞人所圍困之意。象傳曰：「困、剛揜也，險以說，困而不失其所，亨，其唯君子乎？貞大人吉，以剛中也。有言不信，尚口乃窮也」。「揜為奪，同掩，表示九四、九五被上六之陰所覆蓋而呈困苦狀態，僅有大人物能不失貞。一班人遇困境，硬要辯駁，修飾其辭，反而不能令人信服，因而導致窮厄之境，唯有堅守正道，隱忍以對，才能免於災難。

48．水風井䷯

序卦傳：「因乎上者必返下」。井有漸進、通達，又有深入、陷入、墮落之象。象傳曰：「巽乎水而上水，井。井養而不窮也。改邑不改井，乃以剛中也。汔至亦未繘井，未有功也。羸其瓶，是以凶也」。水為養命之源，有水才能生活，而改建村落，如沒有改造水井，如何生活？有水井而吊繩與吊桶不牢，也無法汲到水，提示人們凡事要有周全的準備，否則白忙一場，以維持現狀，守成為吉。若要創設新事業，恐會功敗垂成。

49．澤火革䷰

水在上，火在下，是火晒乾水，亦或水熄火，意謂相爭激烈，象傳曰：以治歷明時。序卦傳曰：井道不可不革。革有變化多端、變革、革新、取代之意。彖傳曰：「革，水火相息，二女同居，其志不相得曰革，己日乃孚，革而信之，文明以說，大亨以正，革而當，其悔乃亡。天地革而四時成，湯武革命順乎天而應乎人，革之時義大矣哉」。少女在上，中女在下，為水火相剋相息之象。亦有除舊布新、洗心革面之意。引申革新才有機會，也不可為了變革而變革，變革前必考慮周詳，並且要順乎天，合乎理，應民心。凡事改革得正當，乃能免於悔吝，更要避免因混亂而下錯決定，事無不察，則能應付自如。

50．火風鼎 ䷱

鼎為烹飪器，又是三腳兩耳的金屬器，古代作為傳國之寶。鼎卦為巽木之上有離火，故有烹飪、鼎盛、祭天、畜養、改正、鞏固之意思。象傳曰：「鼎，象也。以木巽火，亨飪也。聖人亨以享上帝，而大亨以養聖賢，巽而耳目聰明，柔進而上行，得中而應乎剛，是以元亨」。鼎卦內巽順，外離明，六五柔中，又得九二之剛相應，即是採用和順漸進之方法做事，運用智慧明察的方法做人，勤奮向上，如此便能在安定中求發展。也要注意鞏固現況，端正言行，蓄養人才，禮賢下士，必能亨通。

51．震為雷 ䷲

震有震動、激動、起動、驚恐、急速、動盪、爭相抗爭及奮鬥進取之象。象傳曰：「震，亨。震來虩虩，恐致福也。笑言啞啞，後有則也。震驚百里，驚遠而懼邇也。初可以守宗廟社稷，以為祭主也」。「虩」為恐懼的樣子，以上大意是說，打雷時，雖然令人驚恐，但能謹慎、沉穩的人，才能安其當安，不驚惶而不致把祭祀器物落掉，則可以當祭主。示人在面對重大變故或挫折時，能從容不迫，有如臨深淵，如履薄冰之心態去應對，將可使損失降到最低，足當擔大任。

52．艮為山 ䷳

艮為山有止、重重阻力、靜止、阻礙、轉換、背道而馳之意。彖傳曰：「艮，止也。時止則止，時行則行，動靜不失其時，其道光明；艮其止，止其所也。上下應敵，不相與也，是以不獲其身。行其庭，不見其人，无咎也」。既然險阻重重，強調凡事要知其所止，動靜自如，止於至善，適可而止，要有如如不動的氣度，不可躁進，也不可停擺，要知所進退，動靜不失其時，必得光明。心態不受干擾，自然沒有凶惡。

53．風山漸 ䷴

序卦傳曰：「物不可以終止，故受之以漸，漸者，進也」。漸卦有漸進、進展、不著急、按部就班、循序漸進、腳踏實地、欲速則不達之象。象傳曰：「漸之進也，女歸吉也。進得位，往有功也；進以正，可以正邦也。其位剛得中也。止而巽，動不窮也」。巽為木，艮為山，山上之樹木總是慢慢長成，不可能三兩天即成大樹，人也不可能一步登天，功成名就的人，必定是努力奮發，堅守正道，一步一腳印，千錘百鍊，穩紮穩打，所以，積德而能成聖賢，切忌投機或輕率急進。

54．雷澤歸妹 ䷵

序卦傳：進必有所歸。歸妹為女之有歸宿、婚媾、女嫁男、歸屬之意。象傳曰：「歸妹，天地之大義也。天地不交而萬物不興，歸妹，人之終始也，說以動，所歸妹也。征凶，位不當也。无攸往，柔乘剛也」。兌為少女，震為長男，女嫁男為天經地義的事。震雷在上，雷雨交加、雨水流歸湖澤，有了歸宿，有了結果之象。而少女跟在長男之後，女向男求婚，是為非禮之常。上下卦均為陰騎在陽之上，示夫妻失和，諸事不順之意。所以，行事要合乎中道，如果行為偏差，違反常理，不能順應時勢，難以成功。

55．雷火豐 ䷶

序卦傳曰：「得其所歸者，必大。故受之以豐」。故豐有豐盛、富裕、盛大、興隆、威嚴、並且帶有盈虛之象。彖傳曰：「豐大也，明以動故豐。王假之，尚大也；勿憂宜日中，宜照天下也。日中則昃，月盈則食，天地盈虛，與時消息，而況於人乎，況於鬼神乎」。此卦象看似豐盛，然太陽過了正午，日頭偏西，終會日落西山，月亮在滿月之後則缺。天地運行如此，人與鬼神亦不能違背天地自然之理。凡是盛極則無可更盛，所以，暗藏危機，須知盛極必衰的自然循環之理。

56．火山旅 ䷷

序卦傳曰：「豐者，大也。窮大者不失其居，故受之以旅」。又彖傳曰：「旅小亨，柔得中乎外，而順乎剛，止而麗乎明，是以小亨，旅貞吉也。旅之時義大矣哉」。旅有旅行、流浪、奔波、起伏、盛衰消長、雲遊四海、缺乏安定、起伏不定、困乏之象。所以，過程多波折，唯有提高警覺，處處小心謹慎，才能自保平安。又因事情雜亂，效率不彰，所以，要做充分的準備，以靜待時機。

57．巽為風 ䷸

上巽、下巽，皆一陰在二陽之下，所以序卦傳曰：「旅而無所容，故受之以巽。」巽者順也、有進入、滲透、隱忍、隱伏、疑惑、上令下行、謙遜、動盪、猶疑之象。象傳曰：「重巽以申命，剛巽乎中正而志行，柔皆順乎剛，是以小亨、利有攸往，利見大人」。強調不可優柔寡斷，要謹慎，不可輕舉妄動，切勿獨斷獨行，必須遵從長輩或長官的意見及指示，不可自作主張，才可避免出差錯。逢波折時亦要請示有才德的人，始可趨吉避凶。

58．兌為澤 ䷹

上澤、下澤，故有喜悅、依附、交流、柔和、辯論、互補、內實外虛之象。象傳曰：「麗澤兌，君子以朋友講習。」所以，要與人多交流，互相學習，必能互利互補。象傳曰：「兌，說也。剛中而柔外，說以利貞，是以順乎天而應乎人。說以先民，民忘其勞。說以犯難，民忘其死，說之大，民勸矣哉」。示待人處事要和悅真誠，內剛外柔，坦率交流，兩澤相依，喜悅和氣，互利雙贏。也要避免禍從口出，放縱逾越，堤防小人之甜言蜜語，以免落入陷阱，樂極生悲。

59．風水渙 ䷺

巽為風在上，坎為水在下，風吹襲水，故表示渙散、吹散、離散、流暢、起伏、聚散、舟楫之意。象傳曰：「渙，亨。剛來而不窮，柔得位乎外而上同。王假有廟，王乃在中也。利涉大川，乘木有功也」。風有流動的性質，其行多變，水有分解流動的性質，水性潤下，其行自降，不與上交，故旋離不易終合，有起伏及聚散現象，亦如人生消長循環，所以，自己要振作，用祭祖之虔誠心態處事，才不致使事態渙散。又因巽為木，有如船隻在水上航行，適宜渡過大川，一切將獲得紓解。

60．水澤節䷻

節有節制、節操、節約、克制、禮節、貞節、調節、忍耐之意。上為水，下為澤，沼澤儲水超過限度，溢出而造成氾濫，所以要堤防以避災，而行事無禮義，澤放辟邪侈。彖傳曰：「節亨，剛柔分而剛得中。苦節不可貞，其道窮也。說以行險，當位以節，中正以通。天地節而四時成，節以制度，不傷財，不害民。」天地間日月星辰運行有序，春夏秋冬四季各守其節，宇宙之運行不亂。為人處事如不節度，有如水氾濫而難以收拾，節度要適當，過與不及均有傷，過分強求，不合規範，必遭殃。

61．風澤中孚䷼

序卦傳曰：「節而信之，故受之以中孚。有其信者必行之。」故中孚有誠信、吉祥、感化、忠實、實事求是之意。彖傳曰：「中孚，柔在內，而剛得中，說而巽，孚。乃化邦也。豚魚吉，信及豚魚也。利涉大川，乘木舟虛也。中孚以利貞，乃應乎天也」。澤上有風，流行水面之上，風行水動，互相感應，又巽為順，澤為喜悅，有誠信、吉祥、感化之象。上下為陽，中二陰爻，表示中虛而無邪心，虛心以誠相待，能得他人之信賴與幫助，彼此心悅誠服，運勢得以好轉。「信及豚魚」，語義是祭祀時用豚與魚，最為表現簡樸與誠信。

62．雷山小過䷽

序卦傳曰：「有其信者必行之。故受之以小過。」故小過為過度、超過、小過錯、矯枉過正之意。象傳曰：「小過，小者過而亨也。剛失位而不中，是以不可大事也。有飛鳥之象焉，飛鳥遺之音，不宜上宜下，大吉。上逆而下順也」。指做人做事不可超乎常態，若超過了職務權責的範圍，或稍有過分之言行，就會招來禍害。又上卦下卦之陰均得中，所以，做小事有利，做大的事不吉；向上背離，向下順利；向前進背離，往回走正確。小過亦指正處於小小的過渡時期，所以，在驚恐中容易犯過錯，因而要小心謹慎行事，甚至以低調態度或以退為進方式因應，而信心不足或過度自信即難以成就大事，故應知所節制。小過卦為象形卦，兩陽象鳥之身體，四陰如兩邊之翅膀在拍動，象似小鳥在飛，所以卦辭以飛鳥作為比喻。而「遺之音」，意思是聽聞到鳥的飛翔鳴叫，而不見鳥的身影，喻在地上得以棲息安養，所以宜靜不宜動，宜下不宜上，處事亦如鳥之振翅高飛則凶。

63．水火既濟 ䷾

既濟有固成、完成、確定、穩定、得位、中和之象。象傳曰：「既濟亨小者，亨也。利貞，剛柔正而位當也。初吉，柔得中也，終止則亂，其道窮也。」又象傳曰：「水在火上，既濟，君子以思患而豫防之。」此卦六爻均在正位，六爻相比，二、五得中正，表示事情圓滿成功，而「終止則亂，其道窮也」，表示大局已定，內部之具體細節尚未完全落實，必須防備不穩定之因素，防患於未然，注意人心靜極思動，物極必反，故應力保成果，保持警覺心，居安思危，避免得意忘形而遭損。

64．火水未濟 ䷿

序卦傳曰：「物不可以窮，故受之以未濟終焉。」故未濟有水火不相容、相背、未成功、渡過困難、尚須努力、功虧一簣之象。象傳曰：「未濟亨，柔得中也。小狐汔濟，未出中也，濡其尾，无攸利，不續終也，雖不當位，剛柔應也」

。又象傳曰：「火在水上，未濟，君子以慎辨物居方。」未濟為尚有未覺之功，將來還會發生新事態，為水火相背，不相接處，不相為用，亦有承平之後而隱伏亂象，物質文明而精神危機之象。水火沒有交集，處在成功與失敗之臨界點，不代表絕對成功，也不是沒發展。亦可能潛藏危機。另亦喻小狐狸在旱季河水乾涸之際欲渡水，貿然下去，濕了尾巴，甚至落水，受其害。示人凡事要審慎判斷，妥善計畫，充實自己，面對困境時才有成功的機會。

三、觀象與取象

易經的制作，是以天地為參考的模型，並普遍涵蓋天地之法則，上觀天文現象，下察地理形勢，都在顯現象，所以，周易的主體精神之一就是「觀象」，觀象不能太過相信眼睛所見到的象，否則容易著象，觀象且須要全面，不可將某一角度之象，一時之象，某一層面的象，或是表面的象，即當作是真象，何況現象未必即是真象。而客觀的事物即是象，所有人事物的互動也是象，心裡有數是象，境界與智慧也是象，所以，觀象最忌擇其片段或以偏概全。

六十四卦，三百八十四爻，由一陰一陽的符號組合，都能包羅時空萬象，闡釋天人義理。六十四卦所以能具備萬物萬事之象的道理，有其事物，必有其象，所以，六十四卦都在言「象」，而且卦象有其進化之序列，其起伏變動，亦通用於天地間之事物，觀察卦象又附上解說，用以彰顯吉祥與凶禍，藉由陽爻與陰爻互相推移而展現變化，合乎天理、事理、地理、物理。而且從象數之推移，即可明其理，而察其用。甚至再加上併同二卦以上與言某卦變某卦，或是某卦交某卦的兩卦之象連結類求新象，又以類推的簡易邏輯方式，由一卦既成之象，進一步類推它象。

觀象必須把握幾個要領，首先是觀象必先倚數，因為在未生象前已有數，成象之後亦有數，象準於數，任何數字都有其真義及其隱含的吉凶，一切的推演，均在六畫卦之六爻虛位上周流顯現，而且因為象繁雜而不定，都可因數而定。其次就是不可忘易之義，由於八卦之象，均是交錯以呈現其象，事物都有異同或離合，萬物類象也各有別，物有正反，事有利弊，所以要掌握不易是易義之體，交易變易為用之法則。再來就是要辨別陰陽、剛柔、前後、進退、上下、消息以及變化之象，審察其情偽，及其相互之關係，進而可衡量輕重緩急，榮枯盛衰，掌握進退之道，明其趨避得失。

觀象必先要明定其體象之所在，其所由何來。例如風地觀，卦辭有如我們看了花草樹葉的動態，即知風吹動的方向，引申從某些方面的現象即可得知事態之所由。最後就是要明察象的所在之處及其相關之原因，六個爻本代表天人地，也是描述事物處境及發展變化之過程，動爻之出現，便產生相關之現象與互動關係，並且得知旺相休囚死，明察得時、得位、得用否？

古聖先賢伸引觸類以取象，作八卦以類萬物之情，八卦作為萬有存在的一切法象，其八種象類本是一種類比，類萬物之情，故一物推為某卦，所引申之觀點往往稍有不同，取象之方式也有幾種方法：

㈠　互體取象

六爻共成一卦，取上下兩卦外的三爻互體之模式，隨取六爻中的任一卦象組成，隨取三爻互體取象，而使卦爻義及辭義得到合理的解釋。

㈡　以卦變取得之卦為互體取象。以及以爻位變動的新卦為互體取象。此法雖是為了使互體取象更為有彈性，但是如果沒有明定探取卦變或爻變的時機與方式，以及那幾爻作為互體取象的依據，容易陷入繁瑣，或者牽強附會的不合理現象。

（三）以八經卦的基本性能取象。即以大自然的觀象，天、地、雷、風、水、火、山、澤八大景觀，例如離卦，為一陰二陽，屬於陰性卦，陰爻在由下往上的第二位，是為中女，基本性質為麗、為火、為目，可引申為太陽、光明、眼睛、裝飾、度量、心臟、飛鳥、龜、蟹、母牛等。

（四）以八經卦的大象取象。即用來解釋各卦的卦象和爻象者，可謂「易為君子謀」，其註解方式主要以上下二體的八卦卦象為啟發，強調行為指導，有明示者，都在每一卦註解的開頭，先說卦象，次說卦名，取象以自然類象為主，如乾為天、坤為地等。至於暗喻者，在卦名之後多為君子勵志之言，宜參考《象傳》才易取於象，大致上是卦象和卦義的引申闡述，或補充解釋，也可能直接以八卦卦象來推演立論。

（五）以事物的形狀來取象。例如，火雷噬嗑（䷔），好像嘴巴裏有食物的樣子，如果參考彖傳：「頤中有物曰噬嗑，噬嗑而亨。」就比較能理解其象意。

（六）以卦的性情取象。《說卦傳》裡均有提及，可以說是一種卦德類象，例如，乾健也，表示乾卦是強健、剛健、純陽至尊、積極、堅硬、激烈、高傲等。

（七）以綜卦取象。即將本卦各爻位置順序顛倒，但陰陽不變，即為綜卦，例如地雷復（䷗）的綜卦為山地剝（䷖），大致是從事物的反面來看事物的發展變化，但與本卦有著共同基礎上的局部不同，可以觀察來自不同立場的相互關係，可以更清楚的看出因果演變。

（八）以錯卦取象。即將本卦各爻位置上的陰陽互換，所得出的卦就是錯卦，代表雖然立場相同，但目標不同、看法不同，所以，有時會是絕對的對立，相互矛盾，有可能相輔相成，協調合作。

（九）以互卦取象。即將本卦中的三、四、五爻作為上卦，將二、三、四爻作為下卦，組合此新的上下卦，就是互卦，互卦之卦象和卦意，代表事情在發展過程中，內部的交互關係以及安危得失，互卦的下卦也代表主觀卦象，上卦代表客觀因素。同時對於卦象之起源，以及可能的變化有著很大的影響。

（十）納甲之象

納甲，即天干以甲為首，將天干十數納配於八卦之中以相比附。此納甲之法始於西漢京房。《京氏易傳》卷下，用以創立八卦六位系統，並結合「卦氣說」—

，以用於占驗，方法是以甲配乾下卦三爻，乙配上卦三爻；以壬配坤下卦三爻，癸配上卦三爻；其餘之震、巽、坎、離、艮、兌六個卦則各以一干配六爻，如庚配震卦六爻，辛配巽卦六爻，戊配坎卦六爻，己配離卦六爻，丙配艮卦六爻，丁配兌卦六爻。

（十一）消息之象

消息之象是指在六爻卦體中，陽長陰消，陰長陽息的循序更替變化過程，作為卦變的一種方法。即陽爻由坤為地卦的初爻依次往上爻變化，以替代陰爻直到上爻，而成為乾為天卦，這叫「息」。陰爻由乾為天卦的初爻依次往上爻變化，以替代陽爻直到上爻，而成為坤為地卦。這種陰爻進入純陽的乾為天卦，起到取代陽爻的作用，是陰氣盛長的過程，也是陽向下衰敗之象，這叫「消」。這就形成了十二消息卦，依次為地雷復（☷☳）、地澤臨（☷☱）、地天泰（☷☰）、雷天大壯（☳☰）、澤天夬（☱☰）、乾為天（☰☰）、天風姤（☰☴）、天山遯（☰☶）、天地否（☰☷）、風地觀（☴☷）、山地剝（☶☷）、坤為地（☷☷）。在陰陽消息的變化過程中，與節氣時序的變化有關連，也就是曆法上的二十四節氣。讀者可參考《周易集解》的說明。

（十二）逸象

所謂逸象是指在《說卦傳》中所沒有提及的有關八卦之喻象，由於漢朝是中國歷史上經學研究最發達興盛的時期，所以逸象也大多是漢代易學家對原有八卦象例的衍申，尚有參考價值，比較有影響的逸象大致有三類：

1．《易林》逸象，《易林》為西漢焦延壽所撰，在由尚秉和先生撰《焦氏易林注》以《周易》卦象注釋，又撰《焦氏易詁》，以《易林》逸象解說《周易》，其中與《易》有關的逸象如下：

乾為日、河海、虎、南、大川、石、山陵；坤為水，河淮河海、蛇、魚、風、雲、北、淵、逆、毒、志、心、憂、勞、原、墟、疾病、茅茹、野、郊；震為君、公、父、武、隼、鶴、樽、南、壅、鴻、旗、射、爵、老夫、姬、商旅、周、胎、征伐、乘、飛翼、登、舟船、罐、瓶、狩、田、東北、孩子、華、羽、山陰、萌芽、嘉、袂、翰、斗、發、虛、福、歲年、藩、鄰；巽為母、少妻、姜、家、豚、齊、蟲、爛、腐、病、敝、枯、疑、隙、疑、漏、冠戎、盜賊、餗；坎為首、大首、筮、肺、鬼、泥、孤、夫、西、矢、食、肉；離為星、膚、東、巷、金；艮為火、隼、牛、豕、鳥、龜、貝、啄、斯所、祖、臣妾、角、臣、面、鴻、邑邦國、負、金、貴、床、壽、光明、簪、西北、枕、巢、刀劍、天、終日、穀、童僕；兌為月、雨、井、雞、燕、魯、穴、耳、酒、老婦、資斧、兵戎。

2．「九家逸象」，為東漢末的荀爽《周易注》，另列《說卦傳》八卦象所無之卦象，計有三十一象，乾為龍、言、直衣；坤為牝、棠、方、迷、囊、漿、帛、黃；震為王、鼓、鵠；巽為楊、鸛；坎為宮、棟、狐、律、可、蒺、蔾、叢棘、桎梏；離為牝牛、象；艮為鼻、虎、狐；兌為常、輔頰。

3．「虞氏逸象」，漢末三國時代的虞翻《易注》所不見於《說卦傳》八卦象，經史家輯錄，八個卦之逸象將近有五百個，其在取象的領域中，有述及「月體納甲」、「互體」、「半象」、「反象」、「兩象易」者，其特色是依經立註，以象解經，其對卦變的論述以及「取象」領域的補充，均有顯著的貢獻。虞翻所涉略的逸象，亦配合卦變、爻變之條例以為用。其中乾卦八十例，坤卦一百一十例，震卦五十六例，巽卦四十四例，坎卦六十九例，離卦二十九例，艮卦五十二例，兌卦十六例。

(十三) 複合時空之象

易經六十四卦，三百八十四爻的排列組合，代表著萬事萬物中陰陽關係錯綜複雜現象，也代表人事物的發展與變化，兩儀不只是陰陽的法則，也是對待關係，兩者之間具有相對性和靈活性，陰陽兩者相互對立、相互統一、陰陽互根、陰陽相推，例如，少陰雖名為陰，其內在還有陽，只是陰多陽少而已。事物陰陽屬性也並非絕對不變，隨著時間和場合之不同而有改變，而且與自己的對立面去比較或相應，例如離為火為陽，坎為水為陰，但以卦性而言，離卦二陽一陰，為陰卦，坎卦二陰一陽，為陽卦，人之身體五臟六腑亦有陰陽屬性，所以，陰陽對立亦交感而達統一和諧。

本卦、變卦、互卦、綜卦，有如一個複雜的網路結構體，正因為陰陽關係的相互作用與變化，沒有一個事物可以脫離其它相應事物的存在，變化或作用，而能獨自存在著。由於科技技術日新月異，物理、化學、工程、基因、生態、文化、思想、AI，量子等，因而產生了許多新的文化、技術、產品、事物，加上象界學所論述的文明產物，均是複合時空之象。

四、象釋義

八卦為推定萬物萬事的根本，在天成象，在地成形，從觀物取象，以類萬物之情，作為分類和分析事物的方法，是一種認識世界的手段和方法，將萬物依類，引而伸之，觸類而長之，擬物之象，賦予八種自然事物的基礎下，加以引申區分，依其形或共情相似者為同類，「象」不僅是易經卦爻的本源，也是《易傳》表象達意的工具，《易經》乃以「象」表意，立「象」盡意，所以，王弼說：「觸類可為其象，合義可為其徵」。

《易》乃透過「象」的運用，以闡明《易》義。《象傳》分為《大象》和《小象》，說明《易經》各卦的卦象、爻象，說明卦象的稱為《大象》，將六爻組成的別卦，還原成三爻組成的經卦，以八卦所象徵的天、地、雷、風、水、火、山、澤等天地之象來解釋卦象及卦名的涵義。《小象》是在說明爻象，主要以各爻位置之不同來解釋爻辭。易經藉由取物反應在卦爻辭的吉凶休咎之中，所以，六十四卦以及陰陽爻本身就是一種「象」的符號系統，卦爻辭的文字內容，也必多有「象」的成分，關聯各象的內涵，以表徵和詮釋卦的意思，這就是以象釋義。

《繫辭傳》：「象也者，言乎象者也」，是總一卦之大義，由卦象來展現。而「爻動乎內」是指爻的變動，而產生不同的爻象，又因爻之變動，也產生不同的卦象，一卦除了原本已定的卦象外，藉由動爻卦變，互體，錯綜關係所形成的其它卦象，更強化象之運用與論述。更具體的是合二卦以上之象而得新象，或一卦之象類推它象和多卦取同一卦象，或是不同爻位與上下不同卦位所呈現的不同卦象。甚至在本卦無法取得所需之象，則以卦變或動爻取用非本卦之象。

一卦本身即存在在著四個基本的卦象，一卦六爻可藉由互體已呈現四個基本的卦象，即朱震所謂「一卦含四卦，四卦之中復有變動，上下相揉，百物成象」。例如地火明夷（䷣）至少含有坤、離、坎、震四卦之象。互體足以展現陰陽變動之性的具體化形象。在解釋地火明夷卦卦辭：「明入地中，明夷。內文明而外柔順，以蒙大難，文王以之。利艱貞，晦其明也。內難而能正其志，箕子以之」夷為傷害、誅除之意，地在上，離在下，光明入於地中，是為明夷，「利艱貞」就是要韜光養晦，暫時之委屈以保全內在之明。箕子諫言商紂而不聽，於是批髮佯狂為奴以免禍端，正其志。象傳又曰：「明入地中，明夷。君子以蒞眾，用晦而明」，卦象就更清楚。

三爻卦反映一物之形體，八卦符號擬象，透過陰陽符號，窮盡天象至理為天下事理，把宇宙中的萬事萬物，抽象籠統地歸結到八個系統符號中，所以說：聖人有以見天下之賾，而擬諸其形容，象其物宜，是故謂之象。觀象於天，即觀察日月星辰，晝夜四時變化，觀法於地，即大地萬物的變化，由卦體而知卦象，同一個卦體，可能不止一象，以六爻之變得其卦體卦象，只要爻動、位移，就影響到象的變化及辭義，易象中不只可以觀察一切事物發展演變過程，從卦爻辭中得知天地之道，也能明吉凶，知其至理，明其義。

五、象之類別

易經六十四卦，三百八十四爻，皆是以喻象來展示哲理，易之為書，其道其辭，皆由「象」出。易以類萬物之情，但萬物各有所本，明其本象，則萬物之象皆明。

茲就象之類別分論如下：

（一）陰陽二畫之象

即以（⚊）與（⚋）兩種符號喻示天地萬物間對立、互根、一體的關係，萬物萬事莫不在陰陽二氣下孳滅，為天地間化育之兩大動力，也是兩種相復相成之基本元素，例如日月、乾坤、上下、左右、剛柔、大小、寒暑、先後、雄雌、奇偶、逆順、日夜、內外、動靜、男女、輕重⋯等。

㈠ 八卦之象

宇宙之道源於陰陽。宇宙萬物均由陰陽二氣所生，二儀生四象，四象生八卦，八卦即由八種三畫的卦形來喻示天、地、雷、風、水、火、山、澤八種物質形態。至於取象的客觀依據，請參閱本書第二章之八卦類象單元。

㈢ 六十四卦之象

八卦重卦得出六十四卦，各卦之卦義，卦象請參閱第二章之六十四卦象意單元。

㈣ 三百八十四爻之象

爻象變化複雜，各有其特定之象徵實體，又因陰陽、居位、位次、性質、爻距等之不同，而各有特點，區分如下：

1．爻位得位序特徵

初爻象徵初始發端、宅墓、足、井、百姓等。

二爻象徵嶄露頭角、宅、股、灶屋、鄉長等。

三爻象徵功業小成、中門、腰、房、縣長、部長等。

四爻象徵新進高層、大門、脅、門、院長、部長等。

五爻象徵圓滿成功、路、心、路、總統等。

上爻象徵發展終極、遠方、頭、宗廟，退位元首等。

2．爻象的三才特徵

將六個爻兩兩並列，由下往上，分別代表地、人、天，《繫辭傳》：「易之為書也，廣大悉備，有天道焉，有人道焉，有地道焉。兼三才而兩之」，《說卦傳》：「昔者聖人之作易也，將以順性命之理，是以立天之道曰陰與陽，立地之道曰柔與剛，立人之道曰仁與義，兼三才而兩之，故易六畫而成卦，分陰分陽，迭用柔剛，故易六位而成章」。

3．爻象的當位與不當位特徵

在六個爻中、初、三、五為陽位；二、四、六為陰位，陽爻居陽位、陰爻居陰位，稱「當位」，如陽爻居陰位，陰爻居陽位，「不當位」，當位即得位，象徵事物的發展符合規律，守正道；不當位即失位，象徵違背正道，不符規律，但當不當位，並非是絕對的吉或凶，多在警醒或誡勉因果循環之道理。

4．爻象的「中」之特徵

在六個爻中、二、五爻分別為下卦及上卦之中位，陽爻居五位，象徵中道、中正之德，陰爻居二位象徵柔中之德。

5．爻象的承、乘、比、應之特徵

凡是下爻緊承上爻謂之「承」，尤其是陰爻上承陽爻，象徵柔弱順承剛強；上爻乘凌下爻，謂之「乘」，如陰爻乘在陽爻之上，象徵弱乘強，小人囂張得勢；逐爻相比並列，謂之「比」，即初爻與二爻比，二爻與三爻比，逐往上移，象徵事物處在相鄰環境時的作用與反作用現象；在六爻中，一與四爻、二與五爻、三與六爻相應，如彼此間對應之爻一陰一陽則交感，謂之「有應」，以上均可顯示事物變化發展之現象與利弊。

(五) 卦辭之象

卦辭為解釋一個卦之卦象及其意義，卦辭共有六十四條，內容涵蓋自然現象變化，人事物得失，歷史人物事件，吉凶斷語體例。

(六) 爻辭之象

爻辭在解釋每一爻之意義，例如乾卦初九為潛龍勿用，即是乾卦初爻的爻辭。爻辭通常都結合爻、位、乘、比、應等易理作用判斷之取捨。

第三節　卦、爻、象之關係

《繫辭下傳》：「爻象動乎內，吉凶見乎外」，又曰：「易之為書也，廣大悉備，有天道焉，有人道焉，有地道焉，兼三才而兩之，故六。六者，非它也，三才之道也。道有變動，故曰爻。爻有等，故曰物。物相雜，故曰文。文不當，故吉凶生焉」。八卦乃伸引觸類以取象，以類萬物之情，其八種象類本是一種類比及推類的結果，而一個事物的存在，並非只有該事物的獨立概念而已，必與其所處的時空環境及狀態有關係，而且不以此一卦為限，可以是多元的用象方法，同時卦所呈現的變化，也不是限於該卦，同時可衍生它卦它爻而產生更多卦爻象，卦爻象之體系本就錯綜複雜，執著於本卦或一卦，無法申明卦義，必須藉卦爻之變，以及象之類推與交錯，才可循卦爻之辭以闡明易之義。所以才有「爻象動乎內，吉凶見乎外」之說，例如地天泰卦（䷊），二、三、四爻為兌，三、四、五爻為震，四、五、六爻為坤，依後天八卦方位之分佈，成左、右、民（大眾），三卦連體相互，所以《象傳》才說「左右民」，又上卦為坤，為民、為大眾，為左，下卦為乾，為君，為君子，為右，故曰「左右民」，又外卦往，內卦來，來往相為用，所以，卦爻象之變化多端，可以從某一卦，某一爻、卦之前後爻位、爻位之內在變化去找尋卦爻辭所用之象。

在揲著的成卦過程中，每一卦都是一爻一爻由下往上之順序推算，分別是初、二、三、四、五、上爻，這個初爻與上爻是有內涵的，初為初始，代表的是時間，上爻為至上，結束，是空間之概念，也是上下、尊卑之意。另外陽爻為九、陰爻為六，乃陰六爻的陰陽符號是由數字卦演變而來，九、六即為數字卦中的一和六兩個筮數。

卦辭在統論一卦的吉凶與事理之線索，爻辭則記載六爻之吉凶，以及推求事物的端倪之不同時機、階段或是相對位置的變化。《繫辭上》：「象者言乎象也，爻者言乎變者也。吉凶者言乎其失得也，悔吝者言乎其小疵也，无咎者善補過也」。「象」是在斷定一卦的意義，闡述吉凶悔吝，得失福禍之理。

一卦既由六爻組成，當然可以三爻互體成象，取上下兩卦外的三爻互體，看成一個重卦，取卦得象，而取六爻中的任一卦象，這種互體取象，使得卦爻義與辭義之解釋更合理。此互體之象在宋朝朱震《漢上易傳》有詳盡之論述。事實上，以卦變、爻位變動或其它變易之方式的互體取象，是否符合象義，以及其互體之時機，爻位或方式之取捨，須合理的拿捏，否則易造成牽強附會。

卦、爻、象三者是連動關係，卦變則象變，爻變則象變，象變當然是因卦、爻之變造成。卦便是指每一個卦依其陰陽之數，卻又一個起源卦所變化而來。可分為六種型態：

一陽五陰：自地雷復（䷗）而來，共有六個卦。

一陰五陽：自天風姤（䷫）而來，共有六個卦。

二陽四陰：自地澤臨（䷒）而來，共有十五個卦。

二陰四陽：自天山遯（䷠）而來，共有十五個卦。

三陽三陰：自天地否（䷋）或地天泰（䷊）所變來，各有十個卦。

六十四卦除乾坤天地二卦不再卦變之內，故卦變共有六十二個卦。

其變之順序從初爻起，例如天風姤卦（䷫）為一陰五陽，天火同人為姤卦初六升到二位成為六二，九二下降成初九，最後兩爻相易而得。天澤履為姤卦初六升到三位而成，餘類推。

六十四卦當中，最沒凶象的是地山謙卦，代表圓融、固成、安定之象。至於爻變則依某爻之陽變陰，陰變陽，再取其爻變之後的卦象。但如前述，如每一爻均可以隨意變，且套入互卦、綜卦、錯卦等，雖可取多種卦象，也易造成亂象。

一、卦象關係

所有的象都是表現本質，所有的本質都通過現實體現，易有理而後有數，有數而後有卦，有卦則呈現出象，理為太極、陰陽；數即河圖、洛書、著大衍之數；卦即八卦，八卦重為六十四卦，象如乾為天、為馬。為何要有卦象？因為文字無法具體描述萬事萬物的現象，書不盡言，言不盡義，有些象甚至是抽象的，是一種境界，一種節度，可以說，有其事物、必有其象，正因為易之道，始於象，先賢仰觀天地，俯察地理，近取諸深，遠取諸物，博取萬象以畫卦，象悉現於卦中。立卦以盡意，設卦以盡情偽，八卦成別，重為六十四卦，萬象其中矣！所以，卦象是先賢依據大自然現象所演化而來，卦象即是萬事萬象發生交互作用所產生的各種現象，也是由觀物取象而反映在卦爻辭的吉凶休咎之中。

從象的直觀而言，往往不是單象，象多具有群義，也就是對於事物含有兩種，或多重意義，象界學所論述生活中的象，絕大多數也是多重象。六十四卦以及陰陽爻本身就是一種「象」的符號系統，與象實為一體，不能脫離象而單獨存在，也就是陰陽的概念是因「象」而存在，象其形容，將陰陽的概念展現在卦爻的意義上，並透過卦畫及卦爻辭呈現出象來。所以，卦畫的符號，本身就是一種「象」，同時卦爻辭也顯現「象」的意涵，以表徵並說明所占得之卦的現象。

八卦乃從觀物取象，以類萬物之情，擬物之象，象其物誼，賦予八種自然界之事物的基礎而引申。八卦之用象，主要以《說卦傳》為依據，而卦象是在總一卦之大義，爻象則因爻的變動，產生不同的爻象，同時也影響到卦的變動，並產生不同的卦象，所以，觸類可為其象，合義可為其徵，取象用象也就更加廣泛。任何卦除了其原來之卦象，會因卦之變動，而產生不同的卦象，例如：以一卦之象去推類它象，合二卦以上之象而得出新象，多卦取同一卦象，上下不同之卦位所呈現之不同卦象，不同爻位之象，以及由互體及卦變所生之象等。對於卦象的取得，宋代更是盛行，並廣用卦象以釋義，卦象之取得，另有動爻、互體、反卦、伏卦、半象等方式，把「變化之道」發揮得淋漓盡致。

八卦本義重卦之上下卦的卦象為主體，藉由互體之用象取象，即能呈現四個基本之卦象，也就是選取連續的三爻以聯結出一卦之卦象，例如地火明夷（䷣），即含有坤、離、坎、震四卦之象，如果再與動爻、卦變、反卦、伏卦等方法結合，藉由本卦變易之後的卦爻來取象，則變化更為細緻多元，更能體現陰陽變動之性的具體化形象。

卦象關係主要在於爻的性能變化，所謂「爻象動乎內，吉凶見乎外」，而爻位的變動，端視卦象的需要而動，意即卦象的取得方式，主要是透過動爻。至於半象，是以兩爻表徵一卦而取之；至於伏卦，即一卦成一爻並不僅限於此爻卦，實者陽爻伏隱著陰爻，陰爻也伏隱著陽爻，陽卦伏隱著陰卦，陰卦亦伏隱著陽卦，八個基本卦乾、坤、坎、離、震、巽、兑、艮，彼此也是相互為飛伏，顯見者為「飛」，伏隱者為「伏」。三爻卦本就反映一物之形體，從卦體可知卦象，並從六爻之變化，得出其卦體卦象，卦體指的是一個卦中的基本單位或組成部分，是一個卦中的單卦或六爻卦，為構成立卦的基礎單元。而卦象是包含多種意義和多種事物，如果再以卦變、動爻或其他方式取用非本卦之象，即以六爻之變得其卦體卦象，則象之變化更加多元。所以，卦象可以見天下至幽至隱，無所不包之理，得其象以見天下之賾。

所謂「易者易知，簡則易從」，易經之所以要有卦象，因為不可能用文字去完整描述世間各種事物的現象，沒有卦象，無法從爻辭中得知天地之道，無法見吉凶之變，有卦象，才能對卦爻辭有所理解，才能以傳釋經，知其象義之道，釋辭述義以呈現八卦用象，有象才能體悟，才能顯現道理。例如山水蒙卦，六五童蒙，吉。六五以陰質，居君位而降與九二相應。其雖身處尊位，仍具謙遜之德，六五因秉巽順之德，象童穉之蒙，不自任其聰慧，而下學九二剛中之賢者，故象傳曰：「童蒙之苦，順以巽也。」

卦象的形成，都藉由兩個卦象的組成或變化而來，這在宋代最為盛行，而《周易》卦爻辭擬象，或擬萬物的雜象，或擬自然界的陰陽之象，或擬人事為象。透過卦象之互體，取用、類推、併象，卦與卦的聯結，組合或推演出各種新的卦象。而衍象之法，務須牽合辭義，並認定字辭皆由象生，演象有其明確的思路與合理性，否則易生穿鑿附會，掠象求義之弊病。不管是組合或推衍新象，大致有以下六個形式：

(一)　象本存在卦中，而卦與卦間亦有伏隱關係，或是乾坤與六子卦的變化關係，所以二卦之互變亦能顯其新象。

(二)　各卦有各卦之象，其聯結關係的變易特性，在一卦交某一卦，使彼此之本象因相互的影響，而產生新的卦象。

(三) 將二卦合併而為新象，這種成象的方式，大致是類比於卦爻辭之象以推定，得以有更多的成象管道。

(四) 將一個卦之約定成俗的象，類推出它象。易以變動為本，各卦皆處在隨時變動的情態之中，六十四卦本身就是卦之類推而來。

(五) 一卦之象因具有多個卦所可以表現出的共同特質，即一物為多卦所包，使多卦成為此卦象，而可多卦同用一象。

(六) 易經六十四卦，每卦都有其屬性特質，皆是以喻象來展示哲理，也都能表現出陰陽在不同時空下所運化的變化概念，即使因其處位之不同，其所呈現的卦象差異，也不能脫離此卦的基本屬性，所以，不同的卦位或不同的爻位，必然會呈現不同之卦象。

欲探究卦象，必須從其卦之前後爻位或爻位的內在變化上去推定，因為卦之初爻至上爻本有其始末先後之別，即陰陽運化的先後之異，所謂「三多譽，四多懼」，「三多凶，五多功」，意謂二與四爻同功而異位，不同爻位的變化所建構出的卦象，所聯結出的實質意涵就不同，加上陰陽剛柔居位之不同，所呈現的吉凶也不同，卦象也有差異。如以成卦言之，上為首為前，初為尾為後。以畫卦言之，初為始為本，上為終為末。很多的卦象更要從與之相關的卦當中去找尋，加上分位有別，上為終為末。很多的卦象更要從與之相關的卦當中去找尋，加上分位有別，則成象亦有別，卦處不同之爻位，即呈現出不同之象。六十四卦的卦辭，為總括一卦的象徵旨趣，象喻文字簡約，都是針對特定的卦形而擬寫的象徵性文字，而卦爻象的形成變化多端，難以僅從單一個爻或卦就可以尋找卦爻辭所用之象，畢竟一個事物的存在，並非僅是各該事物的獨立概念而已，必定與該事物所處之時空環境，而與事物共構成關係網路，此一事物的現象與存在意義，絕無法置外於其時空關係上，因此不管卦變或爻變，一卦著其卦象，一卦表徵其一態樣，從多元的用象方法，自然產生複雜的成象之類推比附，更能闡發深奧隱微之大義。

二、卦位之象

陰陽對應統一是對待一事物及易經最根本的思想，沒有一個事物會孤立、靜止存在著，別卦六爻，分為上下二體，卦象標示出此卦內陰陽之變的重要內涵與本質，例如乾為天之象，反應乾卦純陽至尊，剛健，自強不息之性，這種卦象所呈現的陰陽運化之下的屬性特質，本質上不會因為卦象所處之位的不同而改變，通過爻的位置，由下往上全面表述事物的特質、狀態、規律及發展變化過程，還可以透過內部經卦之間的組合結構，狀態之差異，全面的表述事物間之關係及其狀態。不論是上下卦或是一卦六爻之位，皆表現出陰陽在不同時空下的變化概念。因此，一卦其所處之位的不同，所呈現的卦象也會有差異，然此差異不能脫離它的基本屬性。

上下二卦可表述全部對應過程，六爻能表述任何環境條件下相互對應事物間組合及變化狀態，也能顯現事物的共性規律、本質、屬性及其相互作用關係的必然性。例如「錯綜複雜」，所指的就是在一卦之變化體系中的錯卦、綜卦、復卦、雜卦，卦象變化所構成的體系是非常龐大且複雜的，欲理解易學中的各種卦變規律，顯然並非易事。

透過六爻卦即可以從各個方面的事物，其所呈現的內外、左右、前後、上下、遠近、好壞、往來、主次等，去瞭解或表述事物發展變化的過程與規律。茲簡述如下：

（一）卦的內、外表述關係與位置。

下卦即內卦，上卦即外卦，事務的發展變化往往是由下往上，由內向外。內卦可以表述事物的內部組成部份，外卦為表述事物的外部組成部份，此上下二個經卦重疊在一起，可以表述內外兩部份的事物，上下只是相對概念，並沒有比重關係。

(二)　卦的左、右表述關係與位置。

下卦表示事物的右部，上卦表示事物的左部，上下二卦重疊組成一個六爻卦體，以表示左右二部份的事物，其左右只是表述事物的分布狀態與組合結構，左右並沒有固定的對應模式。

(三)　卦的前、後表述關係與位置。

上卦表示事物的前部，下卦表示事物的後部，上下二卦重合，可以表示前後二部份事物的局部或整體的過程與狀態，這種現象也沒有固定的對應模式。

(四)　卦的上、下表述關係與位置。

在上的經卦可以表示上部的事物，在下的經卦則表示下部的事物，二經卦重疊即表示上下二部份的事物。此上下二部份事物也沒有固定的對應標竿或比例。

（五）卦的遠、近表述關係與位置。

下卦表示近處的事物，上卦表示遠處的事物，上下組合成的六爻卦，即表示遠近部份的事物，《系辭傳》：「古者包羲氏之王天下也，仰則觀象於天，俯則觀法於地，觀鳥獸之文與地之宜，近取諸身，遠取諸物，於是始作八卦，以通神明之德，以類萬物之情。」此遠近亦只是概括性，並無固定的過程或對應標準。

（六）卦的好、壞表述關係與位置。

下卦表示好的方面，上卦表示壞的方面，《易傳》曰：內卦貞、外卦悔，《象傳》即《象傳》是以「正」來界定貞，有貞固、貞正、堅定之意，悔則有悔恨之意思，占辭即有貞吉、悔亡之述，貞悔是相對的概念，上下兩卦合在一起，可以表述整體事物好壞的情況。例如天地否（䷋），天在上，地在下，陰陽不相交：萬物不通，上下不交，天下無邦，內陰外陽，內柔外剛，內小人而外君子，小人之道長，君子之道消也。

（七）卦的往、來表述關係與位置。

往指上卦，更指由下往上或由內往外發展變化的過程，來指下卦，泛指由上往下或由外往內發展變化的過程，上下二卦重合，即表示事物的往來狀態，例如天地否卦，乾卦從內卦去外卦是往，坤卦從外卦去內卦是來，乾陽為大，坤陰為小，所以卦辭說「大往小來」。又如澤山咸卦，九四貞吉，悔亡。憧憧往來，朋從爾思。九四介於三陽之中，可以外往而就五，也可以內來而就三，故有心志憧憧不定之象。

（八）卦的主、次表述關係與位置。

下卦表示事物的主體，本質，上卦表示事物的次要因素，它與事物的主體或本質大致是相應相輔，是一種體用關係，下卦是內因，是根本，上卦是外因，是條件，外因之作用起於內因，是根本，上卦是外因，是條件，外因之作用起於內因，例如，人的各種心理因素和生理因素為內因，而客觀存在的社會環境和自然環境的影響為外因。

上卦與下卦之關係，也體現陰陽關係，太極原理、對立統一的思想，在實際的占驗上，上下卦所含蓋的層面更廣泛，上卦可表示上、高、外、前、末、明亮、出、左、壞、陰、次、往、頭、遠、失敗等，下卦可表示下、低、內、後、本、暗、入、右、好、陽、主、來、腳、近、成功。上下爻體可以表述任何事物相互對立統一，相互作用，以及各種規律、狀態、現象。

三、爻象關係

《繫辭下傳》：「爻象動乎內，吉凶見乎外」，爻象變動，吉凶跟著呈現，爻象以變動為其本性，在別卦之時態內進行變動，即展現其所處時空之吉凶，此種爻位之變動，不只是陰陽之變，也是各種物象的推衍。爻象與卦象其實密不可分，三百八十四爻實各具特定的象徵實體，《繫辭下傳》云：「八卦成列，象在其中矣；因而重之，爻在其中矣。」卦的構成是爻由初爻開始向上六爻發展，是對應併表述一個事物的開始，發展、成長、壯大、成熟、衰亡、最後走向自己的反面以致衰亡的全過程。所以，象有爻，爻亦有象，象獨在卦，爻獨在重者，卦則爻少而象多，重則爻多而象少。爻變則卦象就變，爻象乃建立於八卦相重的基礎上。

諸爻之象，由於陰陽之別，以及在各卦的居位，因而展現出各種象徵特色。處在不同位置上的陰爻或陽爻，其位「當」與「不當」，「正」與「不正」，「相應」與「敵應」，上下關係，相鄰關係，即使是分析同樣一組卦爻的組成關係時，其所呈現的現象與所得出來的結論，必然有差別，其內涵著錯綜複雜的辯證分析的哲理與方法，掌據爻象的性質和特點，才能分析某一爻的爻辭及象辭其所根據的因由，造成吉凶的原因，其吉、凶、悔、吝、咎、无咎、利、利有攸往、不利有攸往、利社大川的原因及根據。

六十四卦裏的每一個六爻卦中，都對應有六個不同的與時間相對應的具體之表述位置。不同的爻位，會有不同的狀態，性質及特性，易學的主體思想之一是一切相同或不同的事物，都應該處在自己應該處的位置上，才能和諧且穩定的同時存在。例如：為人子女者，就應該在為人子女的位置上做好自己的本份，作為公司之員工，就應該在自己的工作崗位上把角色職責做好。六個爻處在不同的爻位上，它所表示的事物的結構、性質、特點、狀態、吉凶、悔吝等意義，必然不一樣，天垂象，見吉凶，爻象見乎內，吉凶見乎外。

爻為卦的體相，局部、屬性、個體性表述、爻之變動，自然引起整個卦象的變化和變動，爻與卦不可分，爻變卦就變，卦變必然是因為爻變。而且，爻有「通情」之關係，卦有「交互」之現象，其論述之法則，不外乎陰陽二類型爻象的更易，所謂通情，及陰陽、位置、鄰近之關係，交互及對應所指的卦體之變化，意即互卦狀態，為六爻卦體中，去除初、上兩個爻，中間的四個爻作為卦體之取材，而重新形成由四個爻所組成的新卦體。其中之二、三、四爻組成的經卦為下卦，三、四、五爻組成的經卦為上卦。例如：山風蠱（䷑）卦的交互卦是其中間四個爻組成的雷澤歸妹（䷵）卦。比較特別的有四個卦，即乾為天（䷀）和坤為地（䷁）卦，其交互之卦為自身，而水火既濟（䷾）與火水未濟（䷿）卦，其交互之卦為彼此。另一特殊的現象，一卦經過二次的交互後，會回歸成乾為天、坤為地、水火既濟、火水未濟這四個基礎卦，是為「反本復原」。例如前例中之山風蠱的互卦是雷澤歸妹，再將雷澤歸妹交互一次，成為水火既濟卦。故易經由乾、坤兩卦開始，由水火既濟、火水未濟兩卦結束，自有其道理。

《系辭》：「夫乾確然，示人易也。夫坤饋然，示人簡矣。爻也者，效此者也」。故⚊畫表示陽，為剛健、光明、運動、尊高；⚋畫表示陰，為柔弱、黑暗、靜止、卑下之性。此陰陽符號為最簡明的本體論之表示法，也表述對立統一的一切事物及其規律和發展變化。而易學的重要概念，「一陰一陽之謂道」，指的是陰陽二者的相互作用，構成了道的本質，這個「道」是在不斷地發展變化著，陰陽互補，彼此依存，維持著宇宙的秩序，這一陰一陽的概念，體現了陰陽平衡及相互轉化作用，是中國古代哲學中對自然界和社會現象的基本理解。為了能簡明地對應性去反映一陰一陽的種種變化規律，先賢發明了爻及爻性的各種相同與不同的組合方式，以對應表述「道」的一切變化性質與結構狀態。所以，《柔辭》：「聖人有以見天下之動，而觀其會通，以行其典禮，以斷其吉凶。是故謂之爻」，「爻象動乎內，吉凶見乎外」，「八卦成列，象在其中矣。因而重之，爻在其中矣。剛柔相推，變在其中矣」，《說卦傳》：「發揮於剛柔而生爻」。以上已充分說明，透過爻的表述，以反映所有事物的變化及其規律，它不但可以概括性的表達，也可對應許多具體事物。

萬事萬物，因果循環，有因必有果，當一個事物產生的同時，同時也預示將有事物的變化與消亡，而一個事物消亡的同時，也預示另有事物將產生。如果就其所對應的卦象或爻象的變化，這種生消與變化，只是改變了事物原來的存在狀態及形式，實際上並沒有絕對的消亡，也就是「物極必反」，「物質不滅」，「否極泰來」的概念。

在六個爻中，不管它是如何錯綜複雜的對應，組合或變化，其所表達的，都是在一定時間及空間之條件下所對應的相關事物的狀態與性質。而且時間與所對應之空間是不可分離的，其所表述的狀態與性質，不只是事物的表面情況，更包含事物深層的內涵與本質，此乃透過爻、卦之象所對應之事物間相互作用的五行變化所體現。所以，爻象不只能對事物抽象的表述，還能從各個不同之方向、層次、及位置作具體的表述。前提是時間與空間的確立，時間改變，其所對應的空間及其結構狀態亦跟著改變，空間改變，其所對應的事物之位置及狀態亦隨之改變。

易經三百八十四爻的爻辭，為解釋爻象的文辭，每個爻都有對應的爻辭，這些爻辭不僅解釋每個爻的含義，揭示一卦特定之爻的象徵旨趣，闡發精微，還預示吉凶之變化。例如：坤為地，初六的爻辭是履霜堅冰至。在明凡事所由來者漸矣，非一朝一夕之故。六二為直方大，不習無不利。在明陰居陰位，得中得正，有終之美。六三為含章、可貞，或從王事，無成有終。在明貞固以守其成規，內含謙讓之德。六四為括囊無咎、無譽。載明包藏大地萬物之意，遇事之退讓，謹言慎行則無咎。六五為黃裳元吉。上六為龍戰於野，其血玄黃。在明陰盛之極，目無乾君，也見疑於陽，不相從而相敵。以上具體表述陰之道，乃柔順而有剛中之德，以長久固守貞正為其本務。

爻象因其本身的陰陽之別，兼之在各卦的特定居位，因而展現出各種象徵特點，大致有以下幾種情況：

（一）爻象的三才象徵

爻在卦中分居六位之次，從初到上，大體分成六個階段，又可將初、二象徵「地」位，三、四象徵「人」位，五、上象徵「天」位。此天、地、人，謂之三才。《繫辭下傳》：「六者非他也，三才之道也。」《說卦傳》：「立天之道曰陰與陽，立地之道曰柔與剛，立人之道曰仁與義。兼三才而兩之，故《易》六畫而成卦，分陰分陽，迭用柔剛，故《易》六位而成章。」天地人合一，人的一切言行都必須遵循天地規律，也就是與天地合其德，與日月合末明，與四時合其序，與鬼神合其吉凶。同理，理象數一體。

（二）爻象的位序特徵

三百八十四爻，由於居處在各卦位次之不同，而象徵事物在發展過程中，其所處的上下、條件、地位、身份之不同，其特徵亦有異，由於陽性事物所代表的是能量與活力，它是由初爻向外到上爻，具有擴展、伸張、散發之發展作用，而陰性事物是由上爻到初爻，向內集中、收斂、收縮之凝聚作用，一切事物總是如此發展、變化、轉化著。此六爻之象的基本特徵，大略可概括為：初位象徵事物潛藏、發端、萌芽階段，不能成生長之功用；二位象徵事物出潛離隱，嶄露頭角，主於適當表現，進取；三位象徵事物稍有小成，主於誠惶誠懇，自省慎行以防凶；四位象徵事物到一個新的台階，主於審時度事，進退有據；五象徵事物圓滿，主於積極進取，也要處盛戒盈；上位象徵事物發展到極至，過於上而不能下，物極必反。以上六個爻位，不只表述各個位階段之現象，其各個位之象徵情況又有錯縱複雜的變化。

（三）爻象的「當位」與「不當位」特徵

六爻之位有奇偶之分、初、三、五爻為奇，為陽，二、四、六爻為偶，為陰，在六十四卦裡的每個六爻卦中，都對應有六個不同的表述位置，爻位因其不同，會有不同的狀態與特性，一切相同或不同的事物，都應該處在該處的位置上，事物才能和諧穩定的存在。陽爻應該處在一、三、五爻的奇位上，才是合理且相應的，是為當位、得正、得中；陰爻應該處在二、四、六爻的偶位上，才是合理且相應，是為當位、得正。如果陽爻處在陰位，或陰爻處在陽位，則為不當位，唯有陽爻得中且當位時，才會有吉象，陰爻不中，不正時，才有真凶。因為陽爻當位，其對應的陽性事物較易穩定，其剛性，動力，主動性較顯著且易於表現。陰爻當位，其陰性、柔性之能才更顯著。

在一、三、五陽爻中，因為五爻是「多功」之位，又是得中、得正之位，不只尊貴，具聖人之德，居聖人之位，且與二爻相應，上下同心，利用九二的賢人「行云施兩，品務流行」以行經倫，故五爻是卦的六爻之中，是最好的一個爻位，它不只是一、三、五中最大的陽數且是陽氣最旺盛的位置。真要比較的話，處在初爻位置，其好的程度，不如處在三爻位置上之好，而三爻位置上，其好的程度，不如處在五爻之位置來得好。反之，六爻卦中，由上到下排序，上、四、二爻中，距離二爻的位置越近越好，意即陰爻當位時，處在上六或四爻之位的爻，不如處在二爻之位的好。此乃因陽以天為本，具圓滿、無礙、升發、動而不止、廣大、剛健之性能。陰以地為本，具化育、靜、豐厚、堅實、柔順、被動之性能。當位之爻，象徵事物的發展，背離正道，違反規律，然當位或不當位之爻，其利弊得失亦非是絕對的，因為爻卦之條件及其相互關係，得正之爻有轉向不正的可能，而不正之爻也有可能轉化成正的。故宜深知吉、凶、悔、吝之變化，當位須守正防凶，不當位宜趨正求吉。

（四）爻象的「中」之特徵

上、下卦各有三個爻，第二爻處下卦之中位，第五爻處上卦之中位，均象徵事物手持中道。二爻是陰爻之聚，陰爻之貴，五爻是陽爻之終，陽爻之尊。陽爻居中位，象徵剛中之德，陰爻居中位，象徵柔中之德。若是陰爻處二位，陽爻處五位，則是既「中」且「正」，稱為「中正」為正道與美善的象徵。

中爻尚有一層意思，即如果要辨別六爻卦中每一個爻的吉凶時，必須與下卦中間的二爻，與上卦中間的五爻進行比對，才易得出比較正確的現象。因為二爻是下卦的中心，五爻是上卦的中心。二、五爻均得中，然二與五同功而異位，其善不同，以上是傳統象徵易學對「中」的定義，另在六爻卦中，三、四二爻為卦之中位，其對象的確立與變化，有著關鍵之影響，此二個爻的變化，往往決定其外在的某些相應的結束。

（五）爻象的「承、乘、比、應」之特徵

六爻卦中，由於各個爻的位次、屬性、上下、遠近等因素，可呈現以下四種現現象：

1．「承」有承上啟下、托者、蒙受、繼承、承當之意，六爻卦中，凡下爻緊承上爻謂之「承」。例如地山謙（䷎）卦，九三陽爻在上，六二陰爻在下，此六二陰爻對九三陽爻來說，就稱作是「承」的關係。在易卦上，著重揭示陰爻上承陽爻的意義，上例為陰陽當位的相承為吉，如不當位的相承多凶，因為陰爻上承陽爻，象徵卑微、柔弱者順承剛強、尊高者，對陰爻本身較有助益，然其真正的涵義仍須視具體情況而定。

下爻承上爻，尚有以下四種情況，第一種是不當位的陰爻，在不當位之陽爻下面，例如地風升（䷭）卦，即九二陽爻在上，初六陰爻在下，二者都處在不正常的位置。第二種情況是相同的陰或陽的兩個爻之承的關係。第三種情況是在六爻卦中，一個陽爻在上，數個陰爻接連在下，下面的數個陰爻，對於上面的陽爻來說，均可稱是承的關係，例如水雷屯（䷂）卦，有如公司之負責人，有許多得力部屬，大家齊心協力為公司努力不懈。再一種是一個陰爻在下，數個陽爻緊接在上，則此陰爻對於上面的數個陽爻而言，均可稱作是承的關係。例如雷風恒（䷟）卦，其有初六爻承九二爻，初六承九三爻，初六爻承九四爻的三種關係。

2．六爻卦的上爻乘凌下爻謂之「乘」，「乘」有順應、乘勢、趁機之意思。爻卦以陰爻乘陽爻之上為「乘剛」，象徵小人乘凌君子，弱者乘凌強者，爻義大多不吉。此種乘凌現象，大致可分為三種情況，第一種是前述之「乘剛」，有如「天」之陽爻在下面，「地」之陰爻在上面，從義理的現象，為本末倒置，違反自然規律，形同小人胡為，小人當道，就卦象的概念方面，多主不吉、不順、不當之現象。第二種情況是一個陰爻，在數個陽爻之上，例如澤天夬（䷪）卦，為一陰乘五陽，《象傳》：「夬，決也，剛決柔也。健而說，決而和。揚於王庭，柔乘五剛也。」夬者，決而去之，因為一柔駕乘五剛之上，是為犯上而作亂，故必聲討其罪，與眾共棄。第三種情況為幾個相鄰的陰爻，都在一個陽爻之上面，此幾個陰爻對於下面這一陽爻而言，都可稱作是「乘」的關係。例如地水師（䷆）卦，即有六三乘九二、六四乘九二、六五乘九二、上六乘九二爻之象。九二以一陽統眾陰，又與六五相應而行險，為陰道而以順行，故《象傳》：「剛中而應，行險而順」。又如風雷益（䷩）卦，為六二乘初九、六三乘初九、六四乘初九爻，同樣是數陰乘一陽，其卦義有別，《象辭》：「益，損上益下，民說無疆」，《象傳》：「君子以見善則遷，有過則改」，故利有攸往，中正有慶。

3．凡是逐爻相比並列者，謂之「比」。比有比較、較量、朋比、比鄰之意。六爻中，凡是緊鄰之二爻，均有「比」的關係，如初與二比、二與三比、三與四比、四與五比、五與上比，這其中以四爻與五爻比之關係最為重要，就相鄰二爻之比，有陰與陽的異性之比、異性相吸、也可能是同陰或同陽之比，此同性相斥，大致較不易親近。此爻謂之互比關係，象徵事物處在相鄰環境時的作用與反作用關係，再配合相關因素，往往會影響爻義的吉凶現象。兩個爻之互比，其實也同時呈現「乘」、「承」之關係，例如初陰與二陽相比，即初以陰承陽。除了相鄰二個爻有比的關係，卦與卦之間也有「比」的關係。

4．凡下卦之三個爻與上卦之三個爻，兩兩交感對應，即初爻與四爻，二爻與五爻，三爻與上爻之關係叫「應」，此相應之爻，如為一陰一陽則可交應，謂之「有應」，若相應之二個爻為同陰或同陽，則不能交感，謂之「無應」。「應」有應當、感應、呼應之意。有應即表示二者有共同的表述內涵和意義，大多表示是吉象，無應則表示二者之關係有相反或相對的內涵意義，大多表示凶、悔、吝之象。六十四卦中，只有水火既濟卦是各個爻都當位，又兩兩有應，當位得中而應當然最好。

六十四卦之各個卦爻，除了乘、承、比、應、中、正之外，各個爻均有其位義，都有其角色，內涵及功能，都與其它各爻有著某些關係。《繫辭傳》：「象者，言乎象者也。爻者，言乎變者也。」「繫辭焉以斷其吉凶，是故謂之爻。」所以，事物的變化是以爻來顯現。各爻位之不同，其反映事物的基本狀態也不同，《易傳》：「其初難知，其上易知」、「二爻多譽，三爻多凶，四爻多懼，五爻多功」。因為初爻處在事物之初始萌芽階段，其發展變化難料，難以下定論，所以「初爻多朦」。二爻由於處在下卦的核心中位，而且與五爻之尊位呼應，以五爻為靠山，二爻有如課長或鄉長，為基層之首，與上層亦有良好關係，所以，二爻多譽。至於三爻，由於處在上卦之上爻位置，對於內卦而言，三爻表示事物發展到了最終階段，接近消亡，已經窮途末路；而且三爻所對應的是上卦之上爻，也是事物的末尾階段，三爻亦與五爻尊貴的陽位同性相斥，所以，三爻多凶。再來是四爻，由於離五爻尊位最近，伴君如伴虎，又是上卦之最下爻位的初始階段，其所對應的初爻，也是全卦之初始階段，不僅要襯托五爻，還得應付三爻，故四爻多懼。再者是五爻，為上卦的核心中位，也是陽極至尊之位，所以是九五至尊且與下卦中位相應，所以，五爻是多功。再上是上爻，上爻可代表祖宗、宗廟、退位元首等，雖然沒有直接之影響力，但尚有左右及凝聚之象，而且事物發展到最終狀態，其過程及吉凶狀態已明朗化，所以，上爻易知。

四、爻位之象

爻位之象是爻象的結構組合狀態與規則，是每個卦的六個爻所代表的位次及其象徵意義。每個爻位都有其象徵的特定含義，由下往上，分別為初爻、二爻，三爻、四爻、五爻、上爻，爻不僅是表述一個局部或個體的事物，也可以呈現一切事物發展變化的趨勢。從產生、發展、成長、壯大、成熟、衰敗、到消亡的過程，也表示爻與爻之間的關係，事物的吉凶與變化。表示事物從小到大、從初到終、從近到遠、從內向外、從下到上、從後向前、從右到左、從貞到悔等的變化過程。其所代表意義如下：

初爻表示事物初始階段、代表群眾、腳趾、一、二月（季節）、早晨、小學生、子墓（地理）、自身（婚姻）、已身（求財）、足（體位）、井（宅）、百姓等。

二爻表示事物之發展有了一定的眉目，代表鄉長、科長（職務）、三、四月

（季節）、腿（體位）、上午（時間）、中等、母墓（地理）、媒約（婚姻）、伴侶（求財）、腿、股、子宮、泌尿（體位）、灶（宅）等。

三爻表示事物之發展明朗化，顯示出它的功用和能力，代表縣長、部長（職務）、五、六月（季節）、腰（體位）、午後（時間）、高中、兄弟墓（地理）、婿、婦（婚姻）、行李（求財）、房（宅）等。

四爻表示事物發展到了成熟階段，其趨勢與規律大致能夠掌握。代表部長、院長（職位）、七、八月（季節）、腹部（體位）、傍晚（時間）、大學、妻墓（地理）、姻親（婚姻）、車馬（求財）、門（宅）等。

五爻代表事物發展到成功之階段，許多狀況與規律均能掌握。代表總統、領導人（職位）、九、十月（季節）、胸部（體位）、夜晚（時間）、碩士、父墓（地理）、父母（婚姻）、道路（求財）、路（宅）等。

六爻代表事物發展到終結階段，並醞釀新事物的產生。代表退位元首、資政（職位）、十一、十二月（季節）、頭部（體位）、深夜（時間）、博士、祖墓（地理）、祖宗（婚姻）、家庭（求財）、遠方（宅）等。

以下就小成八卦，分別說明六個爻在各個位階之狀態、結構、過程、現象及其所代表的涵義。

（一）乾為天䷀

《彖傳》：「大哉乾元、萬物資始，乃統天，雲行雨施，品物流形，大明終始，六位時成，時乘六龍以禦天，乾道變化，各正性命，保氣太和，乃利貞。首出庶物，萬國咸甯。」乾卦藉龍為象來敘述統率天的主宰，雲行兩施，表示其終始，規定其所居之位，乘著時運來達成天地間的調和。

初九　潛龍勿用

陽氣仍潛藏於地下，不能成生長之功用，猶如神龍潛伏於地下，尚無法施展其功能。所以，暫時不能有所作為，應當養晦、隱忍自重、等待時機。

九二　見龍在田、利見大人

象徵龍已出現在地上，九二所對應的是九五，為在上之大人，同德相應，故利見大人，以行其道。

九三　君子終日乾乾，夕惕若厲無咎

三爻為下卦之極，始終努力工作，奮鬥不懈，到了晚上，仍然自躬自省，誠惶誠懇，不冒進，深怕出了差錯，如此進德修業，自律警惕，雖危但能無咎。

九四　或躍在淵，無咎

已躍升至上爻之初爻，必須有當機立斷的意志，把握機會，努力向前躍進，大致不會有大礙。

九五　飛龍在天，利見大人

九五居上爻之中，猶如聖人以大德居大位，治平天下，有如龍得雲而昇天，為天下所利見，也利見九二在下而有大德之賢人傾囊相助，表示事物進行順利，故宜積極進取，必能有一番作為。

上九　亢龍有悔

上九為極點，已達窮盡，動則變陽為陰，物極必反，動必有悔。亢為高傲、過度、極之意，驕傲盈滿，易自視甚高而走極端，上九為告誡人們高處不勝寒，切勿逞強，否則終必有悔。

(二)　兌為澤（䷹）

《彖傳》：「兌，說也；剛中而柔外，說以利貞，是以順乎天而應乎人，說以先民，民忘其勞。說以犯難，民忘其死，說之大，民勸矣哉。」兌卦上陰下二陽，剛中而柔外，上下二澤互相附麗，上下相和，為喜悅之象。

初九　和兌吉

初九為陽剛居正位，持德不偏，兌為澤，受人敬愛，內外和悅，上下和諧，甚是吉祥。

九二　孚兌吉，悔亡

孚為誠實、誠信、信用、交心之意。本著純情、誠信，自然上下和悅、彼此信任，交心對話，能夠伸展其志，自然吉祥，一切後悔才會消亡。

六三　來兌，凶

陰柔居下卦之主，位不當，又二、四均為陽爻，又乘九二，是為逾越本份，「來」是指從外到內，以致三心二意，猶豫不決，因此多凶。

九四　商兌未寧，介疾有喜

商為商議、酌量、度量。兌為說服、實現、兌現之意，未寧為不平、未定、不確定，而九為陽剛居於陰位，處上卦與下卦之間，彼鄰九五與六三爻，因此心中狐疑不定。介為耿介、中介、大之意。即難纏之疾病將痊癒，也表示與疾惡劃清界線，心定而得到喜悅。

九五　孚于剝，有厲。

此已陽剛居於中正之尊位，然誠信與權威受到掠取、剝削、剝落，猶如小人道長、君子道消，示意謂著有凶險。

上六　引兌

象傳曰：「上六引兌，未光也。」述上六以陰柔之身誘下之二陽，意謂須提防被有心的嬌豔女人所誘惑。

(三)　離為火（䷝）

一陰附於二陽之間，有利於正，得亨通之象徵，有陰柔之意，象辭曰：「離，麗也。日月麗乎天，百穀草木麗乎土，重明以麗乎正，乃化成天下，柔麗乎中正，故亨。是以畜牝牛吉也。」比喻君子涵養柔順中正之德，具光明之象。

初九　履錯然，敬之无咎

離為陰卦，陽剛在初，履為鞋、實行、踐踏、履行。錯然為錯綜複雜，且小心謹慎，意謂要觀察入微、明察秋毫、敬畏以對，才能免於禍端。

六二　黃離、元吉

六二居下卦之中位，得位中正，具中庸又柔順貞正之德，所以《象》曰：

黃離元吉，得中道也。黃離或作驪黃，又有如太陽高照，是為大吉。

九三 日昃之離，不鼓击而歌，則大耋之嗟。凶

九三為下卦之極，猶如太陽過了正，不久將日落西山，這是天道循環之理，示人要敲盆唱歌歡樂，樂觀進取，知足豁達，否則到了七八十歲的高齡，再來感嘆，徒然悲傷凶咎。

九四 突如其來如，焚如，死如，棄如

九四剛而不當位，為多懼，氣燄囂張，與六五相比，因陽位有陰，主客顛倒，有如突如其來之大火，無所容，讓一切化為烏有，只能棄，可謂極凶之至。

六五 初涕沱若。戚嗟若。吉。

以陰柔之身，居於陽位，且上下陽剛相夾，災難臨身，痛苦萬份，以致鼻涕、眼淚一直流，既哀戚又悲歎，因有柔順又中庸之美德，能夠忍耐以對，知所憂慮警惕，終能化險為夷，轉危為吉。

上九 王用出征。有嘉折首。獲匪其醜。无咎

陽剛居卦極，剛毅果斷，君王任命為將軍出征討罰，君王嘉勉其將敵方斬首有功，捕獲的是非我同族的叛亂者，所以沒有罪咎，此出征乃為正邦也。

（四）震為雷（䷲）

象傳曰：「震，亨。震來虩虩，恐致福也。笑言啞啞，後有則也。震驚百里，驚遠而懼邇也。出可以守宗廟社稷，以為祭主也。」震有打雷、恐懼、震驚、變動之意，示意逢變動或驚恐，而能處變不驚，終能招來福氣。《序卦》：「革物者莫若鼎，故受之以鼎。主器者莫若長子，故受之以震。」表示逢事故不驚惶，怡然因應，臨危不亂，就足以擔當社稷之人物，作為祭祀之主人。

初九　震來虩虩，後笑言啞啞，吉。

初九為震卦之主，陽剛在初，與震卦卦義同。

六二　震來厲，億喪貝，躋于九陵，勿逐，七日得。

初九為震動之主，六二以柔而乘其剛，面臨危險時，喪失了許多財物，應登上安全之高處避難，不要去追逐，七日即可復得。為七日來復，失而復得之象。

六三　震蘇蘇，震行无眚

陰柔在內卦之極，位不當，是多憂之位，打雷不斷，變動不拘，令人驚恐不安，惟因鄰接四爻之陽剛，所以不必擔心，啟程前往，可以放心，不會有缺失或災禍。

九四　震遂泥

陽剛不當位，又夾在六三與六五之二陰中間，且互體為坎象，有如陷入爛泥一樣，無法伸展，難以發揮光芒。

六五　震往來厲，億无喪有事

六五以陰柔居尊位，乘九四之剛，惟保持中道，具中正之德，能夠有所作為，雖然不免有事，但終能化險為夷，不致有大過。反之，若是恐懼而退避，雖能免於有事，卻可能會有大災禍。

上六　震索索，視矍矍，征凶，震不于其躬，于其鄰，无咎，婚媾有言。

陰柔居於震卦之極，惶慌不安，意氣消沉而左右環顧，在此情況下去行事，必然凶，如動不在自己，而在鄰居，則沒有災咎。然而，雖凶无咎，對鄰居要有所戒備，勿過分信賴，可能因婚姻關係而閒言閒語。

巽為風（䷸）

彖傳曰：「重巽以申命，剛巽乎中正而志行。柔皆順乎剛，是以小亨，利有攸往，利見大人。」一陰順承二陽，示人凡事不可獨斷獨行，輕舉妄動，遵從師長之教訓行事，就不會出差錯。

初六　進退，利武人之貞

陰柔在下，被陽剛壓制，進退猶疑，仰人鼻息，如能具武士之精神，剛毅果決，就能得吉。

九二　巽在牀下，用史巫紛若，吉，无咎

陽剛坐中，謙遜服從，有如匍匐在牀下之狀，如能象巫師祭禱時，手足舞蹈又謙誠的樣子，將得保佑，而無咎。

九三　頻巽吝

陽剛居於下卦之極，卻憂愁的作揖跪伏，過分服從，虛偽奉承，甚為卑吝，志窮難伸。相對的，對於卑躬屈膝，心懷不軌之人，要多加預防。

六四　悔亡，田獲三品。

柔居正位，與九五之君相應，所以沒有後悔。打獵捕獲很多的獵物，下足以宴請賓客，上以敬獻君王，敬百鬼神。意謂著不再委屈，心想事成，大有收穫。

九五　貞吉，悔亡，无不利，无初有終，先庚三日，後庚三日，吉。

陽剛處中得正，雖無正應，惟因得中，貞定則吉，沒有後悔，無不利。開始的時候很糟糕，終究有好結果。先庚三日，後庚三日表示吉祥日，先庚三日為丁日，寒謙恭和藹之意，後庚三日為癸日，寒評量審度之意，庚為變更，更新之意，意思是處理事情，要妥為規劃、深思熟慮，就能夠吉順。

上九　巽在牀下，喪其資斧，貞凶。

剛居卦之極，與九二同樣有過分卑膝奉承，匍匐在牀下之象。喪其資斧為失去財物與權位所予之決斷工具，將不足以申令行事，縱使是貞，亦為凶。

坎為水（䷜）

象傳曰：「習坎，重險也，水流而不盈，行險而不失其信，維心亨，乃以剛中也；行有尚往有功也。天險不可升也，地險山川丘陵也。王公設險以守其邦，坎之時用大矣哉。」陽爻坎現於二陰之中，習行雙重的險難，坎為水，有如水流不滯，保持清澈，雖然危險，阻礙重重，然二爻及五爻之間具備中庸之德，尚能崇高其行、渡過重險而成功。天險如日月星空，地險如山川丘陵，王公設置城池關口以守邦國，防備敵人之侵襲，此險之時用實在是太大了。陰之時用大，是因為險坎不止是障礙，也是一種防護措施，端看如何去面對或因應。

初六　習坎，入于坎窞。凶。

陰柔在初，失道必凶，初六動，下體成兌，兌為毀折，靜為坎險，雙重坎險，動靜皆凶，墜入更深凹之處而難出脫。

九二　坎有險，求小得。

下坎陽剛在中，陷入二陰坎險之象，然因具陽剛中正之德，高能脫困，而能有小得，算是有限度之脫險，仍有憂。

六三　來之坎坎，險且枕，入于坎窞，勿用。

陰柔居於陽位，上六四有坎險，下初二也是坎險，陷入更深的凹洞，進退不得。以手枕為枕頭，示意要靜待以變，不可輕舉妄動。

六四　尊酒簋貳。用缶。內約自牖，終无咎。

陰柔居正位，能助君王一臂之力，簋為盛黍稷的圓形器具，牖為房屋內牆側的窗子，意思是一樽酒、二盤食物，一缶水，私自不張揚的從牆側的小窗口送入牢中，以奉獻君王。六四以脫離內坎，又承載九五君位，最終沒有罪咎。

九五　坎不盈。祇既平，无咎

坎陷尚未填滿，填坑的，小土丘以剷平，又從六四爻辭推知，雖未完全脫出坎險，然忠臣尚能送食物去侍候君王，又互卦艮體在上，表示平安已近，所以免於罪咎。

上六　係用徽纆，寘于叢棘。三歲不得，凶。

被用繩子環繞困綁著，置（寘）於叢棘（監獄外種植的九棘）之牆內，三年無法逃離，凶。乃因上六以陰柔在坎險之極，失道，故以此象辭做比喻。

（七）艮為山（䷳）

象傳曰：「艮，止也。時止則止，時行則行，動靜不失其時，其道光明；艮其止，止其所也，上下敵應，不相與也，是以不獲其身，行其庭，不見其人，无咎也。」艮為重山，停滯之象，重山擋住去路，停止無法前進；另有兩人背對背無以正面相見之象，重山擋住去路，停止無法前進；另有兩人背對背無以正面相見之象，如卦辭所言「艮其背，不護其身，行其庭，不見其人，无咎。」，都表示停止不前，阻力重重，所以，要當止則止，不強求，知所進退，不可一意孤行，肆意妄為，才能無過。

初六　艮其趾，无咎，利永貞。

陰居陽位，止於其足趾，不冒進妄動，無罪咎，未失正，有利於堅守正道。

六二　艮其腓，不拯其隨，其心不快。

腓為小腿後面筋肉突出的部分，拯為拯救，隨為跟隨、跟從。意思是回頭看到他的腳肚子（小腿），來不及拯救他的跟隨（墜落失足）；另有腳肚子抽筋，不能正常行走，內心不快之意。

九三　艮其限，列其夤，厲熏心

限為腰部（九三為腰部），列同裂，夤為背脊，熏為火灼肉，意思是腰背脊受傷，全身無法伸展活動，非常痛苦，停留在此處（三爻處），感覺像燒灼，心痛如焚，此爻出現，應放棄執著，坦率聽從別人之勸告。

六四　艮其身，无咎

停止身體的活動，不再有作為，則無咎。因為六四為柔順居正位，惟無相應，如能守貞正，等待時機，則暫無過失。

六五　艮其輔，言有序，悔亡

《象》曰：艮其輔，以中正也。輔為面頰骨，艮其輔表示小心言語，說話有條理，可免於悔恨。因為六五為柔順居正位，尚能保持儀態，重禮貌，言而有序。

上九　敦艮，吉

敦為敦厚、和睦、篤實的意思。上九為陽剛位於極，尚得當，意謂照顧的很好，以厚終也。

（八） 坤為地（☷☷）

象傳曰：「至哉坤元，萬物資生，乃順承天。坤厚載物，德合旡疆，含弘光大，品物咸亨。牝馬地類，行地无疆，柔順利貞，君子攸行，先迷失道，後順得常，西南得朋，乃與類行，東北喪朋，乃終有慶。安貞之吉，應地无疆。」坤至柔，繼承天之氣而成形，而動也剛，至靜而德方，坤卦託以大地來說明大德之卦，坤的本份乃要處於被動之勢而順照其主，出諸地類，以造就萬物，所以坤德在於順從，如服從於長上、前輩，跟著別人的腳步走，自然通達，無往不利，如過份嬌妄，強出頭冒進，必遭迷惑。

初六　履霜堅冰至

初爻位置可比之為人之足部，喻事情如有惡兆出現，就必須立即防患處理，腳踝秋霜就知道寒氣已在凝聚，寒冬即將來臨，如霜還未成為堅冰時，處理較容易，一旦變成了堅冰，就不易使之溶解了。這是因果報應的鐵則，凡事必事出有因，非一朝一夕之故。

六二　直方大，不習無不利

坤以陰居陰位，得中之二爻，是為坤的成卦之主，得中庸柔順之德，得地之道。以正直、光明正大，大度能容之德，不須學習，即能無往不利。

六三　含章可貞，或從王事，无成有終

陰居陽位，為內卦之極，意指文章藏於內而不發，具備含蓄、收斂以成事之美德，深藏不露，不過份利用其才智，也不過於顯露具才能，以謙遜之態度應對，安定自守，一旦時機成熟，自然就能被推舉從事領導工作，或者也可以選擇跟隨於王者做事，雖不能有大成就，但也可以有個好歸宿。

六四　括囊无咎，无譽

坤本包藏大地萬物，六四為近於五爻居位的多憂之地，凡事要多加謹慎。括囊為綁緊袋口，意謂守口如瓶，謹言慎行，就不會有任何麻煩的事，不致犯錯，也不要祈求會得到任何的讚譽，明哲保身即可。

六五　黃裳元吉

黃裳為下半身的黃色服裝，含有坤下謙卑之意，具中順之德，充於內而見諸外，坤德貴在隱藏不現。居六五尊位而不以君位自尊，乃終得元吉。六五變而為水地比，有眾人相親之象，為君臣相和而佈施德政之意。

上六　龍戰於野，其血玄黃

上六為陰盛之極，為假龍，如同乾之亢龍，目無乾君，同時又見疑於陽，故不相從而相敵征戰，流出的流與泥土相混，而成玄黃色。比喻一開始就正邪不分，不自量力，過份前進，剛愎自用，作惡多端，終招致悲劇。

第四節　龍、穴、砂、水之形局

風水地理學界，有一句話值得商榷，即「巒頭為體，天星理氣為用」，因此，導致許多人將絕大部份之時間，投入研究方位之天星及方位陰陽五行之理氣。殊不知陰陽五行之理氣，寄託於巒頭之中，也就是理氣所能判定的吉凶現象，都會在形與象（巒頭）中顯現出，不只不會遺漏，而且形與象所呈現的吉凶現象，十倍於理氣，蓋因形者，氣之著，氣者，形之微，氣隱而難以知曉，形顯而易見易明，而且多樣。

在天成象，在地成形，天生何氣，地生何質，星之所臨，地之所鍾，可謂上下交感而應，所以，葬書云：「地有吉氣，土隨而起，此形之著於外者也。」蓋氣吉，形必秀麗、端莊、厚重、圓淨；氣凶，形必粗頑，斜飛、崩缺、破碎，以此驗氣推理必然無誤。

巒頭泛指龍、穴、砂、水之形勢與性情，而「象界學」不只談形勢性情，更包含陽宅的任何物件、擺設、樹木、內外型局之觀象。蓋任何物品均有其涵義、本質、功能、屬性、因次論斷既全面又深入，作個比喻，理氣只論「天」，難以涉及「人、地」，因此造成許多人、事、物方面的問題難以全盤知曉論斷（見本書第8頁所述），就陰宅方面而言，除了龍、穴、砂、水的考量之外，象界學特別講究造作所顯現的吉凶，例如墓形、墓本身之龍虎砂、台案之造形、擺了那些東西、碑之造形、出現什麼圖像、列上什麼數字、文字如何排列等，均會顯現先人的後代子孫之凶象，千變萬化，無奇不有，足以寫成一本造作專書，此人為之造作，又豈是理氣所能判斷？也非傳統論巒頭所能理解。

理氣乃根據河洛易理、八卦、陰陽、五行生剋之理來推論。「龍法」理氣如三元玄空挨星、玄空大卦、三合四大局，二十四天星法、九星天定卦淨陰淨陽…等。「穴法」理氣，即穴場立向收山出煞之要領、兼含龍法、砂法、水法理氣、以及有來龍的真，而穴形變異者所用之裁剪法。「砂法」理氣，如撥砂消砂法、挨星玄空大卦、二十四天星…等。「水法」理氣，如三元龍門八局、三元玄空、玄空大卦、三元水法、三合四大局、淨陰淨陽納甲、先天四大理氣、河洛理氣…等。以上錯綜理論，乃造成初學者昏頭轉向、風水師論戰之原因。而如果把以上之龍、穴、砂、水之理論，全盤套入陽宅來運用，那就差之千里了。

龍、穴、砂、水四者，實不可分，重點在其形勢與性情，不管是陰宅或陽宅，切莫僅憑方位決定一切，本節特列龍、穴、砂、水之誤判情況供參考。風水五要即龍、穴、砂、水、向，子曰：「仰以觀於天文，俯以察地理，是以知幽冥之故」。而易經中所講的天道、人道、地道，就是如何陪配合天時、地利、人和來加以創造運用。

龍、穴、砂、水、向，不只指陰宅、陽宅也適用，屋宅之背後屋及景物即為龍，房屋本身即是穴，左右即是龍虎砂，前方為明堂，街道巷弄即是水，另考慮坐向，外形局不只要注意景物、景觀，也須考慮形勢與性情，並配合人文。致於內局之擺設，其所呈現之現象更加多元。

本節有關龍、穴、砂、水之論述，限於編幅，只是重點概論，蓋地理以形勢為憑，以生氣為主，龍穴為體，砂水為用，其吉凶現象不出山水順遂之理，陰陽剛柔之體，聚散分合之勢，來止向背之情而已。欲理解龍、穴、砂、水之真訣，建議先看有關形勢性情之書，只須有個概念，再跟隨明師，走訪山林，甚至踏破鐵鞋才能有所悟，如果只是常年都捧著羅盤，只顧名人祖墳之坐向，三十年也學不會。在此推薦可讀之地理風水經書，為青鳥經、葬書、穴情賦、雪心賦、發微論、倒仗篇、九星篇、撼龍經、疑龍經、堪輿管見、堪輿寶鏡、八式歌等。凡言形勢性情者皆較正宗，以免長期花心力卻把自己導入死胡同。

一、正確的「龍」法

人稟五行，清者貴，濁者貧，山結五星，正者秀麗，斜傾粗頑者賤，地脈之行止起伏，變化莫測，相剋則凶，相生則吉。尋龍之法，務必親登山頂，觀四面之峰巒，望兩旁之水勢，看山在何處止，在何處住水，掌握其結局之大致情況，此跟尋龍之行止大勢，為入山之首要工夫，要知道山勢脈氣，子不離母，如果子是正出，則一路皆是正出，如初是側出，則一路皆是側出。因為龍體闊天，大致是幾里一停，數十里一座，此為幹龍之特徵，真龍之山勢踴躍而下，其降勢必結正穴。如山勢孤單、或懶散、或見土無木，或粗頑者，必非結穴之地。

山勢幅源廣闊，走一躺得花一天之時間，必須有些眉目才得尋之，例如龍身悠揚起伏，或祖宗山盡頭另起高山，或遇高山有高大星辰者，或遇山勢緊夾之處忽然門坂展寬、或龍體行弱而復成星體、或山勢開闊忽然星體取緊，皆當尋龍。凡高大圓淨者，皆為祖山，定生幾枝脈絡，其有正出與傍出之別，有如樹木之枝幹，有幹中之枝，枝中之幹，枝中之枝。至於審脈之法，眼望山勢兩旁，觀其送水左抱或右抱，枝腳向前或向後，如果枝腳向後，龍去未停，枝腳向前，則龍欲住。正脈之星辰端正，脈從中出，兩畔山之形勢均勻對稱，真龍落脈必定頓成星體，大事降下向前推送，星辰正大過脈或體，起頂有枝腳護送，轉身有尾撐託送。要知道氣隨脈走，此不外乎山水順逆之理，而且地脈之行止起伏，變化莫測，忽大忽小，忽隱忽現，生動活潑，山纏水繞，分支片段，形勢多端。因而成形之落脈不一，包含粗細、高低、長短、雙或偏、直或曲、氣之聚散分合，來止向背而造成多樣之落脈。

尋龍即在觀其氣、脈、形、勢。氣隨脈走，形須兼勢，尋龍之難處在觀山勢、觀形體與止象之處，它的形態可能緩斜平直、或行止起伏、或光禿破碎、或迂迴轉折、或反覆開帳，務必要親臨現場審察，相山如相人，非勢無以見龍之神，非形無以察穴之情。審勢務須高望、側觀、正向，必能看出龍身奔來止聚之所，察形首先要分辨形體之圓、扁、曲、直、方、凹，考究其窩、鉗、乳、突之格，再印證區別五行，並相定二水交合處而向之，注重微茫水外是否有兩股砂直夾使水會聚於小明堂，此為氣止水交之處，表示水沒有洩，氣也沒有散，再看外形與內氣是否相符，否則非真穴。

大地有勢而無形，小地有形而無勢，龍身行度兩旁必有外山護送，並有支腳尾撐，才不致孤單，幹龍結大地，多是真情在外，遠山遠水無不朝迎，而枝節小地真情在內，只是一山一水之灣環。尋龍須上太祖山、後經祖山、少祖山、父母山、父母山即穴後之山。先是脫卸剝換，起初形體多粗頑，一般祖宗具聳拔之勢，落脈降勢明顯，出身須有屏障，過峽有頓跌之勢，行度起伏活潑曲折，轉身處後撐前趨，或是活躍奔騰之勢，起伏有大有小，這是觀龍之大勢，死硬之山岡必是假龍。龍經脫卸剝換，有老剝嫩而成穴者，亦有老剝嫩後又換出老來，一則於老剝嫩處結穴，而剝出之頑星去做水口，一則剝老成祖山，再換出嫩枝而成穴者。

正龍行度必走分合之中，只怕伏處有風吹，枝龍如左右手兩邊護送，兩水夾盡，兩邊遮護重重為龍格之貴，龍身如無枝腳則死硬孤單，又如枝腳一邊長一邊短則為偏枯，若別頭串珠落脈則為死氣龍，若一項只是單行無形，即使有兩山來夾，兩水來抱，是為孤龍，另有龍身之枝腳自首至尾，只往前伏，有分無合，是為逆龍，至於枝龍，其形低小，又變換無常，多生峰巒，且左右枝腳大多偏生，形勢較短縮，出脈不至於大起大伏，較不明顯，行度多透迤屈曲。

堪輿之道，首重識龍，切莫拿著羅盤滿山跑，而以方向定龍脈之真的，要知道龍穴既定，方向亦隨之，並非由方向來定龍穴。二十四方位是供分辨龍脈之陰陽五行，並以選擇趨避，不能以二十四方位來分別龍脈之貴賤及龍脈之性情。萬不可長年遊覽名人富家之祖墳，沒去觀察形勢，僅憑明堂與水口，判斷易出差錯，只在穴前下羅盤，即信口開河，謂富貴之龍穴所在，既以知是名人富豪之祖墳，如同先射箭再畫靶，再者，定穴是個大學問。

(一) 以龍之形勢性情來區分，其形態與格局大至各有六種，分述如下：

1．強龍：形勢雄偉，外山起伏活躍，枝腳鋪揚，行脈多頓伏，有纏有護，高低轉折，擺動有力，前呼後擁，厚重宏博。

2．弱龍：星峰消弱，看起來感覺疲困頹喪，落脈毫無降勢，悠然而去，頓跌無力，枝腳短，氣勢不足。

3．生龍：出身壯麗，有迎有送，頓跌活潑，星峰秀美，明澤秀麗，起伏曲折活躍，山青水秀。

4．死龍：龍體粗大，直硬死板，星峰不明，峰體怯弱，或無護從，渙散無力，水劫風吹，草木不茂，毫無生機。

5．進氣龍：脫胎高聳挺拔，龍身節節高，枝腳均勻，一節漸低一節，其入首處起頂局勢頑固不渙散。

6．退氣龍：龍身低小，星峰怯弱無力，毫無起伏，無後撐前趨，到頭處孤峰獨聳，無迎無送，穴後一節低一節。

㈡　陰陽

孤陰不生，孤陽不長，陰陽交媾，乃地理之要，陰中要陽，陽中要陰，龍、穴、砂、水都要辨明陰陽，龍的生氣，從龍之祖山一路展轉剝換而來，來到山水交會之處結穴，如以一顆瓜果來比擬，祖山是根，龍脈是樹幹，枝葉為護從，過峽是節，果柄是束氣，穴位即是果實。穴位是龍之生氣凝聚的孔竅。

龍以高峻、起脊、瘦勁為陰，以低平、寬蔽、肥闊為陽。穴以如覆掌，乳突為陰，以仰掌、窩鉗為陽。龍要陰陽相間而行，陰龍要陽穴，陽龍要陰穴，而穴要陰內含陽，即乳突上開凹，陽內生陰，陽穴之窩鉗內有陰之突砂，且陽面向穴，陰背當風，至於水澤以圓闊、澄聚面前陰作，來源去口，如陰剛則帶惡煞，陽柔則易散漫。

(三) 峽脈星辰形勢

龍從祖山起勢，彎延起伏，經過剝換，過峽、頓跌，形體轉換雖然變化莫測，重點在星辰成體，峽脈真切，形勢活動，必為真龍。反之，如星辰不成體，峽脈不真切，其形勢必死硬。峽者，有如人身之咽喉，脈必從峽過，氣必從峽來，只要脈真則成龍，脈假則為砂，真氣過峽，其兩頭必有星辰，兩邊也必有迎送，然如果過峽處，其星辰不成體，來處不明晰，兩邊又無遮欄，即使有閃跌，仍不為真脈，因此，尋脈務必看清星辰成體否？星體不活潑青淨，其閃跌大多懶散之樣。

陰陽交媾有情，跌斷過續之脈，為雌雄交感有陰精陽血相為交媾，過脈之形勢平坦為陽屬，血覆脊為陰屬，參差不應脈，則血精不貫，必為花假。陰如平大於覆，為陽中有陰，必結乳突之穴，如果覆大於平坦，為陰中有陽，必結窩鉗之穴。

（四）龍的入首

只龍脈凝氣入穴之形勢與方位，來龍在快結穴時，先束氣過峽，會忽然聳起山體，在即時結穴時，生起的距離穴位最近的山頭之入脈處，也就是桓局中查脈之到頭止處，入首可以看龍之美惡和貴賤，大體上可分為五種：

1．飛龍入首

龍脈到頭，氣勢浩大，上聚仰高，四應友情繞抱，仰勢受穴，是為大貴之穴，之所以貴重富輕，主因來水不聚，必有交牙關鎖。

2．潛龍入首

龍脈到頭處，形潛於平地，高一寸為山，低一寸為水，必須平而有凹，或有開口，隱隆中細辨窩凹鉗口，鉗中不側斜，水勢環繞，方為真穴。

3．直龍入首

龍經剝換後，仍如串珠直撞而來，氣勢雄大，穴山之前必有餘氣為毬唇，此從後入首，直對來脈結穴，其發福快速。

4．橫龍入首

此為橫脈入首而結穴於側身，穴位的坐向可能會與背後龍脈垂直，所以其背後靠山往往是單薄低矮，因此穴於一定要有鬼山，樂山，才是生氣融結之穴，否則雖有形而穴不真。

5．回龍入首

乃龍脈在前行的過程中，突然轉身往回行，朝向發祖處結穴，此翻身顧祖之回龍到頭叫回龍結穴。其必須下砂逆轉，明堂端正，未作結穴先作朝。

(五) 龍雄雌之分

雌龍：龍身有多星辰明淨，搖擺活潑而不亂，有從有送。

雄龍：龍身起伏頓跌，前呼後擁，強勢有力。

如到頭未經剝換者，必出武將。倘若其剝換體態清奇秀麗者，必出文官。

二、「龍」之誤辨

尋龍、認龍比較容易誤辨的，大致有以下幾點：

1．凡是過峽落脈處，為龍脈真氣導聚之處，不能只見到閃跌起伏，即認為是真龍。如果星辰不成體，其來處不明顯，兩邊無遮欄，又星體不活潑，起伏散亂，必非真龍。因為真氣過峽，其兩頭必有星辰，兩邊必有迎送，峽中跌斷一現穿來者，才是真脈。

2．遠望山勢，凡粗頑、破碎、形懶散毫無氣勢、孤單無支、或山勢皆背離者，切莫再花功夫在入首、過峽、朝案上。

3．不可以方位陰陽定龍之貴賤吉凶，或認淨陰為貴龍，淨陽為賤龍。因為真龍行度活潑，氣勢宏偉，變幻莫測，逶迤東西或南北數公里，二十四個方位均有可能。

4．只顧穴形，而不識龍勢，絕非真諦。蓋因地理以形勢為憑，以生氣為主，龍穴為體，砂水為用，不出山水順逆之理，聚散分合之勢，來止向背之情。比如有些祖山尊貴，龍身顯達，山水照應，羅城水口重關，內堂局寬闊，水身不見龍虎，其穴情隱拙不顯，此乃勢有餘而形不足。也有龍身不明顯，四方少情，門戶少閉，直至內則堂局緊密，而且龍虎砂齊抱，穴情清楚，此是為形有餘而勢不足。

5．龍脈之貴賤出於祖宗來脈，並不是出自於方位陰陽，二十四方位是為分辨龍脈之陰陽五行，以便供選擇趨避或是分別外氣之符應，不可以二十四方位分為龍脈之貴賤或真的否？

6．落脈為龍脈真偽之關鍵，其背面會稍有停留落下之勢，不可只看到頭一節以定之。

7．龍身行度兩旁，外山護送否，並非關鍵，其本身有無枝腳尾撐才是重點。

三、正確的「穴」法

龍脈從祖山起勢，經過剝換，過峽、頓跌、形體轉換，到頭必起星峰為應星，即根據不同形狀的後山，去尋找穴位。葬者乘生氣也，形者氣之著，氣者形之微，氣隱而難知，地有吉氣，土隨而起，其形必秀麗，端莊，圓淨。而五行之氣，分而為陰陽，噫而為風，升而為雲、降而為雨，行乎地中，而為生氣，故氣雖運於天，實出於地，行則萬物發生，聚則山川融結，所以，形止氣蓄，化生萬物，是為上地也。地以葬口為穴，猶人身上針灸之穴，是為氣脈所鍾之。

千里來龍，到頭全在陰陽分受處，真是望氣尋龍易，登山點穴難，龍脈既真，倘若點穴不明，則關煞脫氣，露胎現乳，如何能乘生氣？尤須審察眾山聚散否？眾水離合否？前後朝對否？左右交梭否？星峰形勢？俯來為陰，仰來為陽。而穴之上下左右宜圓淨、秀麗，忌散斜、破碎或崩陷。其兩邊有開口星辰，或正體星辰，其後山化生腦下，中間正脈交會盡頭處為結穴之地。

尋龍即觀其氣、脈、形、勢，而地之有無，先觀龍穴，穴之真假則探究巒頭，巒頭之變化雖多端，但山川之性情則一，觀龍以勢察穴，形者情之顯現，非勢無以見龍之神，非形無以察穴之性情，在天成象，在地成形，星之所臨，地之所鍾，上下相感而應，水會則龍盡，水交則龍止，水飛走則生氣散，水融注則內氣聚。故乘氣之法，先當隨龍認脈，因脈察氣。以穴星而言，木之生氣，聚於其凸起的分段處，火之生氣聚於水之屯聚處，土之生氣聚於其口之側，金之生氣聚於窩泡處，水之生氣聚於向上之凸處。

「氣」乃依附於土而存在，有水必有氣，氣隨水而行，氣隨脈走，因脈以察氣，「生氣」即陰陽交感化生萬物之氣，氣有行有止，有聚有散，眾則成行，散則化體。龍將到頭，跌斷束氣，再起星體，落脈結穴，其結穴之處，必有兩路隱隱真水交聚在小明堂，而外有微微兩股真砂交收小明堂，才能氣止水交。凡水將到內堂之處，須有一股上砂遮攔，使其曲屈環繞，不能有穿割衝激，則內堂氣聚，元辰水安靜，所以，真龍穴之砂水、龍虎明堂、羅城水口，必然相應。

欲明察穴，必須「形兼勢」，形體可察穴情，形有圓、扁、方、凹、曲、直，形體格局有窩、鉗、乳、突。然佐証穴情尤為重要，一是坐乘於圓暈動氣之中，真穴必有圓動處，窩、鉗之圓在頂端，乳之圓動在下方，突之圓動在中段。二是「印水」，及以交會水來印証，無砂則水必洩氣散泛。三是「相水」，穴前之小明堂，必有微隱曲抱之交會水。四是「穴土」，氣依附土而存在，氣隨水而行，聚則成形，散則化體，氣隨脈走，所以其外形必與其內氣相印合。

穴是龍的真氣淺露的孔竅，父母子孫本同一氣，互相感召，以父母遺骨葬於融會之地，由是子孫之心寄託於此，故真心之所寄，遂能與之感通，人心通乎氣，氣通乎天，以人心之靈，合山川之靈，以鍾於生息之源。陰陽相交乃生氣之情，龍之雄者，結穴必略生窩口，龍之雌者，結穴必略生推突，此乃龍穴相交有陰陽。而穴的中心，有上陰下陽、上陽下陰，邊陰邊陽、陰多陽少、陽多陰少、陰交陽半、陽交陰半等，是穴中相交有陰陽，相交乃生氣之情。

穴有四種基本形體，即窩、鉗、乳、突，乃陰陽二氣生化四象而變生出。窩之形如雞巢，以開口左右均停為正格，區分深、淺、狹、闊，均有俯仰，俯者，窩中微有乳突，弦稜分明。乳處即是穴，仰者，窩中當有突、突出即穴，深窩須深得適中，除非有乳微突，否則不可太深。淺窩亦以適中為宜。狹窩之間開口宜小，窩中圓淨，弦稜分明。闊窩則要開口實且寬，但不宜太深，且要左右交會，窩中有微乳突才是真穴。鉗如虎口，要鉗中藏聚，穴星開兩腳如鉗，窩口圓而腳彎。分直、曲、長、短四種正格，如鉗中微有乳，是由乳穴變形而來，其兩邊界水分明，頂頭圓正，如鉗中微有窩者，是由窩穴變形而來，忌界水淋頭，漏槽貫頂，乳頭陡峻，腳下落槽，左右折陷，元辰直流。乳穴即穴星開兩砂伸出抱衛，中間懸乳者，可分為長乳、短乳、大乳、小乳四正格及雙垂乳和三垂乳二變格。原則上，長乳不可太長，否則脈不活。短乳不可太短，否則力微氣弱。大乳不可太大，過大則粗頑臃腫。小乳如太小則體瘦尖細，力微氣弱。至於雙乳，宜大小長短肥瘦均勻，而三乳須後龍旺盛，氣勢雄偉，各有分合，各有證應。再者是突穴，又名泡穴，穴星開兩腳彎抱，中間結一突者。要界水分明，秀嫩光圓，水勢注聚，靈光凝聚於中，餘氣瀰漫於外，切忌孤露受風，脈來直硬。突穴大致有四形，大突小突為正格，雙突三突為變格，大突是穴星開兩砂，中開結突高大，也不宜高大孤露。小突要界合分明，球簷圓淨，不可太微小，高低不明，界水廣闊，懶坦無依。雙突及三突，為穴星開兩腳彎抱，中間並起雙突三突者。總之，凡後龍合格，束氣合吉，纏護周密，證佐分明者為貴。

有關穴之吉凶，原則上，穴要有包裹、前有裀褥、界水合襟、四應明淨、龍虎相應，左朝右顧。忌龍虎平齊，凹風，前後鬼劫、明堂斜傾、草木不生、頑石遍地、脈斷或獨山無脈、土崩傾陷、風吹水劫、山勢獨聳、窮源絕境、洩氣水直去，水口無守等。

四、「穴」之誤判

「穴」乃龍之生氣，氣附山水而聚合，形隨氣之變化而生成，所以，穴之真偽貴賤在於來龍。茲就，「穴」之容易誤判者，分述如下：

1．少數大幹龍結穴，氣旺不懼風寒，或因高山跌落平地，開窩作穴，曲聚不畏風吹，即使其堂局寬闊，也無近案遮攔，左右也沒有龍虎護衛，只有大羅城水口，也能發福，旺丁旺財。

2．陰陽之氣，噫而為風，升而為雲，奮而為雷，降而為雨，行乎地中而為「生氣」，乘氣之法，首當隨龍認脈，因脈察氣，另再配合龍虎生氣法，四應驗生氣法，明堂驗生氣法，朝山驗生氣法，不可僅憑羅盤格之定奪，陰氣為真，陽氣為偽，或以兼向而偏左偏右以乘之。

3．氣止水交，土方外形必與內氣相符合，生氣之土，土質堅細而不鬆，色澤鮮明而不暗，在開井時，除了表面之浮土，務必要注意內氣土之厚薄，重點不在棺之高低，而在蓋過骨骸，並要留些氣土墊棺底，以防受寒犯濕。絕對不可掘過深，而發盡氣土。作者在三年前，伴同撿骨師幫一客人之祖墳啟攢，其棺木竟然深掘三米深，也因此而造成蔭屍。

4．龍將到頭，跌斷束氣，忽然聳起山體，準備結穴，比較特別的是來龍束氣，穴上束氣，其龍之形勢，不跌斷過峽，也沒有起伏轉折，只一片鑾鋪徑直奔而來，不過峽束氣，最容易讓人誤判，而在將入首處閃歸一邊，橫開鉗口，抽細過峽，起頂結穴。

5．穴之真偽貴賤在於來龍，龍之真偽貴賤在於祖山，凡龍不真，則穴與沙水皆背戾，脈氣止聚之處自有一定之穴情，以祖山証龍，以龍証穴，才是正法。如果以方位陰陽多寡來辨其穴之真偽貴賤，必然錯誤。也不可純以羅盤方位定穴，要知道，葬者主要是「乘生氣」，穴乃龍之生氣、陰陽交應，二氣冲和，審穴之止，知生氣之聚。

五、五星法葬圖

《穴情賦》：「龍無正星不觀，穴無正形不安，砂無正名不關，水無正情不灣」，又《扦穴真機》：「龍要有正形，穴要有正星，砂要有正名，水要有正情。」正形即正脈也，有起伏頓跌之來脈則有氣。真穴必能成星體，即金、木、水、火、土星。砂與穴要相照應，例如穴前近處低而平的叫案山，案山後的砂為官星，穴前的遠砂高者為朝山，橫龍結穴後所撐托的砂為鬼星，龍虎肘外的砂叫曜星，守水口的砂叫禽星。水要有情，例如環繞抱穴，或蔭龍水，衛身水，拱背水等。

此外，尚須運用「法葬」之要法，蓋龍穴砂水四者，難免有些不足，可能福而不久，或凶終必福，如何掌握去凶招福之機，關鍵在趨全避缺，裁成輔相之法。例如龍之急硬崩腫，飛走順去，局促尖射；穴尖斜直率，風吹水劫，破山崩陷；砂之欹頭側面，斜山露頂，轉身向外，順水斜飛，橫插堂前者；穴前割腳，水坂向外彎，眾水破羅城，水穿堂而過等，皆凶也。

施用法葬之前題，必須龍落時有送有迎，羅域水口均合法，只是陰中無陽或陽內少陰時才施用，法葬乃因勢而乘，純陽者，堆而補之，使成乳突，純陰者，則鑿而去之，使成窩鉗。如何鬆土，穿鑿、堆土、栽培，端視五星之形而定，蓋木形取節、火形取焰、土形取角、金形取口、水形取曲，而挨土曲金、就金取水、移步換形、相生為用。

茲就五星法葬圖繪於後，並酌作說明：

（木形一）

本形

法葬

木星、木穴均無化氣，其左右兩邊直去，也沒攔止，水去不聚而氣散，葬此出孤寡，多生女或無子嗣。

來龍有護、有迎、有送，水橫抱，即可施工法，開之作水窩，在穴之前方以土堆之，使左右有攔止，堂局得關鎖，形成水木相生，趨全避缺，轉禍為福，福祿相隨。

（木形二）

本形

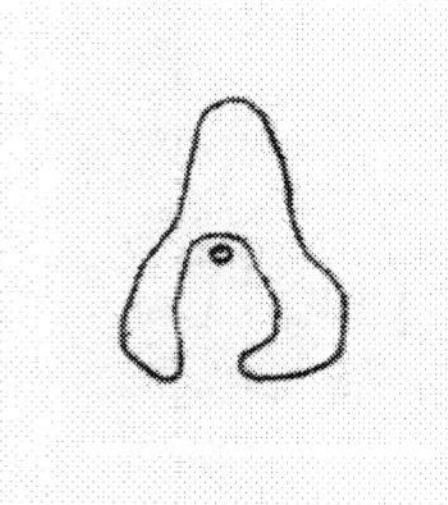

法葬

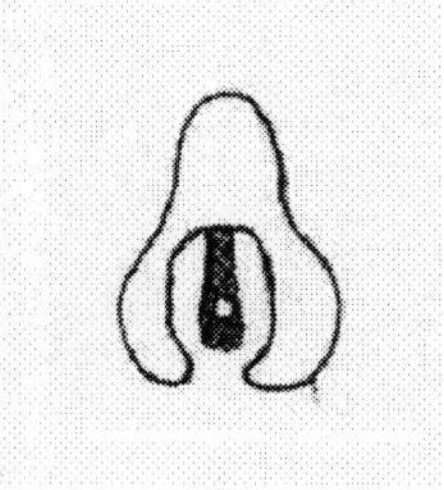

此形為木星流水穴，氣稍偏左，但元辰水去，至穴前明堂之氣散，下葬必退運破財。

重點在救濟水，故要施工於明堂，以接脈地土而作墓，避免木星葬窩，使左右砂來拱夾，使明堂縮短，水不直去，如此則能先富後貴。

（木形三）

木形

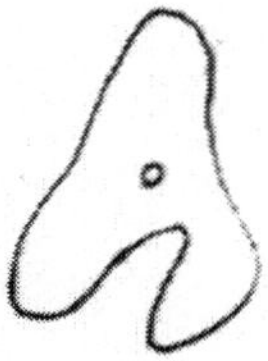

法葬

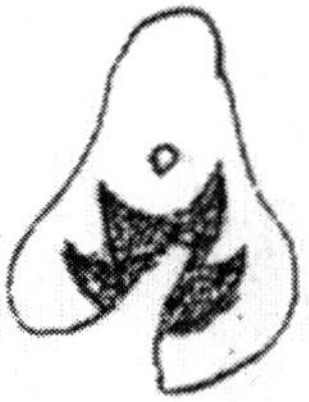

此木星之主山高壓，左右砂不均，又近迫穴前，葬此則出淺陋之人，無福祿可享。

此形穴須施作以打開近逼處，使內砂之左右成環抱，形成水木相生。如果來勢息止，則正中下穴，如來勢稍聳而壓迫，則在稍側邊下穴，期使明堂更寬展，子孫發福。

（木形四）

本形

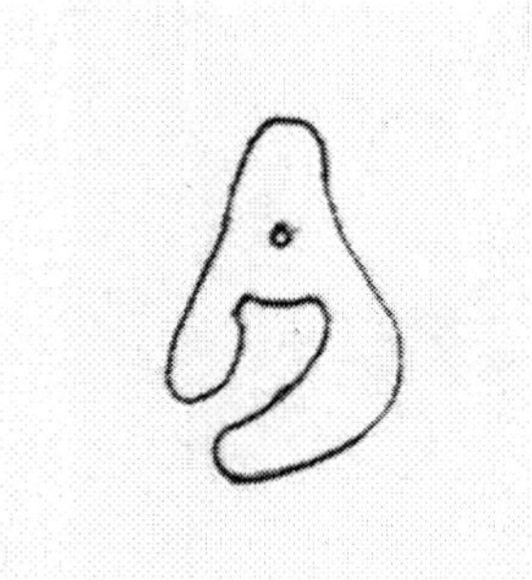

法葬

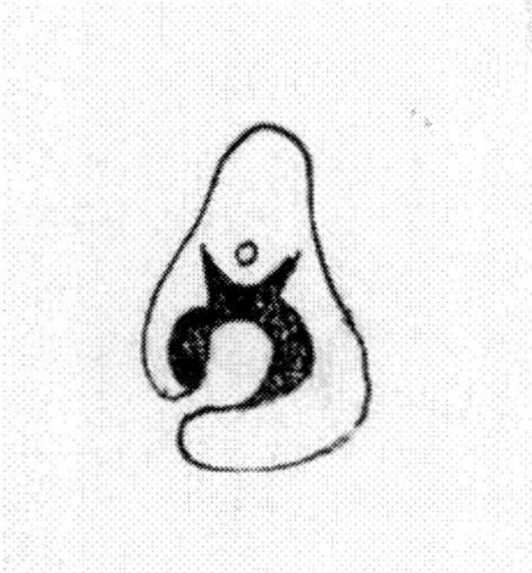

從形體可察穴情，其來勢高聳，前山高壓，致使穴形過窄，明堂也不夠大，形成所謂的「天罡煞」，葬此子孫年少早亡，二婚，無福可言。

逢此等形穴，由於前山高壓，必須鬆土一米至二米以衛禦之，致使高出之前山變得寬廣，明堂也變方正，並形成環抱之勢，得以避凶趨吉。

（木形五）

本形

法葬

此形之木頭金腳相剋，龍虎之煞氣重，明堂側口，葬此易生腫瘤，黃胆、氣管之毛病。

既金腳相剋，必須在右方開水穴，如此才能避開左邊之形煞，得以取金生水，水生木，以達避煞迎生之作用，形成一好地理。

（火形一）

本形

法葬

此種形體屬火星木穴，直來直受，龍虎砂不太飽滿，也不致消瘦，砂水不足，難以藏風聚氣，福不長久。

由於前方直來煞，毫無防護，故當憑靠木一邊開邊窩，以取木立穴，因而由下生上，形成水生木、木生火，尚可富貴。

（火形二）

本形

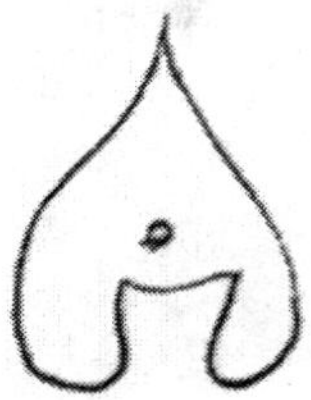

法葬

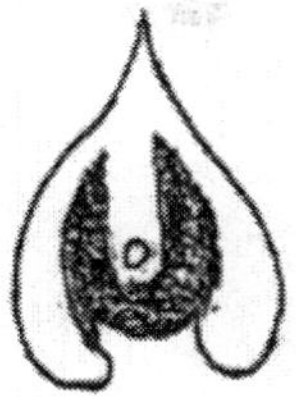

由於乳太短，龍虎砂無法蔽穴內之風，收穴前水，又火金相剋，犯金氣，易有凶災。

既是砂水不足，作法即在短乳兩邊挖開，取出土星，附土以成墳，形成火土相生，富貴可期。

（火形三）

本形

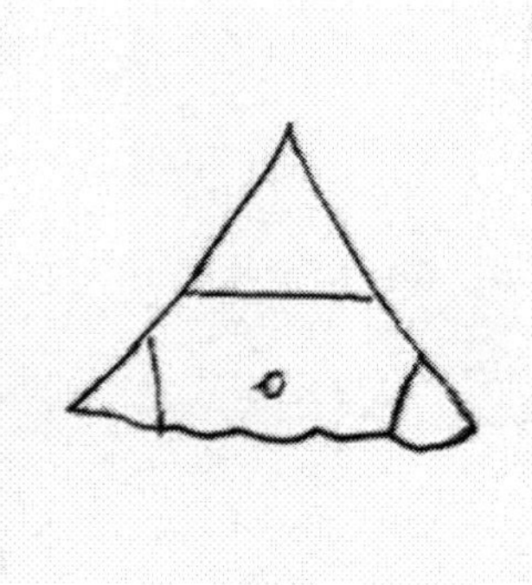

法葬

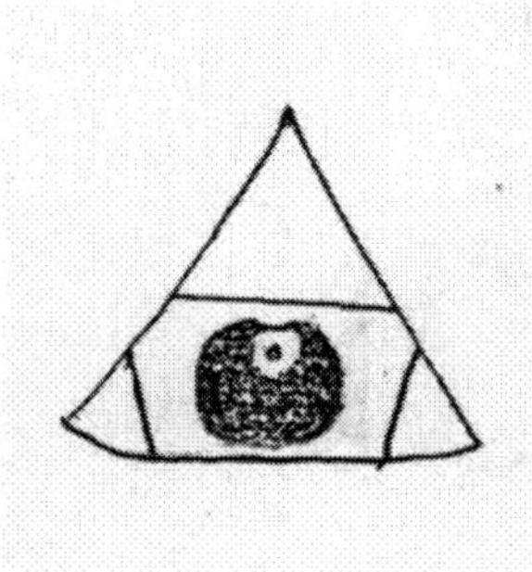

火星脫落於平地，呈微凸狀，雖是火生土，弱直接在硬面上挑鑿，是謂犯天罡，子孫破敗，或無子嗣。

宜在土面上開口深入約二米左右立穴，此貼硬就軟，微出金唇，鬆土使現龍虎砂，則氣止水交，而使內水會合於堂中，必出武將。

（土形一）

本形

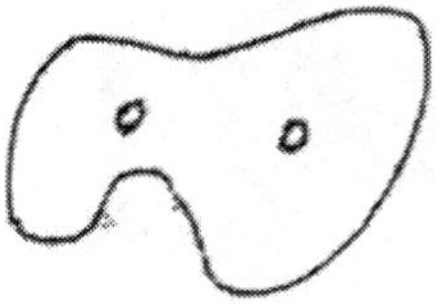

法葬

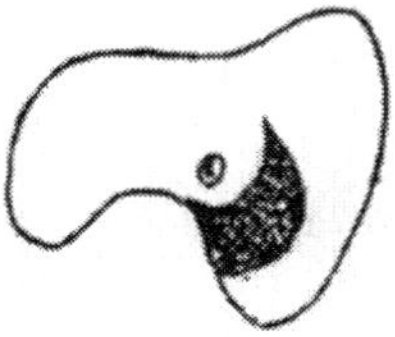

此形為臥牛土，其頂斜山露頂，是為土星犯煞，下葬於此，易生腫瘤，出僧道之人。

由於其頂斜山露頂，但大股上豐滿，宜將小脈劈開一些，使出乳頭，再在界水處作一小股環轉，並在中立穴，因而收拾堂氣，葬之旺財。

（土形二）

本形

法葬

此土形星，堂局尚稱端正，然乳粗又短，股大，葬之主久病，腫瘤、孤寡。

由於乳粗又短，股大，只有一絲脈下，可就乳頭處鬆土，使龍虎彎抱，以免除其粗頑，以收穴前水，遮外來之煞，葬之可出富貴。

（土形三）

本形

法葬

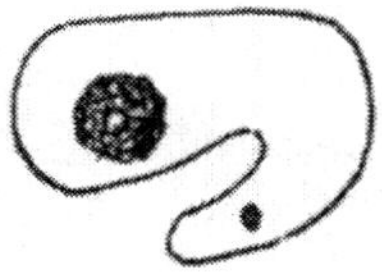

此土星無乳，兩邊角粗硬，是為犯木煞，葬之則久病，腫瘤，絕嗣。

此形穴情不明，若龍好，可於其角邊之有地勢處，侵沒以開窩鉗，掘深取氣，使內鉗能緊夾，不畏風吹，則可化煞為吉。

（土形四）

本形

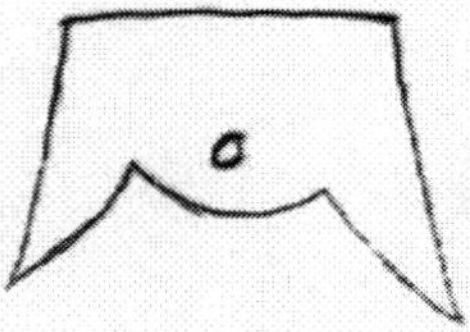

法葬

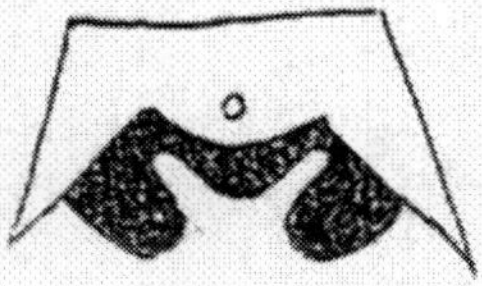

正土出紫氣入穴，由於兩邊角帶火，其兩角不收，門戶洞開，致土星無氣，葬之則凶。

此正土出水，惜火角不收，只要來勢平緩，當向中乳下方脫脈貼附，氣隨脈走，切勿出脈太遠，以免犯水，另增約二米新土以培起墓尾，並將龍虎培土成彎抱狀，以蔽穴內之氣，收穴前水，遮外來之煞，必可發福。

（金形一）

本形

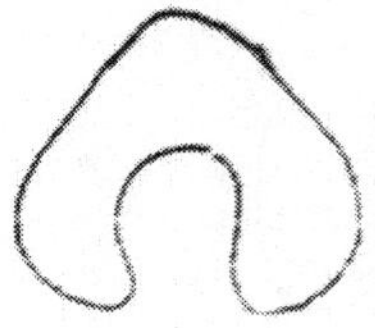

法葬

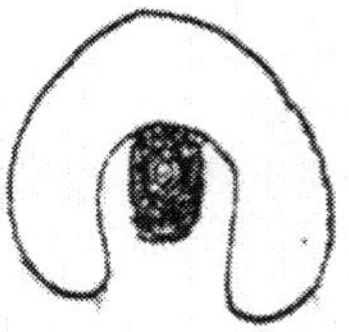

此金星來勢倚靠兩邊，左右平齊，其山體寬闊而氣不明，堂太過長，元辰直去，氣不聚，無金魚水界，是為虛鉗，葬之易官訟。

由於左右平齊，故鬆土不可太深，只填約一寸多高之四方土，下棺約一米，於入首脈止盡頭處下穴，如此使堂氣變短，得金魚水界，算是一種接氣法，可以旺三代。

（金形二）

本形

法葬

此形穴之龍虎直去無收，不能氣止水交，即使龍真穴正亦無用，必主破敗，官非。

針對砂水之不足，鑿金避缺，方法是掘去堂中勿超一米，另培育新土接脈，高約一米，深不及一米，並在下方造作一聚水池，使堂變短，水不直去，葬後得福祿。

（金形三）

本形

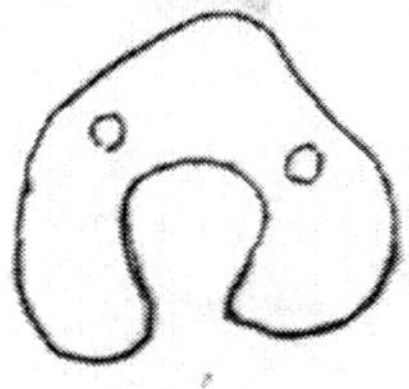

法葬

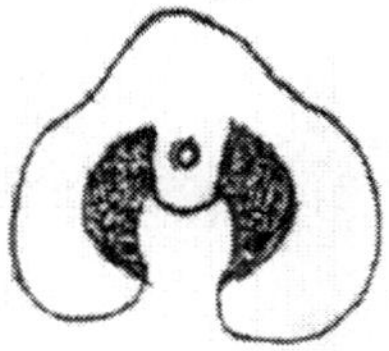

此形金星側來，左右山體寬又無守，若於兩邊立穴，不但氣不收，且堂過長無護衛，形成穴前緊迫，堂氣不聚，葬之則破敗。

此金星側來，左右山體寬，只要龍氣分明，即可在口之中央下方約一米堆土，並突出不超過一米，形如佛家之法倫起結，另須左右兩邊寬抱，如此使堂氣聚，元辰不直去、左右也有金魚界，可接得正氣，葬之必發福。

（金形四）

本形

法葬

此金星之內面寬盪，左右稍收，可惜堂長且水直，水口無攔，主退運破敗。

內直外彎，尚可補救，須凸出於堂中，施工法以接來脈，使之形成金水泡，曲折平緩，不再直去，得金魚水界，成發福之地。

（金五形）

本形

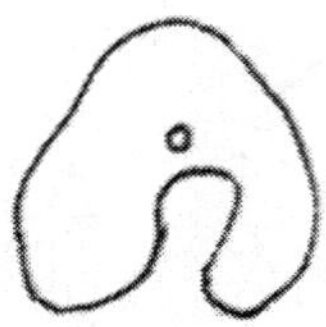

法葬

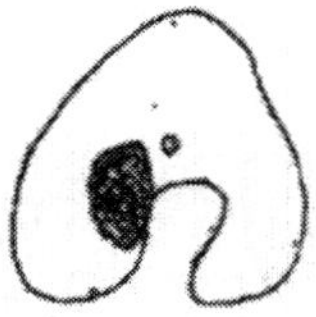

此金星來勢不急促，尚稱平緩，如臥前仰，兩邊平齊，但龍小虎大，形成口內斜側，致明堂夾窄，葬此破敗，無子嗣。

只要龍勢吉，透過工法可為用，重點要把虎方挖掘開來，形成一彎環，如此使虎方不再逼迫，化解口內斜側，元辰不直，且使龍虎均回抱，因而有金魚水之玄環，葬之人丁兩旺，財帛豐。

（金形六）

本形

法葬

金星偏左，水口斜側，穴居正面、致右砂無護，氣洩水散，如龍勢好，尚可補救。

首先必須將穴前之虎砂鑿開，化解斜側，使龍虎相當，不再金水不聚。葬之發福。

（金形七）

本形

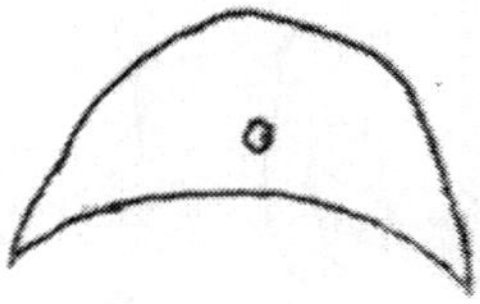

法葬

本形金頂，龍虎火邪，葬後金星引動，火剋金，不利一、四、七及三、六、九房，龍勢好尚可以法解之。

關鍵在左右火角，由中延沿，分向左右鋤土、化解兩腳邪氣，形成水木之形，則金生水、水生木，連環相生，葬之則一、四、七及三、六、九均旺。

（水形一）

本形

法葬

水星穴位屈曲之處，兩邊空盪，明堂不周，水散氣洩，葬之則退敗，人員離散，迎盪亂倫。

在前方開水窟，上湧金頂，在金頂處下葬，龍虎堆積固守，外環拱之，並使穴受到抱護，則人丁旺，富貴雙全。

（水形二）

本形

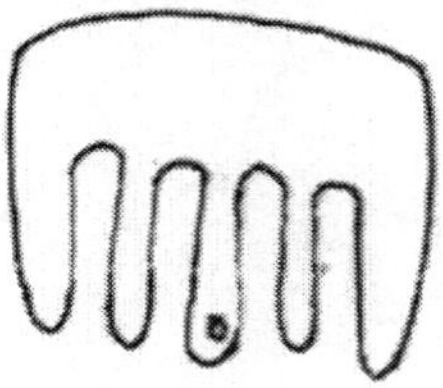

法葬

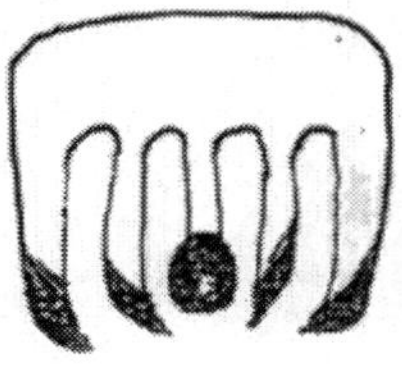

這是很少見的流動水星帶，缺失在龍虎無守，不能拱衛，又金泡不明顯，難以發福。

在中間正脈處，用土堆起，使金泡明顯，並在左右二砂培出稍具彎長的護穴帶，使明堂能聚氣，再在正脈脫煞處下穴，則旺財旺丁。

（水形三）

本形

法葬

此叫水星滴水，各脈均短小，難以形成護衛，氣也渙散，幸有中間一段稍大，尚能透過施作取用。

此龍勢吉，源於金星，必須在正脈較大之脫煞處，用土堆積金頂，成金水相生，並在左右貼補，使之形成龍虎砂來護衛，又於前方堆培一橫式高低適中之土星，使與穴形成相對之內案，則氣不洩，水亦不致氾濫，則可旺財，出文貴。

（水形四）

本形

法葬

此為水星金泡，左砂直去又短，右砂長而不抱，山水難以照應，氣露無力，易出鰥寡。

後有大金為祖，尚可以法用之，作法即先在左方外推而貼補出三臂以遮護，另把右砂稍補長，形成彎抱，不致方吹氣散，下之主福長且出文貴。

六、正確的「砂」法

砂者，吉穴四方之山，凡前朝、後樂、左龍、右虎、羅城、侍衛、水口諸山皆屬之。原則上，砂形以尖圓方正，相向有情，有情則尊貴，以斜側破碎，又反背無情為凶。砂之強弱上下也須判分明，如水從左方來，則左為上砂，右為下砂，水從右方來，則右為上砂，左為下砂，不管左右，上砂宜低弱，天門得以開，水自來；下砂宜稍高強，高強則才能使地戶閉，水才不直去。龍虎砂如山有自本身左右發出兩臂者當然最好，另也有兩旁之山，生來抱我者，或有一畔是本身發出，一畔是外山湊合者，都必須左右揖讓，高低相稱，環抱有情。最忌龍虎直去、龍虎反背、龍虎飛走、龍虎相爭、龍虎短縮、龍虎折臂、龍虎相射、龍虎高壓、龍虎低陷、龍虎逼迫等皆凶。另須考慮陰陽，砂以尖硬直突為陰，凹面彎環為陽，陽面向穴，陰背當風。

至於案山，不管是本身山生來穴前為案，或是外山為案，均要低小，宜近、不斜走、不破碎、不粗惡、端正圓巧，有情而不反背，傾水而邊抱，逆水沂流者為吉，有案則穴前收拾周密。而朝山也要有情朝拱，端正秀麗，不外尖圓方正為吉。事實上，龍來結穴，貴有朝案，除非向北之地，如無朝案遮攔，恐受朔風飄散生氣，其它如向東向西向南者，朝案並非是絕對必要條件，關鍵在是否諸水聚其間。另如平原之穴，朝案不明，高一寸便是山，須細察水界堤岸，或微凸，或草坪者。

地理以龍穴為主，砂水為輔，龍真穴正，砂水自然合法，即使有些小節之疵，亦可透過裁剪之法補之。龍無砂則孤單，穴無砂則氣飄散，上砂之形局決定穴氣之貴賤與否，如上砂之局勢闊天，氣必貴，如能蓋過穴前，內氣更完固。如果上砂之局勢單薄，容易使水逼城腳，甚至冲龍割穴。

穴以明堂為準，砂造就明堂，原則上，外明堂宜寬圓，內明堂宜緊狹，小明堂宜平正，大抵明堂宜橫不宜直，宜平不宜削峻，宜完固不宜缺失，宜窩不宜突，宜圓不宜尖，宜正不宜側，宜低於穴底。總之，砂不宜尖射，不宜高壓，不宜斜山露頂，不宜順水斜飛，不宜橫插堂前，不宜反背，不宜孤峰獨聳，不宜破碎崩傾，不宜硬直無情，不宜石露牙，均是大忌。凡真龍落處，左回右抱，前朝後擁，以成其形局，若龍虎抱衛，而主客不相應，也是虛假。大體上，凡砂肥圓方正者主富，清奇秀麗者主貴，欹斜破碎者主賤，再甚是有情或無情，即能大致掌握砂法。

七、「砂」之誤判

龍脈必有砂輔佐，穴也必有砂抱之，學風水地理的人都知道好砂要尖圓方正，要不逼不壓、不射不傾、環抱有情，卻常因執著於當運否？而違背形勢性情，以下幾點是最易犯的毛病：

1．拘泥於方位、強調吉凶方，卻忽略了至關重要的龍法，型態之美惡、情性之向背。只求吉位，卻因斜側尖射逼壓，勢必破敗。

2．肆意裁剪造作，例如：突增案桌、豎龍柱、填作頑石、築羅圍、鋪砂導穴、亂作兜金、增設金星、甚至以法術移山倒海：等，花樣百出，卻忽略了穴情形勢，也不管龍真穴的否？自認能扭轉乾坤，要知道大地生成，穴鍾山川之靈，山川之融結在天，豈是人為所能造作，所以，必須是有龍穴，因砂水之不足或有餘始可為之。

3．為了立旺向或近案來水，或取木星，而違背龍虎形勢，必遭凶災。

4．徒然在穴前多加石器鎮壓，或豎泰山石敢當擋煞，不但不能解煞，反而增填殺氣，反受其害。

5．龍勢大局已定，卻仍在穴前作培補，以迎合主人，拘泥於青龍管一、四、七，白虎管三、六、九，明堂管二、五、八之斷驗，殊不知心者氣之主，氣者德之符，只要人心積德，天必降之以福，且地亦以吉氣應之。而喪德敗德者，天必降之以禍。

6．為了立當運之卦位，或旺山旺向，而違背形勢，造成來龍斜向或無法收水，或犯形煞，均是趨吉不成反為凶。

八、正確的「水」法

坊間論水法，可能多達百種，大多刻意探討方位或巧立名目，讓人聞水法色變，把簡單的問題複雜化，叫人無所適從，陰陽宅之水法無異，精要的講，凡來水宜隱約，去水宜屈曲，橫要彎抱，逆要遮蔽，流水宜平而緩。水法之所以複雜，錯誤百出，主因是違背形勢性情，並套入星卦方位所致。

山不能無水，水為山之血脈，而穴必有隨龍之水兩相交媾，以形勢而言，大致有四局，一為順局，即水從穴前隱約而去，二為斜局，穴偏龍或偏虎，水過堂而兩水會於一邊而去，三為橫局，即在穴偏向一邊之砂，只有一邊水過堂，而水合於下手橫去，四為回局，即穴對祖山隨龍水順來，穴向來水而收之。

風水之法，得水為止，藏風次之。氣為水之母，有水則氣可徵，大地的生氣因水而改變其流脈，因風而使氣消散。氣與水互為表裡，「陰陽交媾」即結合從天而降的先天氣與大地生氣的後天氣。龍非水送，無以明其來，穴非水界，無以明其止。兩水之中必有一山，故水會即龍盡，水交則龍止，凡屬龍穴，端賴水為證應，水飛走則生氣散，水融注則內氣聚。尤須注意陰陽，水以長狹急鳴為陰，以圓潤澄聚為陽，故水要陽聚面前。

綜觀論水之重點在於形勢性情，吉凶易於辨識，水之來去，天門來水宜寬，謂「天門開」。水之去處宜緊閉，謂「地戶閉」。看水即可知山脈之動靜緩急，水隨山轉，兩山夾一水，兩水夾一山，陰陽相依，所以，吉水必須來水深長彎曲、朝水屈曲有情、橫水須下關，有山逆收、出水關攔、平緩而悠揚、隨龍而夾、遇峽水交、大會水抱、明堂水聚、界水合襟。凶水則穿破明堂、內堂割腳、穴前無餘氣、反背、急流直去、當心直冲、水破羅城、明堂水口寬、洩氣水直牽、急水爭流、水坂向外、一望直去、穴前斜直、大而寬蕩、高而前衝、低又坍塌、水聲悲愁、水濁汙泥、水遠又直等，吉凶簡明而不易僞飾。

九、「水」之誤判

水之誤判，尤甚者始於星卦方位諸論述，易於區別，可參考拙著《象界風水與易經》第五百五十頁之水法方位辨識，在此不在贅述。蓋地理不出山水順逆之理，陰陽剛柔之體，聚散分合之勢，來止向背之情。茲就幾點誤用或誤判者，分述如下：

1．先入為主，不顧龍虎砂，一律接來水，或是搶水作向，歪斜立穴。

2．卦例說，如庚丁向見坤水，乙丙向見巽水，甲癸向見艮水，辛壬向見乾水，是為黃泉水。

3．穴前順水而去，卻能發福，乃因龍真穴的，來龍高固關截，出口處有砂關攔鎖抱，大勢逆流之故。

4．為了招財，於穴前挖水池，或鑿月池因而傷及唇氣。殺人於無形。

十、陰宅造作不當所引發的凶象

風水地理學一向都在探討理氣與龍、穴、砂、水、向，從沒見過探討墳墓之造作所引發的凶象，作者精挑細選了三個墳墓來解析，太過華麗或標新立異者，經考慮後不予公開拆穿掀底，以免傷到檯面上的所謂大師，或者揭示先人後代子孫之隱私。

墳墓之造作，其形與象所顯現之吉凶，與居家陽宅之擺設論法，大原則並沒兩樣，有形有象就有吉凶，例如住家出現葫蘆，直接論斷，又如桌子，得看擺放在那裡，高桌或底桌，桌之形狀及其材質之不同，而有不同之現象。

作者每次幫客人看祖墳，第一個感受就是不如把它拆遷，或著眼於住家陽宅之擺設遇保護，總歸一句話，「愈是造作華麗，愈是標新立異，愈凶」，包含不當裁剪，墓穴、墓碑造形、龍虎砂形、碑上之文字及數字排列、設字聯、題字、題辭、出現什麼圖樣、另造刻石、龍柱、金爐、文筆錐、宮燈、案桌、花瓶、月眉池、所謂的招財物、石獅、石彫、動物…等，無奇不用、千變萬化、均會顯現吉凶，真是殺人不用刀。所以，如果陰陽宅只顧立向與外形局，不管內局擺設與陰宅造作，一切都是枉然。

研究風水地理，切莫花心思尋求龍穴，二十幾年來，吾嘗去打聽兩岸之風水師，有誰之祖墳是葬在龍穴上的？反倒是常聽到有風水師在賣「真龍穴地」。古時候之風水師，幫人相地，往往是住在主人家，可能三、五年才能有所獲，其間也在觀主人之心性與福德，風水師也深知自己無此福分，否則相得穴地，將自己祖墳遷之入葬，後代子孫豈不享榮華富貴。蓋心者氣之主，氣者德之符，人心積德，上天必降之以福，其地亦以吉氣相應之。假如人心喪德敗德，上天必然降之以禍，該地亦以凶氣應之。蓋積德為求地之本，吉地為神之所司，何況龍穴暗藏開闢，或有無形之兵將駐守，豈是凡人可得？能葬到吉穴，就要謝天謝地了。其實真穴只能占其福報，不可佔有，宜葬後三年內啟攢，只留外表之墓，否則須另付出很大的代價，此種論述，也許有些人會嗤之以鼻。固為人子女求地，能擇得吉穴，以藏先人之骨骸，避受風水、蟻虫害侵之，其義行足備矣。

人生總總本是因果循環，積德善人未有不得吉地者，相對的，也可以說擇師得師則得地也，當審風水師所學由來，觀其素行，則知其心術，察其議論，擇知其學養，姑不論洞識山川之情，此乃基本之條件。

大陸人口眾多，台灣地狹人稠，土地資源有限，勢必要將往生者火化，進駐納骨塔，否則死人與活人爭地，豈不是要帶來隱憂，事實上，人往生後，最好之安置是土葬，土葬有好有壞，好者葬於吉地，造作正確，庇蔭子孫、壞者讓字孫承受凶象。而火化安置在納骨塔，福禍都相對較小，能夠顯現凶象的因素包含塔周邊之外形景物、塔門、塔之造形、塔位置之選擇，骨灰甕之放置法、骨灰甕之刻字標示正確否？

正因為火化是時勢所趨，也是政府的政策，過去只學陰宅的風水師生意大受影響，於是近二十年來，「造生機」在一些風水師的推展下，蔚為風潮，目標對象是所有的活人，潛在市場翻了好幾倍，依師承之不同、做法也有異，有的尚嚴謹保守，有的宣稱升官、發財、生子、治病、延壽、成家…等，無所不能，有如代天行道，其是、非、得、失如何，為免傷及風水師或擋人財路，恕作者不予明示，保留評論。

另有少數人，或因不如意，或想飛黃騰達，升官發財，為祈求庇蔭，或聽信妄言，逐將祖墳改葬，望能大富大貴，此舉萬萬不可，輕易改遷反招大禍者有之，蓋先人既受原地之氣而生，今忽改遷彼地，氣吉不相續，何能獲福，即使新遷葬之地勝于原地，然未受彼地之氣，卻已先洩原地之氣，恐未蒙其利，先受其害，故宜慎思，要知道，陰陽宅均能影響三代人，遷葬實在是不得已才為之，例如，骨骸受風、水、蟻虫入侵，或墳穴凹陷，或子嗣將絕，或子孫忤逆顛狂，或家業耗盡，厄耗連連，官訟不斷，或年少早亡，男女孤寡者，否則不可輕易遷葬。

再來就裁剪取用作簡要之說明，陰宅因為庸師之自作聰明，動輒填加造作或裁剪而引發凶象者，屢見不鮮，直白的講，無故裁剪或填加造作，一方面可以收高額費用，偽飾功力，取悅主人。真正需要裁剪者有二，一是龍真穴的而砂水不足或有餘者，二是龍真穴的而穴形變異者。既無龍穴可言，豈能裁剪成地？人何德何能？除了不當之裁剪，另有亂種凶樹、增設頑石，另立案台、豎圖案、挖水池以招財等，都是對先人子孫極大的傷害。

除了火葬，喚近樹葬與海葬也漸多，這關係到政策、信仰及認知問題，作者也不便講得太明確，只能說凡要樹葬或海葬，前題必須是子孫本身很扎實，而且與該祖先了結，不承接祖輩，還得考慮祖先是否喜歡花木，是否怕水，至於後遺症，則由子孫承受。

為何要土葬？話說入土為安，主因是土葬如同東西用久了就習慣，土葬對死者死後七年，執念才慢慢淡化，才不致於流連忘懷。象界學不主張設家族墓，主因是難免會有或多或少的問題，凶象之多寡，視造作及其內部如何擺設而定，大致會引發亂倫、不婚、離婚、二婚、同性戀、逆倫、意外、死亡、敗家、甚至如骨牌一樣，兵敗如山倒。社會上偶有家族，怪事災厄接踵發生，很多是與家族墓有關，因此，凡有多位先人啟攢，或是往生火化，宜將骨灰甕個別安置在納骨塔為宜。

有關墓之造作，能否庇蔭子孫，興旺與否？與墓之大小無關，除非是字孫當高官才須重氣勢，但有了氣勢，造作華麗，還得審視造作細節，墓前墓後之景物及樹木才能定奪，氣勢歸氣勢，凶象歸凶象。另有基督徒及天主教徒之墓，也是問題一堆，常見的凶象有子孫無情、子孫不孝、性開放、二婚、親子關係不好、錢存不住、不好溝通、自私、小氣、刻薄、子孫不合、子孫四散、居無定所等，大多反應出西方人的民情。

總之，造作愈華麗、圖像愈多、凶象愈多，有如陽宅愈是乾淨、整潔、簡約、溫馨即可，擺了愈多物件，問題愈多。

（例一）：家族墓

前頁有說明家族墓易引發的凶象，從外表之造作，其現象如下：

1．上頂：子孫霸氣，不好相處，女人性開放，易與人有是非，多生女。

2．對聯：子孫出風流之徒，子孫多到外地。

3．供桌放磚：準備不足、沒有資源。

4．供桌前沿貼圖：虛有其表，子孫個性凶。

5．碑左旁另立夫妻及一女：蓋此墓之人得庇蔭。

6．碑文：有雙性祖先，負債。

7．姓名顛倒：晚輩不孝。

（例二）：基督徒墓

基督徒墓之造作、易引發之凶象，前頁有述，上圖之造作所呈現的凶象如下：

1．供桌只花瓶：子孫靠自己自力更生。

2．碑文：葬後不出三年，再帶走一人，有雙姓祖先干擾，子孫有二心。

3．碑文排列：子孫不孝，子孫會負債。

4．碑形：主人藏私，小氣刻薄。

5．墓穴造形：固執、女人、冷漠無情。

（例三）：土葬

從外表之造作，論斷如下：

1．碑文：子孫不尊重長輩，不孝，長輩有人短壽。

2．沒有龍虎砂：自力更生，孤軍奮鬥。

3．穴草茂密：此為淺葬，不至於蔭屍。

4．案台下有綠色爐：無法庇蔭子孫，子孫忘本，不尊重祖先。

5．左、右、前方各有四個圖像：多是非、犯小人、子孫離鄉發展。

第三章　數的靈動

數者，盡物之體也。數為萬物之根源，一切萬物盡在數，數隱藏著能量的指數，是詮釋萬物的密碼。生活中，一般人都只是將數視為計算、數據、資料及丈量的工具，殊不知「數」傳遞著生命的信息，甚至透過定律，傳遞出真理。萬物也都有能量，各自散發出不同的能量磁場，或相吸，或相斥，而「數」即為其具體的現象描述·掌握數，即能理解，甚至加以融合。

「易」即氣數變化，易道尚變，其變之蘊於內者為「數」，一畫開天，觀天之道，執天之行。易道就是氣數之道，天道運行，天理流行之第一能量就是促使萬象氣數變化的原動力，也是萬有氣數能量的大本能量之源，所以，易卦中的三百八十四爻，各爻皆表示變數，象徵「數」。易經可以說是最基礎，最原始的數學結構式，宇宙天地起於一，而終於九，終再復一，週而復始，此0、一、二、三、四、五、六、七、八、九之數，及其組合數，足以引動強大的能量，吸引力磁場，並暗藏著許多玄機，同時，事物都有其本質規律，萬物的生滅也都離不開數。

事物具多重性，個性是多重化，生命是多元化，數字密碼也是多層次的詮釋，數字所能顯現及代表的，也是多方面的，每個人都有與生俱來的出生年月日時，及其身份証字號，另外尚有生活中所衍生的，如銀行存摺、信用卡、健保卡、住家地址號碼、電話號碼、手機號碼、車牌號碼、護照等，甚至到銀行辦事的臨時號碼牌、工作證等，也都藏有玄機，不能純以數字看待，它背後均蘊藏著能量及象徵意義，獨特的頻率和磁場，也影響著各個人的現象，「數」可以說是全人類的共同語言。並延伸到生活中的各領域，包含了宇宙萬象的秘密，無論是實有、物理或是心靈層面，均在其範疇中。

其實，數不光指「數學」，吉凶、福禍、理性、感性、性情、是非、災厄、善惡、人格、品行、也是數，數的最高境界是智慧，一個人所展現出的才華、專業、言行、協調、溝通、整合能力等，也都是數。甚至有些沒有形象可觀察的，如事物的本質、功能、性能、屬性、潛力，則從它的數理或數性去推算測定，至於易學用之河洛數，則更進一步發展成為術數學，包含卦數、爻數、干支、五行、天地數、大衍數、納音、納甲、六壬、太乙、九宮、奇門遁甲、星占、曆法、策數、勾股弦、樂律、易林、京房、九章、太玄、皇極數、九九等，「數」是易的內在層次，數是針對各種「象」與「象」之間的各種聯動，而產生的運行發展活動，以「數」的方式，來表達事物的相關性和規律性，進而從中取得演澤基礎，敘述紀錄。

坊間談及數字靈動的書頗多、源自河圖之九宮數，宇宙天地起於一而終於九，自一開始，分佈九宮、再由二而起，再分佈九宮…，直至九止，共得八十一數，宇宙萬事萬物，皆與這八十一數的吉凶靈動有關。每個數字均有其特定的能量與象徵意義，從而瞭解各該數字所顯現之持有人之現象，其在社會上所扮演的角色、性格、優劣、吉凶、機遇等，「數」沒有絕對的吉或凶，我們自己本身就是數，包含一言一行，起心動念，生活索事，人是活在定數與變數之間，數字雖有吉凶，不可拘泥或執著於「數」，要藉由算數來掌握變數，心裡有數，心中自然不惑，凡事能掌握的「數」愈多，愈完整，變數就愈少，更須隨時應變，通達變通，知變與不變的道理。

第一節 理中有數、數不離理

從廣義而言，理包含道理、事理、天理、道義、理義、理氣、整理、解開、疏通，理為陽，為顯性、做、執行、表面。數包含數字、畫數、易數、數據、數目、氣數、念頭、想法、初心、動念、安靜、穩定、言行、情緒、智慧，數為陰，為隱性、體悟、內在，面對事物，則宜用陰處理陽才對。如同用理（陽）去處理情（陰）是行不通的。

在天地未開闢以前，混沌未開，理無不在·太古初成，數無不完備。易經的主要功能在依數而推理，並且依理而行，河圖洛書為氣數之本源，明二氣五行天地生成之理，理常而不變，數變而有常，故理曰定理，數曰定數。在《易傳》中，經常提及「吉、凶、悔、吝」，「元、亨、利、貞」，「爻象見乎內，吉凶見乎外」，其優劣好壞乃依據「易理」及「象數」的規律來推導的。比較代表性的是《繫辭傳》：「易則易知，簡則易從。」意即把任何一個錯綜複雜的事物組合，結構、規律和狀態，透過八卦簡單的六爻符號之間的相互關係及變化狀態，即可執簡馭繁的全面性予與比類歸納，並清晰的表示出來。就從象數學的角度，其實只有簡單六個爻劃的一個卦體，以足以表明宇宙萬事萬物之間錯綜複雜、千變萬化的關係。也可以透過易卦爻位及爻象之特性，及其變化規律以演繹。事實上，它裡面乃蘊含著一套深厚的資訊、哲理、邏輯、場效應，數分析等。所以，六爻的六十四卦窮盡了十數之理，也表達了宇宙一切事物，也蘊含著客觀真理。

「數」及其數理是與萬物不可分離的，這是自然造化，「數」有其易理，它不僅只限於數之量，還蘊涵著陰陽、五行及天數、地數，即「太極數理」。這在《繫辭傳》中即有明示：「極其數，遂定天下之象」，「皆寓於數。知數者以數知之，知道者以道知之。物不能離乎數，數不能離乎道。以數知之則通矣，以道知之則玄矣」。所以，老子說：「萬物皆有數」。

言理必本於河圖，數自理所出、數不離理，理中有數，體用同歸，顯微一致，理數可相倚而不可相違逆，例如地天泰卦辭：「小往大來。」就是在談理數，蓋天的陽氣下降，地的陰氣上升，內陽而外陰，內健而外順，內君子而外小人。君子之道長，而小人之道消。把君子擺在君子位、小人擺在小人位，叫「小往大來」。「數」與「理」體用同歸、顯微一致。

一、數由心生

俗話說：「相由心生」，意思是指一個人心中有理想，有明確的目標，並對這個目標充分的信心，這股意志力，自然會表現到其臉部的表情上。同理，人有思想，有思想就產生意念，有意念就生慾望，所以「數由心生」，「心中有數」。凡事必先有心生之數，再有可見之象，見象之後則數更明，並且進一步可觀察其情偽，並推演其吉凶變化，因為心生數，是數的根本，由數而推諸心，即可瞭解心的本態。例如孔子因為心中有數，才撰寫《易傳》，以闡述儒家的道理，周文王也是心中有數，才用六十四種不同的卦象，分別訂定卦名，並附卦辭和爻辭，以說明所以如此的道理。

宇宙事物無窮盡，象數亦無窮盡，當事物未成形而只有象時，必須用其它符號來表達，例如智慧、性情、人格、品性、感性、福禍、是非善惡、喜怒哀樂等，所以「心中有數」。所以，所有的變化，**先起於內在的「數」，然後表現於外在的「象」，再推出存乎其中的「理」。**

例如「起心動念」，一個人心中產生某種心思，或是動了什麼念頭，每個起心動念都是一個「因」，一切因緣果報，都起心動念所招感，一個人的想法、個性、態度、觀念改變了，就會出現不同的現象或結果，就可以改變命運。一個人**最好的藥引為自己的信念，家人和氣，較不怕外煞侵犯，當遇到困難時，也許當**下會沮喪、悲傷、難過、煩惱，但是當下心念一轉，也許就能改變心境，調整認知，有了不同的感受，念頭就改變，進而改變心情和想法，念轉運就轉。一個念頭的正負、好壞、善惡與否，會牽連著人的想法與態度，所以應該要以樂觀的心情去面對一切，面對生活，心念改變，一切都會改變。「起心動念」中的心很重要，心善，秉持正能量，任何動作都依此善之原則為起始，起的念頭就會是好的。一個人的起心動念，時時刻刻都在呈現自己的心念與想法，進而影響念頭，因而有了不同的表現，所以，改變要從念頭開始。

數由心生，我們自己本身就是「數」，包括言行、思維、起心動念，要從算術來掌握變數，一個人心裡有數，心中自然不惑，心裡有數即能掌握各種數據，當然能掌握變數，就比較不會出差錯，甚至勝券在握。

二、數的內涵與變化

萬物皆具有能量，「數」為能量磁場具體的現象描述，只要掌握各個數的能量趨向，即可理解，並加以融合。《繫辭傳》：「極其數，遂定天下之象」，《皇極經世，觀物外篇衍文》：「氣不麗乎數，特人不見耳！故曰，非數不行也，有數而不見也。」老子：「萬物皆有數。」故「數及其數理是與萬物不可分離，此乃自然造化，「數」不指是計量，還有其易理，蘊涵著陰陽、五行、天數、地數、即「太極易理」。天地之數，有體有用，體者一、三、五、七、九、二、四、六、八、十，皆順數、而用則陽順陰逆。易學象數學可以把任何的事物，都變成「數」之間的關係，再根據數的五行生剋制化等關係，與其易數的數理規律來配合運用，即能找到與其數相應的事物之間的相關關係與規律。《說卦傳》：「數往則順，知來者逆，是故易逆數也」，故數往順而知來逆，天逆行，地順轉，方能交會。

「一」之象，表示陽與陰之數及體、性與德，陽以一而生，陰以二而成、一生成而數備、一與二合為三，所以老子曰：「一生二、二生三，三生萬物」三既是合數，陰數三成為六，六為陰數之窮；陽數三合為九，九為陽數之窮，所以陽生於一，至九即變；陰成於二，至六而變，隨著陰陽之消長，數的變化就無窮，同時也呈現出象。《皇極經世，觀物外篇》：天數五，地數五，天數五，指一、

三、五、七、九；地數五，指二、四、六、八、十。一指太極，四指四象，太極一氣分為天地，天有陰陽，地有剛柔，天有陰陽、太、少，地有剛柔、太、少。天之體有日月星辰，故「天以一而變四」，地之體有水火土石，故「地以一而變四」，太極之一寓天地，天之一寓日月星辰四象之間，地之一寓水火土石四象之間，故「四者有體而其一者無體」。邵子曰：「一者數之始而非數也，故二二為四，三三為九，四四十六，五五二十五，六六三十六，七七四十九，八八六十四，九九八十一，而一不可變也。百則十也，十則一也，亦不可變也。」「要共歸宿，易簡不過一」，邵伯溫曰：「天地萬物莫不從一開始，故以一為本」。

以度量而言，「數」是「量」的抽象化，作為計數、標記之用，用來界定某物件的量與一單位量的關係，用集合的概念來說，數是相似的類所構成的集合，其由各種物件中抽象而得。在日常生活中，數通常出現在標記、序列的指標和代碼上。在數學裡，數的定義延伸包含如分數、負數、無理數、超越數及複數等抽象化的概念。

易經的數可分成四組、即先天八卦、後天八卦、河圖、洛書所含數的概念，宇宙間的每一個現象，一定有它的數，易之有象，所以表數，而象有辭，所以演數，既重數數，更重理數、以期對各種事物能察微知著。而象數本是同源，數指的是數理，象指的是卦象，原則上，數同是一，而象則不一，象根於數，而數亦寓於象，象有萬象，數可進退，象數可談人事物的各種現象。

數字成就了六十四卦的卦象，所以，《繫辭傳》：「參伍以變，錯綜其數、通其變、遂定天下之文；極其數，遂定天下之象」。卦以爻而成其象，爻因卦而極其數，窮究卦爻之數，就可以知道天下事物的種種現象。天數五，地數五，五位相得而各有合，天數二十五，地數三十，凡天地之數五十有五，這是數數。八卦卦數：乾一、兑二、離三、震四、巽五、坎六、艮七、坤八，而在卦爻辭中，包含著許多相關的數，知道數，才能通曉卦爻辭義，天地範圍數：天一、地二、天三、地四、天五、地六、天七、地八，天九、地十。甲一、乙二、丙三、丁四、戊五、己六、庚七、辛八、壬九、癸十。數可以推求或佐證象，象數一體，真要區分，則象包含河圖、洛書、納甲、納音、卦變、卦氣、互卦、月建、筮法、占法；而數如太玄、六壬、乾鑿度、太乙、遁甲。

易數決非一般數學之概念所能界限，生活中的事物，無不適合於度數，有關三綱、五常所談禮儀、禮節、儀節等倫理架構，以及禮貌的等級及其內容，是為禮數。至於根據天象標記時間的方式，載一年二十四節氣的常數，則為氣數，而由於象數一體，但象不一而數不等，瞭解其數而後分辨其氣，氣分陰陽，數才有奇偶，氣又有聚合與散分之形態，以及意象、虛而不實、包含、包納的觀念。易經談的是由氣而行而質而能，以推求人事物之變化，意即氣數變化。由氣數進而衍生定數和變數，過去的已經形成，是定數；現在是算數；未來不知，充滿變數。萬事萬物都離不開不變的共同大環境，遵循「道」在運行，人世的福禍皆由天命或某種不可知的力量所決定，這是定數。定數也並非全然是宿命，對於人之言行、觀念、作風等，仍然有許多是可以掌握的，定數含有可以改變的因子，這也是易數的特色。至於未來，也仍然有許多事物是可測的，藉由算數來掌握變數，但也充滿不知與變化，能量不時在變、人事物也隨時在變、未來充滿變數、人總是活在定數與變數之間，而人本身即是數，包括一言一行、起心動念及生活索事，凡能掌握的「數」愈多，心裡愈有數、則變數就愈少，行事方面亦要有應變的計劃及心態，才能處變不驚，心中不惑。

三、數的吉凶與套用

「數」隱藏著萬象的秘密，是詮釋萬物萬事的密碼，數及其數理與萬物不可分離，老子：「萬物皆有數」，數者，盡物之體也。數隱含能量、磁場、玄機，是人事物的表徵，生命的軌跡。

易經為最原始的數學結構，伏羲畫卦，始於乾坤陰陽，而乾坤陰陽又始於太極。太極生兩儀、兩儀生四象、四象生八卦，再重為六十四卦，三百八十四爻，這都是「數」。又如河圖之數為天一地二，天三地四，天五地六，天七地八，天九地十。這一、三、五、七、九就是五個奇數，二、四、六、八、十就是五個偶數，即天數五，地數五。再一與二，三與四，五與六，七與八，九與十，這是奇偶為類而各自相得。洛書則載九履一，左三右七，二四為肩，六八為足，中央為五，演成九宮，並可由三三方陣，演成四四方陣，五五方陣，以至於千方陣，萬方陣，也都成對稱平衡，顯示宇宙自然萬有之妙。古代的數學，可以說是導源於「易數」，也就是導源於易卦、河圖、洛書的級數之排列與組合。「數」就是用數字及數學，去顯示宇宙萬象或卦、圖、書等的排列組合與變化。如從數理而言，太極生兩儀，兩儀生四象，四象生八卦……，顯然兼含數學極限、幾何級數、排列組合、二進位算法、二項式定理等之內容。

論「數」之吉凶，不只是0、一、二、三、四、五、六、七、八、九之相應人事物現象，也包含組合數的涵義，也可將之分成陰陽兩組數，分別代表因與果、先天與後天、過去與未來、主動與被動、內在與外在等之意涵。最能代表一個人之吉凶與現象者，即為身份證字號與出生年月日之數碼，其他如手機、電話、地址、健保碼、信用卡、存摺、車牌號碼、護照等之數碼則為衍生的，也都與身份證及出生年月日有著直接或間接的關連性。

壹：0至九十九數的涵義

理論上、「數」沒有絕對的吉或凶，欲論吉凶，或身份證字號、手機、出生年月日、姓名之數理現象，首先必須知道0至九十九數之涵義，尤其以一至十二為重，至於案例，因為非本書之主題，僅列舉一、二例解說。

0：為最大或最小，休息、可大可小，不穩定，神秘，推拖，一場空，也是宇宙能量的總合，虛空，暗藏玄機，不可測，潛藏一切，兩極化。

一：為催生萬物之始數，一切事物之基本數、為健全、一元復始、萬象更新、神秘、陰沈、躲躲藏藏、聰明機敏、有謀略、具開創性；精打細算、想像力豐富、害羞、膽怯、不坦蕩、會孤立自己、忌妒心重、易推御責任、不大方、小氣、自我意識強、喜酒色、想太多、韌性、自私、有時會被人排斥、用情不專、疑心重、沒安全感。一也代表欣欣向榮、繁榮吉祥之象，具開創及領導之才能。

二：為催生動力之源、混沌未定數、破滅無常、認真努力、打抱不平、溫和、剛柔相具、勇於面對挑戰、易情緒化、糾紛、分離、堅持己見、易損財、夫妻緣分薄、貴人破滅、抗壓力強、穩重平和、善解人意、韌性強、行動派、不擅於表達、野心大、易受他人之左右、易引來是非、身體方面容易有筋絡之問題。

三：吉祥、發達成功之象、勇猛、有領導才能、作風嚴厲、機敏、有王者之風範、有威儀、敢冒險、凡事的目的性很強、有才華、能夠掌握權力、財帛豐、喜支配別人、霸氣、貴人多、貪得無厭、創造力強、擅於等待機遇之到來、喜獨立自由、不喜被約束、是吉祥如意、能成大業之數。注意四肢、皮膚、腎臟之保健。

四：有凶變、破壞、滅亡之象，個性敏銳、溫和、固執、活潑、易有是非、神經質、警覺性高、生性多變、挑剔、好色、主觀意識強、重精神感受、對事物沒有安全感、易逃避現實、變動不穩、浪漫多情、注意色災、慾火焚身、吹毛求疵、能有條不紊的解決問題、按部就班、處事謹慎小心、此數亦有辛苦、坐困愁城之象，宜保守處事。注意手指、肝膽神經之保健。

五：福祿壽之吉象、為五行陰陽變化之數、第六感強、具領導才能、格局高、有遠見、自尊心強、自信心十足、處事大方、光明磊落、具王者之風範、運籌帷幄、很能掌握周遭的人事物、佔有慾強、桃花旺、具強烈的使命感、博愛之精神、凡事深思熟慮、動腦動口不動手、耳根軟、太過自我、志氣過人、斷事精準、易有解不開的心結、雖會照顧別人、但也有無情無義的一面、不但好奇心強、疑心也重、富冒險精神、多才多藝、喜新厭舊、凡事較不考慮別人的感受、注意手腳及胰臟之保健。

六：安穩之象、有財、聰明、機靈、反應快、有個性、具創造力、沈穩、能屈能伸、手腕好、擅經商、喜賭色、看似軟弱、其實心狠、自負、陰毒、容易與人糾扯不清、行事小心謹慎、生活中充滿美與愛、忌妒心重、任性不拘、自我又具上進心、富獨特之魅力，財運尚稱順利。六見七之抵抗力差、易有心臟問題及罹患癌症之風險。

七：數理上精悍、肯付出、七為三加四、象徵兩性結合、共有、夥伴之象徵，心性上樂於助人、有遠見、具慈悲心、傲氣、但也易相信人、自我要求高、有地位、有權威、活潑、會誇大、具使命感、女人之適應能力強、拿捏得宜、有雅量、亦有倔強之一面、甚至吹毛求疵、常有貴人相助、或是幸運之神的眷顧、作風尚稱謹慎保守、有主見、腳踏實地、三思而後行、熱情、愛恨分明、易讓人感覺冷酷無情。身體方面宜注意心血管方面的疾病。

八：性堅剛、外表柔弱、內在固執、壞脾氣、亦有溫和、善良的一面、實際踏實、行動派、有恩報恩、有仇報仇、不計較、無所求、不在意別人的看法、犧牲奉獻、會為他人設想、容易被利用、被佔便宜、不大會保護自己、自信心不足、感情方面雖然佔有慾強、但也易吃虧、欠缺安全感、因此易患得患失、優柔寡斷、愛恨分明、情緒變化大、不擅變通、不會計較、常受傷害、創傷心靈、頑強好勝、具堅強之意志力，然理想與實際之落差過大、耐心不夠、導致損財、虧空失敗。身體方面要注意淋巴、腦神經方面的問題。

九：從數理而言、吉盡凶始、多災難、沒有定性、但講求團隊合作、成群結黨、敢做敢當、潑辣大膽、爭強好勝、急性又好動、有錢財、富幻想、閒不住、耍花樣、重外表、頗具號召力、第六感很強、機靈且強悍、擅於觀察、但也不容易專注、富猜忌、調皮、神經質、具反判性格、雖然不貪心、但侵略性及佔有慾強、不放過任何機會、擅理財、甚麼錢都想賺、有時會脫離現實、虛幻、活在過去或假想之未來、具神祕的一面、重視精神層面、理想主義、卻又兼具行動派、理性又感性、具兩極化之現象。注意筋絡及支氣管問題。

十：數理為空虛無涯，黑暗境地，主運有此數者大多挫折短壽，不順、病痛、災禍、官司等，在數字學上宜有好數相參以化解之。性格高雅、威風、努力、熱心、重享受、有品位、有領導力、口才好、能信服眾人、做事有節奏、重物質、桃花、對人事物富正義感、愛管閒事、囉嗦、自負、打抱不平、愛出風頭、展現高姿態，但也不輕易表態，會因為太多情而造成感情上之困擾，甚至遭小人中傷。注意呼吸系統的保健。

十一：數理上為平靜和順，有再興之運、穩健踏實、富貴昌盛、當逢不如意時有機會翻轉，有救助之功。性格上忠誠、重感情、重義不惜財，甚至對朋友比對家人重要，會拔刀相助，卻又具冷靜的特質，容易放蕩不盡責、不顧家、沒方向感、太富正義感、多為人付出、愛管閒事、喜出風頭、爭強好鬥、霸氣凌人、太重情義、易遭小人、易吃虧破敗、事後再去反擊，有時會莫名的發脾氣，不但多情又好色、第六感敏銳、報復心強、會仗勢凌人、眼界高、瞧不起人、亦有再興及春木降甘霖之象，順勢而為成功可期。十一為八星之伏位、具耐性，身體方面注意泌尿、小腸、腦神經或隱疾。

十二：數理上六親緣薄、力有未逮、美中不足，或常做一些能力所不及之事，付出也難能得到相應的回報。有韌性、能莫莫承受外來的一切，聰明、有能力、重情調、溫文儒雅，女人陰柔體貼，為人付出、樂於助人、愛管閒事、照顧家庭、桃花旺、有生意頭腦、辛苦、認真努力、隨和中帶有陰沉，心地善良、心腸軟，有時也會自不量力，易遭親友之累，雖有財運，易遭劫財，財守不住、投資失利，身體方面注意血糖及泌尿、腎臟之保健。

十三：數理上有才藝、有謀略、有智慧、能力超群。處事為達目的不擇手段，有心機，亦有良善的一面，易爛桃花，也因要求高，凡事追根究底、易招來是非。擅於排解困難，得人望，天助人助、有財運，能夠成大業。十三為八星之天醫，要注意泌尿及血循環之問題。

十四：數理上主人沈浮不定，六親緣薄，親人離散、孤獨、小心意外，官司纏身，危難破敗，卻能挺住壓力，十四為無名火，對人特別好、又容易無形中得罪人，雖然具群眾魅力、自己卻無主張、有時隨和，很有異性緣，重視休閒養生。

十五：數理上福祿壽具足、繁榮興旺、事業成功、不大理性，卻有雅量、貴人相助、諸事圓滿。缺點是個性凶、容易吃虧、不會記恨、外柔內剛，雖然天賦聰穎，然持續力不足，易半途而廢。

十六：仁慈厚重、守誠信，是為首領之數、沈穩、重義氣、剛毅、心事多，卻也沈得住氣，例如在姓名外格時，會直接表現出來。尚能富貴榮華，然須注意雙手拱出江山，因而一無所有，處事要求完美、重養生、懶散，注意腸胃、皮膚、泌尿之保健。

十七：數理上有過剛之象，有突破萬難之氣魄，雖意志堅定，勇猛威武，衝動，然如過於固執，目中無人，必定與人不和諧，易犯小人，反遭惡果。心性上亦有虛假的一面，難融入群體，喜搞怪，標新立異，宜培養柔德、修養自己、或吃素，否則會招致失敗或病痛纏身。注意呼吸系統、淋巴、免疫方面。

十八：數理上是有志竟成、名利雙收，其自我心性強，雖然擇善固執，然剛毅過頭、宜怡養柔德、疑心重，易迷失方向，戒之在酒色，富進取心、領悟力佳，不鳴則已、一鳴驚人，如得意忘形、恐遭不測之災。注意心臟、婦科、過敏性。

十九：雖有智謀，能創造一番新氣象，然也關關難過，阻礙多，刑傷病痛，有兩極化之現象。心性勇猛、傲氣、高高在上、強勢霸氣，然沒有定性，運勢也易起伏不定，有時會拖泥帶水，恐財來財去、酒色財氣、煩雜、心事多、睡眠障礙。尚且要注意勞心勞力、以及積勞成疾、要注意泌尿、心血管、肩頸、心臟方面的保健。

二十：數理為敗運多凶災、災禍頻臨、精明、城府深、處事之目的性強烈、自私、易惱羞成怒、易受無形的干擾，經常留一些爛攤子給人收拾，身體方面要注意腫瘤及腎臟、酸痛、腦神經方面之問題。

二十一：富權威、具領導力、循序漸進、努力不懈、富貴顯達，個性勇猛好動、處事果斷、重名聲、有責任心、心地慈善，具悲天憫人之情懷，不喜被約束，閒不住，頗具開創性，難免帶點孤傲，不適宜女人，否則反遭災厄，亦有凌夫之象。身體上易有肝腎、泌尿、糖尿、結石之問題。

二十二：此數為秋草、吉凶參半，有秋草逢霜之象，懷才不遇、諸事不順，心有餘力不足、作風隨和、奸詐、脾氣不好、狗頭軍師，好辯不服輸，易犯色難、犯小人、勞碌難有所穫，頗有靈感，身體方面易有肝、心腦血管之問題。

二十三：為首領數，可從寒微直步青雲，展露頭角，好勝心強，雙夫雙妻格，女人用之離異或守寡，此數之人急性、責任心重、富謀略、克難果決、有活力、有度量、口才好、容易衝動，能賺黑白兩道之財，功業隆昌。注意呼吸系統、淋巴、意外。

二十四：為大吉之數，白手起家、才智謀略出眾，雖有阻礙，越老越豐收，財運廣進。心性小氣、好吃懶做、五分鐘熱度、愛表達、溫和恭順、處事圓滿、疑心重、易破財，注意心臟、婦科、泌尿、血循、過敏、意外。

二十五：為奇特之才、男英俊帥氣、女美麗大方、氣質非凡、傲氣、自恃甚高、氣勢凌人、目中無人、狗眼看人低，有時因聰明反被聰明誤，事業、身體、婚姻，每一關均會破、帶天命，第六感敏銳，須修養身心，平和處事，行善積德破解之。注意腸胃、坐骨神經問題。

二十六：數理為變性，變動無常、伶仃不順、天資聰穎，富正氣俠義，不是英雄就是烈士、不按牌理出牌、沒耐性、會有欺詐行為、淫亂好色，年少多災難，晚運佳，一生亦多勞碌，注意腫瘤、酸痛、腦神經衰弱。

二十七：聰明過人，本位主義重、自尊心強，易遭誹謗，是非不斷，心性帶消沈孤僻，遇不如意、容易想不開、帶神經質，姓名學上、如受剋或去剋人，易得憂鬱症，亦有孤寡之象，婚外情、財帛豐，注意血循環、眼耳鼻保健。

二十八：數理為別離、困難、凶禍、六親緣淺、女人多孤寡、固執、反覆無常、神經質；不按牌理出牌。雖有豪傑之氣，不免多波瀾變動，辛苦難成，官災刑傷，遭小人陷害，自我壓力大，錢財借人要不回來，身體要注意腸胃、腫瘤之疾病。

二十九：為不平之數、吉凶參半、富謀略、點子多、為人豪氣、才能出眾，雖有成功之格，然野心過大、企圖心強、又要求完美，易招致失敗。如女人則男性化、多疑、易情變、色災，財大多守不住。身體要注意泌尿、腸胃、婦女病、憂鬱及皮膚病。

三十：沉浮不定、喜冒險、大成大敗、錢財留不住、善惡難分，常有不測，亦有孤獨之象，事業、婚姻、身體難免要出狀況，尤其是陰症，另須注意、腎臟、肥胖症。

三十一：足智多謀、百折不撓、意志堅定、溫和穩健、刻苦耐勞、自我要求高、腳踏實地、圓滿和順，具統籌與整合能力，能成就大志業，此數為軍師格，想的比做的多，不宜衝鋒陷陣，亦要識時務，知所進退，保有富貴。亦為八星之天醫，、性情善良、桃花旺、運勢佳，注意血循環、眼睛、肝臟之保健。

三十二：為僥倖之吉數、人緣好、能得長上之提攜、肯付出，小心小人之累，平和、投機、口才好、心腸軟、有仙佛緣，甚防財多身弱，注意呼吸系統、免疫方面之毛病。

三十三：旭日東昇之吉祥運，剛毅果決、威權強勢、才智雙全、熱情如火、性情急躁、唯我獨尊、能力強、野心大、意氣用事、易遭設計、引來是非、宜多包容、培養謙和之氣、此數不適女人，注意心臟血管之保健。

三十四：劫難凶災、夫妻生離死別、孤寡、運勢虛有其表、心性固執、忙碌、脾氣暴躁、卻也好善樂施、重養生、要求完美、自我壓力大，注意心臟、酸痛問題。

三十五：保守、平安之吉數、性溫和、懦弱、富才藝、男人消極，會誇大吹牛，女人則凶悍、具家庭觀。欠缺胆識，難擔大責或領導，靠自身努力能獲成功。

三十六：波瀾沉浮多困頓，一波未平一波又起，難得平安，卻肯付出奉獻，重然諾，幸能努力奮鬥，完成不可能之任務，身體方面注意胃、泌尿、過敏、陰煞及意外。

三十七：數理表權威、固執、剛強、心性聰明、善良、愛表達、認真努力、閒不住、有威儀、能逢凶化吉、什麼錢都想賺，然投資易失利，注意腎、皮膚、結石問題。

三十八：為薄弱乏力之象，心有餘而力不足，常做不該做的事，想法激進，行為平和，意志薄弱，易虎頭蛇尾，想得多，做的少，耐性不足，胸無大志，宜技藝謀生，會設計別人，也會被人陷害，易憂鬱，注意腎、泌尿之保健。

三十九：富貴榮昌、德高望重、圓融隨和、掌握權勢、智謀超群、多貴人、號令天下、然吉中帶凶，兩極化之象，宜慎用，女人用之受拖累，注意腸胃、腎臟之保健。

四十：深謀遠慮、欠缺威望、傲慢、氣勢凌人、冒險投機、易受誹謗、吉凶參半、終難避免刑傷失敗之惡果，宜修心養性，稍安勿躁，保守行事尚能守成。身體方面須注意肝腎、骨骼之保健。

四十一：富謀略、有胆識、主觀意識強，有領導力、名利雙收、能成就大志業、心地慈善、德高望重，然行動力稍嫌不足是其缺點。宜注意腸胃、血糖方面之問題。

四十二：數理上為多才多藝，但缺乏自信、意志力薄弱、企圖心不夠，也沒有明確的目標、欠缺行動力，有時得理不饒人，可謂博而不精、費盡心思終難成功，身體要注意肝、筋絡、心臟、血循環，尤須防患中風。

四十三：數理上為散財破敗之運，心性欠缺企圖心，意志力薄弱，雖有才能、然因循苟且、玩弄權術、賣弄本事、自不量力、諸事不順、白忙一場、女人尤甚。注意心臟、神經系統之保健。

四十四：厄運重重，心事誰人知，勞苦、心有餘力不足，有志難伸、如急功好利、更易遭破敗，而且六親緣淺薄，縱有出怪傑，偉人烈士者，也是萬中取一。注意心腦及淋巴系統之問題。

四十五：數理上一帆風順吉星高照之象，有智謀、心性寬宏大量、要求完美、志向遠大、榮華富貴，可成就大事業。但如配上凶數，恐會引來大災難，尚能浩劫餘生。

四十六：為怪變、沈舟、坎坷之象。亦有心靈失調、薄弱乏力、思想偏激之性格。雖然諸事不順，多變動，困苦接踵而來，只要堅持理想，再配合吉數，大難不死必有後福。身體要注意呼吸系統、意外、中風、腫瘤之問題。

四十七：為花開富貴、圓滿吉慶之象。具權威尊貴，能得長上提拔、貴人扶持，與他人合作更是如虎添翼，可成就大事業，並佔有一席之地。小心憂鬱、泌尿、血壓問題。

四十八：德高望重，才能出眾，有謀略、引領眾人、為人師表、名利雙收，亨通隆昌之運。缺點是自私、少付出、投資多失利，小心中風，注意膀胱、結石、泌尿問題。

四十九：主吉凶交錯，有時一步登天、有時從天堂掉到地獄，一生變化大，然凶多吉少，多災厄困苦，心機重，總想佔人便宜，唯有修持自己，謹言慎行才可能逢凶化吉。注意膀胱、卵巢病變及水腫問題。

五十：離愁、孤寡、刑傷之數，吉凶交替，先吉後凶，早年尚能成功，晚運破敗、一切歸空，悽慘之象，以姓名學而言，配吉數尚可稍改善，配凶數則凶上加凶。

五十一：吉凶各半、先盛後衰，吉中帶凶之象。虛假，扮豬吃老虎，想要又不敢講，言行上易自我矛盾，自己欠缺實力，難逃挫折，困頓之運，易有狀況、官非、尤忌為他人作保。

五十二：富謀略，有專業，推理及企劃能力強，具先見之明，能成為行業中的翹楚，沉穩，但亦有強烈的企圖心與投機心，能出名，有暗財，亦為突破難關，險中求勝之數。注意心血管方面之保健。

五十三：為盛衰參半、吉凶互換之數，外表吉祥而內在憂患，主因是個性懦弱，誇大又不實際，成功不長久，稍有狀況，即陷破敗之境。身體要注意代謝方面之問題。

五十四：具號召力，但不免多災多難，數理上為橫死，苦難，不平順，多刑傷。心性上不干寂寞，卻也憂鬱寡歡。身體上注意呼吸系統之毛病。

五十五：福禍參半，表面平順、內在阻礙重重，表現霸道，言多必失，不得人和，辛苦無所穫，終難逃厄運。宜身體力行，少說多做，尚能改善。

五十六：大致為好命，一體的兩面，高格局者眾星拱月，低格局者娼賭之徒，關鍵在進取心與實踐力，否則亦難逃孤獨、破敗、凶險之下場。身體方面要注意腎臟、淋巴之問題。

五十七：繁榮富貴、百事亨通之象，財帛豐厚，性格剛毅果決，膽識過人，行動派，魄力十足，有威望，發達成功，事事圓滿，須注意桃花方面之劫難。

五十八：運勢起伏不定、福禍多端、小聰明、自私自利，野心大，聰明反被聰明誤，被設計，必遭傾家蕩產，晚年尚有福可享，亦是先苦後甘之運。

五十九：數理為時運不佳、勞而無穫，為乏力之運。性格固執，亦智力卻薄弱、耐性不足、終遭破敗。身體方面要注意泌尿系統之保健。

六十：為無謀、爭名奪利、個性反覆、意志不堅、雖然一時能謀財，爭得名聲，終究是挫敗收場，一場空。

六十一：具名利雙收，富貴隆昌之運，野心大、高傲、自我心性強，要求完美、重養生、外表凶狠，實則內心胆小，須防傲慢不遜、人謀不合。陰溝裡翻船，幸有福報，尚能免於破敗。注意皮膚、婦科、腸胃之毛病。

六十二：如秋草逢霜、內外不合、衰敗困厄、凝滯停頓，意外頻來之運，為別人付出得不到回報，勞碌、白忙一場，唯有充實自我，不屈不撓，方能改善厄運。注意腰酸、神經、心臟之問題。

六十三：榮華富貴、平順安泰、萬事如意，逢凶化吉之吉運，腦筋聰明、處事手腕好，能見機行事、利於經商，財帛豐。戒之在賭色，否則必大破財。身體方面易有血循環、免疫、過敏、心臟之問題。

六十四：數理上為非命，分崩離析、悲愁、骨肉分離、多變動、容易衝動、固執、易有口舌是非，一生勞碌、六親緣薄、犯小人，宜注意免疫、淋巴、呼吸系統、意外狀況。

六十五：好命、富貴長壽、衣食無缺、聲名遠播、掌握權勢，為人溫和厚重，多貴人扶持。感情豐富，多桃花運。

六十六：感情及金錢糾結、酒色財氣、慾望多、無福氣、內外不合、表裡不一、進退失據、艱難困苦、事與願違，凡事多徒勞無功，宜修身養性、減少物慾、保守心態。注意心腦血管問題及癮性疾病。

六十七：貴人旺，得長上之助力，志業通達、家道繁盛、桃花旺、高高在上、脾氣不好、易有是非、官司，財運旺，錢財借人要不回，身體要注意腸胃的保健。

六十八：腦筋靈光、奮發圖強、建立功業、興家致富、寬容大量、名利雙收，須多一些心思經營婚姻，易有桃花，婚外情，身體方面尤須注意血循環問題。

六十九：有錢、野心大、閒不住、不逢時運易內外不安，錢借人要不回，投資失利，多災多難、進退維谷，甚至毀於一旦、傾家蕩產，官司纏身。身體方面注意肝腎、泌尿、腫瘤。

七十：為異常凶惡之數，家道中落，時運不濟，命運多變，一生慘澹，晚景淒涼，一切空虛。易有膀胱、泌尿及下半身之問題。

七十一：無名份，不受重視、勞苦、事倍功半，缺點是好大喜功，企圖心過強，有時不按牌理出牌，晚運稍好些，故宜稍安勿躁，養精蓄銳，等待時機，切勿衝動，否則易引發口舌是非，小人陷害，身體方面要注意呼吸系統、淋巴、免疫方面的問題。

七十二：認真努力、聰明、善良，然外實內虛、吉凶參半、先好後壞、煩憂苦悶、艱難衰敗，只能苦中作樂。注意眼、耳、鼻方面的問題。

七十三：甚麼錢都想賺，志向遠大，然有謀無勇、投資失利、欠缺行動，心有餘而力不足，唯有按部就班，一步一腳印，奮發圖強、小心謹慎，才能成就功業。注意糖尿、結石、皮膚之問題。

七十四：要求完美，逆運，多阻擾，一生多困頓，破滅，沉淪。重養生，行動力不足，難有成就。身體方面要注意，婦科、虛寒、腸胃之保健。

七十五：異性緣、桃花旺、胆識過人、富謀略、然思慮不實際，怠惰而欠積極，冒險投機，易受人牽累，陰溝裡翻船，故宜三思而行，以靜制動，切勿盲目。

七十六：易有是非、官司、勞而無功，離散退敗之象，雖然處事圓融、隨和、尚有貴人，然易受牽累，錢借人要不回。身體方面要注意腸胃之保健。

七十七：先好後壞，先凶後吉，大起大落，吉凶參半，福禍各半，作風保守，多與人合作配合，然易被小人算計，晚運尚稱吉祥。宜注意心腦及隱疾。

七十八：吉凶參半，有得有失，晚年凄涼，受人指責，被罵而不自知，到老難休閒，注意心臟之保健及神經失調。

七十九：心力憔悴，有志難伸，窮困潦倒，不得安寧，破財，易是非官司，難清閒，內外失和，精神不定，易有心臟、血循環，免疫方面之疾病。

八十：困苦、病痛、刑傷，年老一場空，男人在家做主，宜修心養性，培養柔德，期能安心立命。

八十一：還元之數，萬事回春，可榮華富貴，長壽吉祥，豪爽有度量，心性迷糊，散漫不積極、疑神疑鬼，易有泌尿、心血管、氣管方面之毛病。

八十二：隨和、貴人旺、桃花劫、破財。易有胃腸疾病、中風、癌症。

八十三：要求完美、重養生、異性緣好、懶散、財被坑、被人佔便宜、被仙人跳。易憂鬱、注意泌尿、腎臟之保健。

八十四：有錢、做人小氣、自私、閒不住，投資失利，錢借人要不回，易中風、高血壓、糖尿病。

八十五：會設計人以壯大自己、野心大、人緣差，男人重享受，女人勞碌，注意泌尿系統的毛病。

八十六：善良、有錢、聰明、桃花、婚外情、婚姻不好，社交場具號召力，易有血循環及眼耳鼻之問題。

八十七：有能力、對事要求完美，閒不住，作風霸道惹人厭，易腦神經衰弱，骨頭酸痛。

八十八：保守，易有感情及金錢糾結，無名份，脾氣不好，自己重享受，對別人小氣，易有心腦血管及隱疾。

八十九：感情豐富，桃花，私生子，心靈脆弱，容易衝動，會假公濟私，雞毛當令箭，圖利自己。易有呼吸系統及淋巴之毛病。

九十：勞而無獲，年老一場空，女人在家沒地位，易有心臟，氣管方面的毛病。

九十一：處事得體、要求完美、奔波勞碌、重養生，卻會騙吃騙喝。給自己壓力，注意心腦血管問題。

九十二：顧家、要求完美、忠心、重養生、人緣好、財運一般，易有泌尿、腸胃方面之毛病。

九十三：圓滿，只要努力即能賺到錢，為人隨和，桃花旺，多貴人，錢借人要不回，抗壓性較不足，易有腸胃的毛病。

九十四：慾望強烈，有生意頭腦、聰明、會設計人，桃花婚外情，易財來財虧，守不住。注意血循環、眼耳鼻問題。

九十五：自以為是、唯我獨尊、桃花旺、自大、喜自由、不喜被約束、霸氣、孤獨、沒有朋友，注意腎臟、膀胱之毛病。

九十六：好動閒不住，有錢，然轉投資會失利，錢借人亦要不回，易有官非。易有肝腎及泌尿方面的毛病。

九十七：個性凶、好動、閒不住，不得安寧，易有是非官司，疑心重，容易破財，受無形之干擾，注意心臟、泌尿，免疫方面的疾病。

九十八：口才好，桃花、私生子，容易衝動，易有口舌是非，多變動，注意淋巴、呼吸系統方面的問題。

九十九：第六感很強，雖然保守，易迷失方向，換夫換妻，感情不穩定，錯亂。易有心腦血管及隱疾。

貳、物品的象數吉凶現象

物品的象數套用，傳統風水並沒此理論，為象界風水所獨有，任何「數」都有吉凶，一切萬物皆隱藏著能量的指數，宇宙天地起於一，而終於九，萬物的生滅皆離不開數，易經中三百八十四爻，各爻皆有變數，象徵「數」。

「數」不光是指數字，尚包含性情、吉凶、智慧、福禍、是非、善惡、人格、才華、言行等，很多事物，可以從其涵義、本質、功能、屬性，測算出數理或數性。包含每一個人，本身就是數，包含起心動念、一言一行、生活中的事物，所以，心裡有數，心中自然不惑，才可藉由算術來掌握變數。

數包含數字、氣數、易數、想法、數為陰，為隱性的，它足以影響顯性的理則及執行面，所以易經才講理中有數。凡事必先有心生之數，再有可見之象，才能推演其吉凶現象，所有的變化及現象，必先起於內在的「數」，再表現於外在的象，甚至推出其中蘊藏的理。數也是能量磁場具體的現象描述，故數及其數理是與萬物不可分離的，此外，數尚蘊含著天數、地數、五行、陰陽，尤其易經更談由氣而行而質而能，以推求人事物之變化，意即氣數變化，本小節僅談物品所潛藏的象數吉凶現象。

《繫辭傳》：「極其數，遂定天下之象」，窮究卦爻之數，就可比知道天地事物的種種現象，也可從事物去推測出數理或數性，以下列舉一些物品以推象之吉凶現象。

一、例如在一樓龍邊安土地公，男神像代表數字5，故5＋5等於10，主人不堪寂寞，喜歡找女人聊天，愛好唱歌與喝酒。

二、鞋櫃放在6位，鞋15劃，櫃18劃，加總為33劃，33劃拆成6及

9，故易造成血液循環問題或心肌梗塞。

三、四抽櫃與二抽櫃在房間內併放，男人陽痿。此乃因二個陰數組合形成所致。

四、家之龍邊中段房間，其正巧在房間之8位有窗，此窗即為陰窗，表示兒子因為行為偏差，致陰物干擾而無法結婚。

五、宅的龍邊中段為樓梯，後段為沙發椅，梯代表虎，在10位形成虎咬雞，又沙發在8位，10＋8等於18，故主人為人現實，手腕好，很會做生意，口才好，很會理財，調度資金。

六、生肖屬雞的人，其家之龍邊前段放冰箱，數字為22，折成4與10，故其人主觀意識強，對父母孝順，講話易傷人，對錢財亦精打細算。

參：手機

例一，以象數來分析

0934873567

0934：開始凶，凡事必有目的，能力強，作風強勢，不服輸，雖然主觀意識強，卻三思而行，優柔寡斷，外表溫馴，因此想法易變，面惡心善。

尾數四位數之涵義：倒數第四位代表頭、想法；倒數第三位代表頸，為表達之方式；倒數第二位代表身軀，為做事之方式，倒數第一位代表四肢，為做事的手段。

倒四為3：有威嚴，凡事勢在必得，別人要聽我的。

倒三為5：想法與現實有落差，飄渺難掌握，別人不易瞭解，心思難測。

倒二為6：低調、能放下身段，能屈能伸，擅於利用別人，心機重。

倒一為7：姿態高、傲氣、自我要求高，高高在上，喜歡往外跑，會四處結緣。

其他數字之現象，可以參看前單元數之涵義。

例二，以象數來分析

0905336182

0905：0為最大數，最小數，為啟動，5位在財之邊沿，財似我又非我，故對於錢財不易能掌握。

數字不宜連號，大好大壞，然大多為凶，例如常有人喜歡用888（發發發），其實反為凶，不管男女，感情複雜，酒色財氣，拖累，為錢財之付出，應接不暇。又如999（久），先賺後賠，而且會死去親人，自己用死亡親人之福報。

倒四為6：想法務實，能屈能伸，心機重，會設計人，借力使力，較會委屈求全，處事忍氣吞聲，不擇手段。

倒三為1：孤獨，喜當老大，別人要聽我的，精打細算，不著痕跡，精明，很在乎地位及別人之看法，也能承擔一切。

倒二為8：固執，不大會修飾，認同則配合，不認同則擺爛，會意氣用事，不知天高地厚，然也會督促自己，擅於發揮自己的才能。

倒一為2：認真努力，腳踏實地，任勞任怨，辛苦，勇於任事，有責任感。

例三，八星數字之涵義

一、伏位：代表數字為11、22、88、99、55、66、77、33、44。有等待，蓄勢待發，狀況的延續之意。作風保守，第六感強，容易有隱疾。增加生氣、天醫或延年之數字，更能促進能量，要注意心腦及血循環，容易有隱疾。

二、天醫：代表數字為13、31、68、86、49、94、27、72。富錢財，運勢佳，聰明、貴人多、桃花旺、易婚外情，吸收能力好，心性善良。增加生氣或延年的數字，更能錦上添花，好上加好。要注意血循環及眼耳鼻之問題。

三、生氣：代表數字為14、41、67、76、39、93、28、82。代表貴人相助，有智慧，作風隨和，開闊光明，轉機，起死回生，如能增加天醫或延年的數字，更有加分的作用。要注意錢借人要不回，注意胃腸之毛病。

四、延年：代表數字為19、91、78、87、34、43、26、62。能力強，做事要求完美，霸氣，能獨當一面，閒不住，生命力強，重養生，有延綿不斷之意。增加生氣或天醫的數字，助力大，更能面面俱到。注意心臟、腦神經，脊椎之保健。

五、五鬼：代表數字為18、81、79、97、36、63、24、42。聰明，疑心重，屬性陰柔，特異獨行，脾氣不好，捉摸不定，運勢起伏，命運多變化，容易破財、意外、易犯陰。逢生氣、天醫、延年，具有化解負面能量的作用。注意心臟、泌尿、婦科、血循環及免疫方面的毛病。

六、六煞：代表數字為16、61、47、74、38、83、29、92。雖然要求完美，但行動力不夠，人際關係不好，不利財運，異性緣尚好，但感情不順，婚姻不完美。必須增加延年的數字，才能化解負面能量。雖然重視養生，仍易有胃腸、泌尿、憂鬱之問題，癌因子也較高。

七、禍害：代表數字為17、71、89、98、46、64、23、32。禍害數字的表達能力好，然心靈脆弱，容易衝動，易有口舌、是非、犯小人，運勢多變動。化解之法是增加生氣與延年，或生氣與天醫，或生氣與生氣之能量。身體方面易為病痛所折磨，尤其是呼吸系統、淋巴及免疫問題。

八、絕命：代表數字是12、21、69、96、48、84、37、73。心性尚稱善良、有才華、富謀略、心思敏銳，較勞碌，閒不住，運勢多起伏，投資易失利，錢借人要不回，六親緣淺，易意外、官非。身體方面要注意血糖、泌尿、肝腎、腫瘤等之防範。

說明

一、理論上，數字沒有絕對的吉或凶，尚須考慮年紀，男女，職業之屬性而有差異，如果能善用特質，或擺在適當之位置，合宜的階段，平衡搭配，並參考身份證號碼，更能激發調整為正面能量，往往有意想不到的效果。

二、當數字之第一個數碼為0之時，即與後一個數視之，意即視同伏位。例如0998…；視為998。當數字0位於其他數字之中間時，也是視同伏位，例如0922037511，2203看成22及33。當數字位於最後一位時，其與前面一個數字同，例如尾數280，看成288。

三、當數字5位於第一個數時，與其後之數字相同，例如598…；看成998。當數字5位於全部數字之中間時，把5視為其前一數，例如2235變2233。

四、當0與5同時出現時，上面二法併用，例如一組數為0543等於043等於443。例如215054等於21054等於2104等於2144。又如215004等於21004，又如210554等於2104等於2144。

五、心無大志，只求平安，平凡之人，可選擇伏位的數字。

八星現象與合參概論

(一)伏位

代表停止不動，11、22、88、99為加強前面之能量，66、77、33、44為減弱前面之能量。屬性上較被動、謹慎小心、顧慮多，保守，沒主見、平穩，不冒進，安於現狀，也不易突破。其靈動大致是長期，後期的，然重點在適應其現象。伏位之前指持續的內容，之後指持續的結果，尤其在凶星之後有伏位，其凶象加強，甚至造成牢獄之災。例如數字1998為延年、伏位、禍害，可解釋持續的是專業，有優值的是事情，由於伏位而造成拖延，因而出狀況。

例如：1311，天醫13、31配伏位，加強錢之能量，愈能累積財富。

例如：688是天醫的持續，為被動的，不受控制的兩筆財富。

例如：277為小財之持續，代表許多筆的小財，累積成大財。

例如：13888為天醫、六煞三級，會因為錢財而遭牢獄之災。

例如：61390為六煞16、天醫13、生氣39，生氣三級有壓抑之現象，尾數0更加強，更放不開。

㈡ 天醫

天醫之運勢、工作、讀書均好，與錢財有關，沒有心機，易上當受傷害，天醫可與任何數組合，然天醫不可在前，天醫如果分散，會有多方財及多段感情。又如天醫重疊則收入穩定，財運延續，感情合好且甜蜜。天醫的前面代表財運及工作之方向，對象的特徵和相關情況，而天醫的後面代表財之去向和工作狀況，對感情的態度和結婚後的情況。

例如：649為禍害、天醫，意謂開口說話而帶來財。可以在教學、宗教、金融、文藝，保險等方面賺到錢。

例如：311天醫31，伏位11，代表敏感體質，適合宗教及命理師。也代表有持續的財運。

例如：213為絕命21、天醫13一級，先是投資賺到錢，之後被套牢。

例如：613為天煞61、天醫13，因為六煞的行業為美容、仲介、服務業、房地產、店鋪生意，故為靠店鋪或服務、美容方面賺錢。

例如：813為五鬼81、天醫13一級，表示靠網路或腦力、命理、藝術、貿易方面賺錢。論感情則表示男女雙方之年紀、出生地差異大。

㈢ 生氣

生氣之磁場，貴人旺，逢凶化吉，樂天知命，不積極，有包容心，容易滿足，在前為貴人，一二級在末則開心。太多反而懶散，太隨心，例如3955，而三四級也易壓抑，施展較費力，心胸不開朗，氣量與格局均較小。

例如：176為禍害17，生氣76，有個性，話多，愛面子，適服務業，銷售業。

例如：614為六煞16，生氣14，會打扮，喜交際應酬，對異性特別體貼。

例如：182為五鬼18，生氣82，帶有五鬼之疑心及多變之性格，配合生氣四級，變得不開心，懶散，不喜歡動腦筋。

例如：886為伏位88，生氣86，將會表現在伏位的特質上，具耐性，喜歡一成不變的事物。

例如：154可視為伏位11及生氣14，是為經常見面的貴人。

例如：3401為延年34，生氣41，延年代表有能力，專業、懂得經營，表示得助於貴人，依托別人成就事業。

例如：914為延年91，生氣14，有責任心，閒不住，興趣於工作，有領導力，專業人士。

(四)　延年

延年的特質擅理財，有責任心，富專業，有領導力，學習力強，要求完美，閒不住，強勢且自主性強，不夠圓融，抗壓力，重養生。延年為財庫，宜在後面，一二級對事業之助力大，但不適老年人，否則造成壓力大，睡眠障礙，頸腰酸痛。對女人的婚姻不利。至於三四級的能力差一截，較沒責任心，專業度也不足。

例如：913為延年19，天醫13，為穩固持久的財。

例如：319為天醫13，延年19，財來得直接且較快。

例如：910為延年91，伏位11，由於0的能量是隱藏，容易被忽略，對事業有不利的影響。如果把0換成5，因為5是顯而易見的，所以其現象會更明顯。

例如：6197為六煞61，延年19，五鬼97，此五鬼為二級能量，故變化快，而六煞配延年為養生，心思細膩，表示積極且快速的養生。

例如：719為禍害71，延年19，表示口才好，易衝動，脾氣大，在業務方面能展現專業。

例如：791為五鬼79，延年91，表示從事宗教、命理，藝術類之行業，思路清晰，能夠理性取捨。

例如：79196為五鬼79，延年91、19，絕命96，此五鬼多疑，對人不放心，事必親躬，又絕命，更加強責任心。

(五) 五鬼

五鬼是個另類的磁場，故人、事、物之差異大，例如年齡差異、思想差距，地域差距等，其特質是靈活多變，如果中間有0，易通靈，例如1087、907即是。心性聰明，多疑，具創新，跳躍式之思維，點子多，然內心較脆弱，脾氣也不好，感情上也容易出狀況。

例如：242為五鬼24、42，易有心臟毛病，感情上也較挑剔，多情緣，而且不穩定。

例如：851為五鬼881，易意外，有泌尿、婦科之毛病，及有感覺的心臟病。另外如1185及1180均同論。

例如：816為五鬼81，六煞16，因為五鬼敏感、性陰冷，免疫力稍差，而六煞為壓抑、濕氣重，故易患癌症。

例如：6333為五鬼三級帶伏位四級，易有血循環及心臟、泌尿方面之毛病，從事宗教、命理方面之工作。

例如：8121為五鬼81，絕命12、21，五鬼個性陰沈，富幻想，思慮多，不清淨，附絕命對自我情緒管理差，易極端，長期熬夜。

例如：７１９為禍害71，延年19，延年在後，心臟、腰椎毛病，易衝動，雖具專業、口才好，然易說謊。

(六)六煞

六煞的磁場，有人緣，感情豐富，常為情所困，交際手腕好，也容易有矛盾，心思細膩，嫉妒心重，情緒化，抗壓力差，會壓抑自己，想法多，心思細膩，要求完美，造成優柔寡斷，猶豫不決。適仲介、房地產，店面生意，美容，服務業。

例如：６１４為六煞61，生氣14，六煞在前表示賺錢是最大興趣，貴人及異性讓我得財。

例如：６０７４為生氣67，六煞74，為腸胃、皮膚或貴人、女人讓我不開心。

例如：６１２為六煞61，絕命12，六煞在前，由於情緒化，抗壓力弱，壓抑自己，因而造成肝腎毛病。

例如：４１６為生氣41，六煞16，一級生氣本為開心，然六煞在後，變成貴人讓我不開心。

例如：９６１為絕命96，六煞61，絕命為喜歡到處跑，風險又流動大的行業，故仲介、房產或服務業方面須到處跑。

例如：９８３為禍害98，六煞83，說話表達直接、易得罪人，會有呼吸系統方面的毛病。

（七）禍害

禍害之屬性脾氣大，心直口快，易衝動，多口舌是非，好勝心強，不服輸，喜刺激，愛冒險，會誇大，耳根軟，心靈脆弱，自尊心強。從事買賣、服務業、教師、餐飲、娛樂業。

例如：１９８６為延年19，禍害98，天醫86，說話有條理，很專業，能夠讓人信服，因而有豐厚的收入。

例如：１０７，由於禍害也代表訊息的傳遞，代表他不是買賣業或以口為業，而是表演者或靠口才、文字之類。

例如：８９８９為連續幾組之禍害，又有延年99之加強，話太多、是非多、情緒管理差，有免疫、呼吸系統方面的毛病。

例如：１８９為五鬼18，禍害89，由於五鬼為跳躍式之思維、又多變、多疑，反覆不定，加上禍害的心直口快，話又多，因此容易信口開河。

例如：４７１為六煞47，禍害71，由於六煞心思細膩，人際互動好，善變通，因此講話面面俱到，詳細而且清楚明確。

例如：７１３１為禍害一級71，天醫13、31，為吃的行業、以口生財，也易有胃腸及血循環之毛病。

（八）絕命

絕命的磁場比較不服輸，容易衝動，粗心大意，作風極端，隨性又不重細節，反應快且勇於冒險，企圖心旺，因此大起大落，容易引來官司，投資失利，財來財去，冒險造成大好大壞，在處事、為人、感情、投資、生活飲食方面常會有兩極化的現象。絕命代表動態，喜到處跑，不服輸，打架鬧事，飆車等。

例如：７１２為禍害71，絕命12，表示因為呼吸系統或免疫方面的疾病，以及脾氣不好，得罪人，口舌是非，因而破財。

例如：２２１為伏位22，絕命21，伏為被動、停止不動，因此不積極、托延誤事。

例如：１２１１１為絕命後面加伏位，性格極端，衝動容易引來意外、官司、大起大落，女人大多會墮胎。

例如：21799為絕命21，禍害17，五鬼79，後面又為伏位，物極必反，凶上加凶，疾病折磨、官司及牢獄之災。

例如：2188為絕命21，五鬼18，伏位88，絕命為結石、腫瘤，五鬼為腦疾病、心臟病、婦科，表示腦腫瘤、子宮肌瘤或心肌梗塞。

肆：出生日期

例：西元一九六六年陰曆05月17日，減一九一一變為民國55年05月17日

生肖屬馬：閒不住，喜歡往外跑，生性慈悲，必須四處結緣，才易有貴人相助，才能顯現才華。又55為5加5等於10，故話多、重義氣，為朋友付出。

5月為龍，有領導力，不受拘束，有創意，飄渺之想法，不易掌握，天馬行空，屬下不易領會其意。尤其又在5月出生，其現象更加強。出生月可看成父母，故此人在家要承擔一切責任，照顧父母，孝順父母。

日期為17，可看成1加7等於8，固執、知恩圖報，會督促自己，易下錯決定。17減12等於5，桃花，傲氣，勞碌，想法與現實有落差。配偶高高在上，對

外人熱心，對家人凶。

5月17日為0＋5＋1＋7等於13，為今生之總結，野心大，催毛求玼、容易有是非。拆為0517表示現在。

年齡區分

0為一至二十歲、0為極小或極大，發揮之空間大。

5為二十一至四十歲，不受拘束，當領導者。

1為四十一至六十歲，承擔一切，赤手空拳打天下。

7為六十一至八十歲，閒不住、點子多，能得天助。

伍：身份證字號

台灣是以區域劃分，在首冠上英文字，例如南部為T，中部為B，英文T換算20，B為02，而大陸較多數字，主要取後段所代表的個人編碼。台灣的男人在英文字後為1，女人為2，論整體之大致屬性，而出生地亦可概略知道屬性，例如出生在台灣中部，代碼為B，為02，中部人較承上啓下，由左轉右，由右轉左，較具包容性，比南北有較多之承擔，而出生在南部為T，為20，南部人較熱情，認真，固執，較有行動力，委屈求全，顧全大局。

例如Ｂ１０２１１５０４７

可以分成三段，每段三個數，超過６０，再回到第一組，也可以每段設定的２７歲，另可設定天人地，例如人位

０：既是開始，也是結束，想得多，富彈性空間。

２：勤勞、踏實、勇於承擔、任勞任怨。

１：孤獨，無助力，獨當一面，又想當老大助人。

１：重複數，力量加強。

分論例：Ｂ１０２１１５０４７

可以設定第一組102為１至20歲，第二組115為21至40歲，第三組047為41至60歲。

１至７歲為１：具啟發性，想當頭，擁有自己的一片小天地。

７至14歲為０：可大可小，環境給什麼，即承擔什麼，如有貴人指引，助力更大。

14至20歲為2：任勞任怨，須有人引導，朋友及老師很重要。

102等於3，為陽數，具男人之特質，此3為潛藏之老虎。第一組之原始為陰，想法多、不果斷，對過去1至20歲之好壞刻骨銘心，容易受原生家庭之影響。

21至27歲為1：領頭，想當老大、在乎地位及別人之看法，期盼開創一片天。而27至34歲為1、赤手空拳。

34至40歲為5：可當老板，指揮人，要承擔責任。

第二組之原始為陽，115加總為7，陽上加陽，為外顯，重外表，如被惹，會反擊。

第三組類推，41歲至47歲為0，發揮的空間大，47至54歲為4，準備充份、作風保守，54歲至60歲為7，傲氣、常往外跑、能展現才華，得天助。

陸：姓名筆劃數象

名字為一個人之表徵，為外顯的張力、有如外包裝，因此，改名字須考慮該人之工作性質、體態、性情，以及改名字之目的，以配合其用字。改名後，宜提示當事人、言行須配合調整，最初三個月會稍不安，三年後才會與原名字完全脫離。

取名字的難度很高，所涉及的層面廣泛，例如姓名學派包含生肖派、筆劃派、八字派、數理派、數字派、易經姓名學、九宮派、甲子乾坤、形象派等，甚至要考慮姓、名一、名二之筆劃數的關係、有無刑冲、出生月與名一或名二是否形成角煞或偏冲煞、配合其人之出生月、數字本身的現象、套流年十二宮之現象、考慮其人之父親、母親、祖父、祖母、外祖父、外祖母之生肖及出生月、文字之拆解現象、文字之形、音、義，姓氏在何年出生，且當年有無發生重大事件，另須參考該人之八字屬性以為之調配等。事實上，沒有十全十美的名字，原則上不可以出現大凶之文字或筆劃數組合，名字確實足以影響一個人之各種吉凶現象，但並非唯一，另有八字、陰陽宅、行業、父母、朋友、言行，甚至因果，也都是影響命運吉凶的因素。

組合（一）

姓氏筆劃數：一至十六歲，或一至二十七歲。

名一筆劃數：十七至三十二歲，或二十八至五十四歲。

名二筆劃數：三十三至六十歲，或五十五至八十歲。

組合（二）：數字現象，參看（壹）單元中有關九十九數的涵義。

天格	5	石	
人格	4	月	外格 9
地格	5	平	
總格	14		

姓名：石月平

本人：看人格、地格、外格、總格。分別為4、5、9、14。

父母：天格＋人格為9。

祖父母：天格＋人格＋人格為13。

曾祖父母：天格＋人格＋人格＋地格為18。

太祖父母：天格＋人格＋人格＋人格＋天格＋人格為22。

二、數理分析

三才五格以姓氏筆劃數加1為天格，姓加名一為人格，名一加名二為地格，姓名三加總為總格，名二加1為外格。

例

天格12，人格15，地格9

張　11
中　4
用　5

總格　20

外格6

三才五格代表之含義

天格：代表父母、長輩、事業、名聲、氣質。1至10歲。

人格：代表自我意識、才華、性格、運勢。36至45歲。

地格：代表子女、部屬、妻妾、田宅。10至36歲。

總格：代表一生的命、財富、疾厄、福德、晚運。55歲後。

外格：代表朋友、夫妻、兄弟姊妹、同事、人際。45至55歲。

格局舉例（一）

天格金、人格木：命運受壓抑，無上司緣，為長上付出，不易受認同，心性慈善，容易腦神經衰弱，呼吸系統及肝之毛病，易有血光意外。

人格木、地格金：常為子女或部屬而困擾，處境多波折，心存慈善，受屬下之累，承受責任。

此天剋地冲之局，36至45歲易有車禍、血光、刀傷，經絡易受傷。

格局舉例（二）

天格火、人格火：火旺，與上司、父母易矛盾，事業或運勢曇花一現，體質燥熱，容易發炎。

人格火、地格火：大好大壞，容易出狀況，欠缺耐心，須防意外、口舌、燒燙傷或狹心症。

火旺土焦、火旺傷金，熱情，火氣大，注意呼吸系統，腸胃毛病，易暈眩。

格局舉例（三）

天格木、人格水：重名利、自私、現實，福禍參半，容易給自己帶來災禍。

人格水、地格木：憂喜參半，易有凶變，注意腎臟毛病。

天格木，隨緣、災難破運、耗財、體虛。

姓名舉例（一）

天格己土、人格庚金、地格丙火、總格辛金

6
包 5
17
薑 12
23
農 11
28

外格12乙木

解析

1．天格6生人格17金：父母疼、長輩愛戴。

2．人格17金剋外格12木：16至45歲挑剔桃花，對朋友、配偶好，對方不領情。

3．外格12木生地格23火：年輕時桃花旺。

4．地格23丙火：年青時事業心重。

5．格23丙火剋人格17庚金：沒有得力的下屬，容易受下屬或子女之拖累。

6．人格17庚金，又在秋天出生，帶有肅煞之氣。

7．地格23丙火，對總格而言，為孫子。

8．總格28辛金：癌因子重，夫妻易生離死別，自己的父母、子女、夫妻大好大壞。

姓名舉例（二）

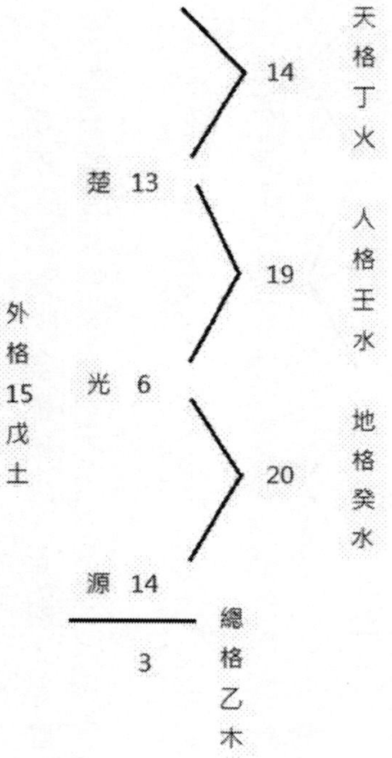

解析

1．外格戊土剋人格及地格之水：思路或理解有問題。

2．人格19為多難之數，又無他格之吉數來生、身體、婚姻、事業不好。

3．人格19為陽水，為旺水，心無定性、多變動，拖泥帶水，死愛面子，沒貴人相助，風流、好色、酒色財氣、交些酒肉朋友。

4．地格20為癸水，為凶，又助長人格水：死愛面子，為名利而迷失方向，易惱羞成怒，做事沒耐性，留下爛攤子，身體易有骨頭酸痛、腎臟病、尿酸、健忘之毛病。

5．總格33：處事能力好，然較不腳踏實地，想一步登天，有時天馬行空。

6．人格19壬水剋天格丁火：下水無法剋上火、無禮，處事不得體，易與長輩或上司有衝突。

7．天格14為無名火，容易破相，如果是長子、父母一人有災或多病。

8．外格為戊土：其內心不易為外人瞭解，凡事不大會表現在外，較不會把煩惱放在惱海，妻較務實，受委屈也不會記恨。

柒：當下日期分析事物

例（一）

二〇二四年陽曆8月15日，女人來電洽詢看住家擺設之事。

陽曆15日，陰曆12日。

15＋12等於27。

分析：

1．男友15，不服輸，做事很敢、但是虎頭蛇尾。

2．此女12，能力好、能屈能伸、顧家，很會做生意。

3．夫妻不合、男人吃定女人，女人為男人付出，夫妻王見王，個性相投，但也時常會起衝突。

4．陰曆12日，有祖先問題，或有祖墳沒有處理好。

5．表面有錢，然逢死符，喪門吊客，故實際上沒錢。

6．辛亥日為8加12等於20，拆成2與8，此女人個性開放，感情不順，身體常有一些小毛病。

7．加總為27，拆成3及9，此女好勝心強，想主導一切，佔有慾強，凡事勢在必得，帶有陽剛之氣。

例（二）

二０二四年陽曆11月14日，陰曆九月25日，丁亥日。客人來電邀我去聽演講。

陽曆14日，陰曆25日

14加25等於39

分析：

1. 丁亥日為偏沖日，表示此客人有被無形的沖煞到。
2. 客人為14，很顯然此客人講話不實，應該另有目的隱瞞沒有說清楚。
3. 舉辦單位為14，誇大宣傳，與事實有出入。
4. 我為25，拆為1及7，回應對方言不由衷，有遠見，具慈悲情懷。
5. 結數39，拆成3及12，表示此客人非達到目的不會氣餒，果斷、不會拖泥帶水，放長線吊大魚。
6. 丁為4，25拆成1及7，此客人想主導，估到1、4、7，故心態假慈悲，用其祖上親人之福報。

7．丁亥日為偏冲日，進行不順利，生意不好做。

第二節　易數

伏羲畫卦，始於乾坤陰陽，而乾坤陰陽，又始於太極。太極生兩儀、兩儀生四象、四象生八卦，再重為六十四卦，三百八十四爻，這都是「數」。而河圖之數為天一地二，天三地四，天五地六，天七地八，天九地十。其中一、三、五、七、九為奇數，二、四、六、八、十為偶數，即天數五，地數五，再一與二，三與四，五與六，七與八，九與十，實為奇偶為類而各自相得。又一與六、二與七、三與八、四與九、五與十，即是奇與偶的兩兩相合。再將五個奇數加起來是二十有五，是為天數；五個偶數加起來是三十，是為地數，又把天數與地數加起來是五十有五，這就是天地。

易經談理象數，理容易讓人似是而非，象易讓人迷惑，有時不易掌握其含義、本質、功能、屬性，只有數字會說話，所以，生活中的很多事物，必先收集數據，看是否與理象附合。

無論是八卦、六十四卦、河圖十數、洛書九數、大衍之數等，都是一種陰與陽兩爻奇偶十數的排列變化法則，以象徵宇宙萬有的排列組合與變化關係。就數理方面而言，太極實具有圓體、圓周、太極曲線、太極電磁波，以及數學極限等的原理。又陰⚋、陽⚊兩儀的排列與組合，也具有奇偶律、交易律、二進位、平衡律、二項式定理等之數理。

易經談象、數、理、三者並重。「象」是以太極、八卦、六十四卦、河圖、洛書等，代表宇宙天地萬象，是事物的時空現象；「數」是用數字去顯示卦、圖、書等的排列組合與變化，甚至表達宇宙萬象，是事物之氣量變化；「理」在說明宇宙天地各種象數的生成，發展及變化的道理，是事物的本質性理。例如植物樹木是象、一棵二棵是數、又為何會有各種樹木，其外形、大小、高低、品種、分佈、作用等，就含有象理及數理，三者分不開。

易經的數可分成四組，即先天八卦，後天八卦、河圖、洛書所含之數的概念。宇宙間的任何一個現象，一定有它的理，每個現象，一定有它的數，易之有象，所以表數，而象有辭，所以演數，而使物無所遁形，使事無所隱情，期能見微知著。數以紀事，亦可以紀物，只是所用之符號不同而已，所以說「爻象動乎內、吉凶見乎外」。在五位天數之中，一、三、五、是生數，七、九是成數，把一、三、五加起來為九，成數實已寓於生數中。在五位地數中，二、四是生數，六是成數，二、四生數合六，又是成數，二、四、六加起來為十二，亦即十二地支之全數，而天干十數，是天數五、地數五之合數，各分陰陽，生數為體，成數為用，用出於體。所以，易卦之六爻，六位成章，體用皆備。六自乘為三十六，陰陽錯綜，基本卦之爻數位數，也都是三十六，易經共有六十四卦，以三十六而具有六十四之用，變化無窮。

最基本的數是0與一，0為極小、又為極大，0依附於一，控制了宇宙中一切的數字。而一雖小，但如以一去表現事物，又可為大，甚至無限大，在物數上、個、十、百、千、萬都是一，一分一秒是一，一日一年是一，一萬年也是一；一戶是一，一縣一省一國也是一；一道天河、一個天體都是一。**故0與一在數理和物態上，都可大可小**，但在數值上，卻是一空一實，一無一有，一萬個0也是0，一乘一在一直乘一，仍然是一，如果一加一則累加成二，但是如一0乘一0則變成一百了。所以，0依附於一，掌控了宇宙中一切的數字。

《繫辭傳》：「易有太極，是生兩儀，兩儀生四象，四象生八卦，八卦定吉凶，吉凶生大業」，從數理而言，實兼含數學極限、幾何級數、排列組合、二進位算法、二項式定理等。易經六十四卦的排列組合，都是陰⚋陽⚊六位，例如離卦為䷝，在數理科學方面，物質之六態，分別為固態、氣態、液態，等離子體態、玻色—愛因斯坦凝聚態、費米子凝聚態；易經六十四卦的球面排列共有七層，化學元素也共有七週期，也就是電子在原子核周圍環繞，其運動的位置被稱為軌域，當目前的軌域被填滿後，電子就會排列下一層的軌域，也就是新的週期，元素週期表有七個週期。又易經六十四卦方陣的排列，共有內外四層，各層之交錯卦的對數，由內而外，依序為２、６、１０、１４。而原子系統的電子軌道殼，也就是電子層，是一組擁有相同主量子數ｎ的原子軌道，每層可容納之電子數，由內而外，依序為２、６、１０、１４，兩者不謀而合。即第一軌域Ｓ，只有一個、可容納二個電子；第二軌域Ｐ，會有三個小軌域，每個軌域可容納二個電子；第三軌域ｄ，會有五個小軌域，每個軌域可容納二個電子；第四個軌域ｆ，會有七個小軌域，每個軌域可容納二個電子。

易經六十四卦，概以八卦的基本卦，而化學元素週期表，依原子序數，核外電子組態情況和化學性質的相似性來排列化學元素的表格，亦總共有八個週期，以上易經之數理，竟與現今科學的理論架構吻合。

易經數理、不只六爻、八卦、六十四卦、三百八十四爻，另有策，即六、七、八、九，六為老陰，七為少陽，八為少陰，九為老陽，各乘以四，得二十四、二十八、三十二、三十六。其中三十六策為揲著所得之最大數，故曰：策窮於三十六。一卦六爻，六十四卦共三百八十四爻，以應閏年十三月三百八十四日數。

易數的平衡原理與對稱原理

宇宙由太極本體而生陰陽二數，從而化為萬物，陽中有陰，陰中有陽、相互變化、循環不已，易數係自然界現象中形而下之數據，演繹其變化之過程，從而得知人事與萬物的因果關係。易之為書，成於象，而顯於數，吾人依數以見象，依象以明理。易數自太極、陰陽之數出發，具平衡與對待之原理，舉凡陰陽關係、剛柔關係、因果關係、太極、太極圖、奇偶、正負、上下卦爻、陽卦乾、艮、坎、震，陰卦巽、坤、離、兌，卦與卦間，如山澤損與風雷益等，以及易經方陣中諸數學間的平衡與對稱，其行、列、兩對角線之和均相等。而宇宙星球的相對位置也都是一定；星際中各星球間的引力也都保持定數；除了放射性元素的原子核外，所有的原子核都相當穩定。此外，宇宙中各星球都作幾何對稱圓形而排列；物理，學上，原子與原子間的構圖，都以立體或平面幾何對稱圓形呈現。

易經數理，仍有許多現今科學尚未突破者，當然更包含哲學及物理、數學領域，諸如「參天兩地而倚數」，即能倚出千千萬萬的數及其變化。宇宙萬物萬事無不與數有關，不只是數字，包含念頭、智慧、想法、初心、安靜、穩定、情緒等；萬物萬事亦離不開陰陽關係，任何陰陽關係，到最後都會平衡，就連生活中的索事亦如此，例如，一個人講「吃虧就是佔便宜」，其實他最後是想佔到便宜，或得到補償，或從其它方面補回來，而佔到便宜的人，也會在其它方面被佔便宜。又如一位母親其內心有什麼渴望，其子女也才會展現。

一、河圖、洛書

河圖是伏羲時在黃河發現，洛書是伏羲時在洛水發現的，因而得名。河圖上刻有從一到十個自然數，洛書則刻有一至九個自然數。

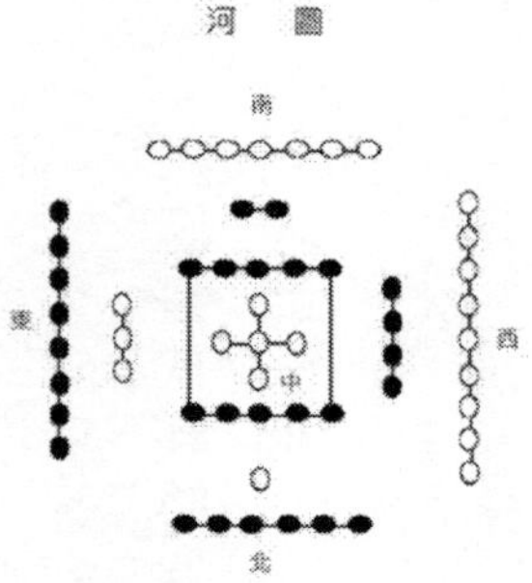

河圖一個白點與六個黑點配合同列北方，二個黑點與七個白點配合同列南方，三個白點與八個黑點配合同列東方，四個黑點與九個白點配合同列西方，五個白點與十個黑點配合同列中央。

《繫辭傳》：「河出圖、洛出書、聖人則之」，「天一、地二、天三、地四、天五、地六、天七、地八、天九、地十。天數五、地數五、五位相得而各有合，天數二十有五，地數三十，天地之數五十有五。」此與河圖一六居北，二七居南，三八居東，四九居西，五十居中之數相符。這也是求自然級數和及求等差級數和的混合數學。

五行數場的概念不僅是陰、陽、奇、偶等之平常「數」的概念，在太極科學中「數」與「象」的概念是對應統一的。觀象明理，窮理推數，象數統一，「數」就是萬物的「象」，而且具有場的效應。

說明：

一、內層生數奇偶數逆時針方向相加，其和等於5，即4＋1與3＋2，這也是河圖及洛書後天八卦方位分佈裡「中五」產生的依據。

二、外層成數奇偶數逆時針方向相加，其和等於15，即9＋6與8＋7，這也是洛書數分佈及後天八卦產生數理的依據之一。

三、內外層的奇數或偶數相加，結果南北縱向的和都是8，東西橫向的和是12，即上下內外層奇數相加1＋7，東西內外層奇數相加3＋9，外層偶數相加4＋8及2＋6。

四、四方的各生數、成數之間，其奇數、偶數相加都等於奇數。北為1＋6，南為2＋7，東為3＋8，西為4＋9，中間5＋10。

河圖衍幾何

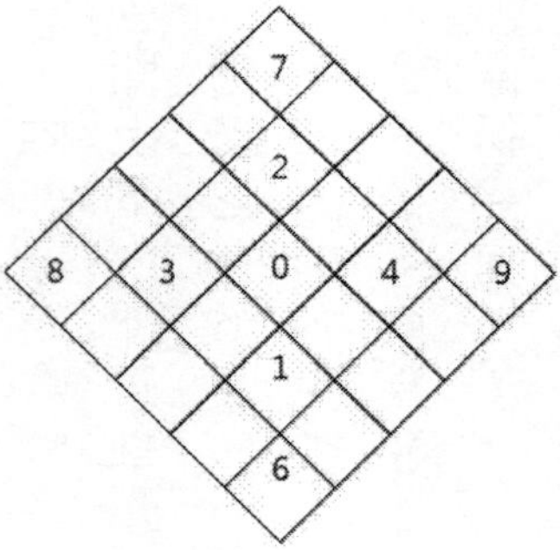

圖(一)河圖求積

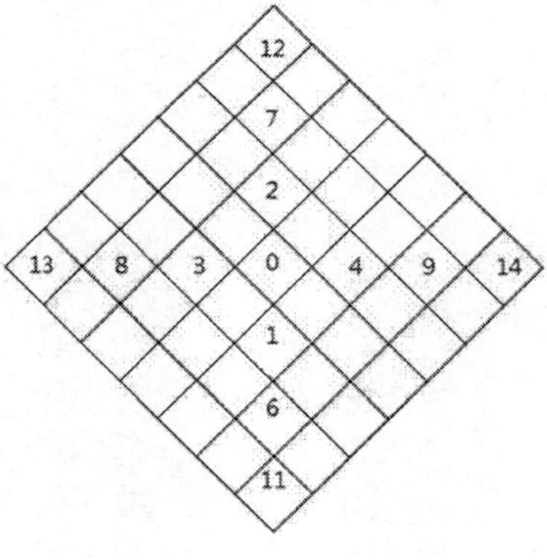

圖(二)河圖衍數

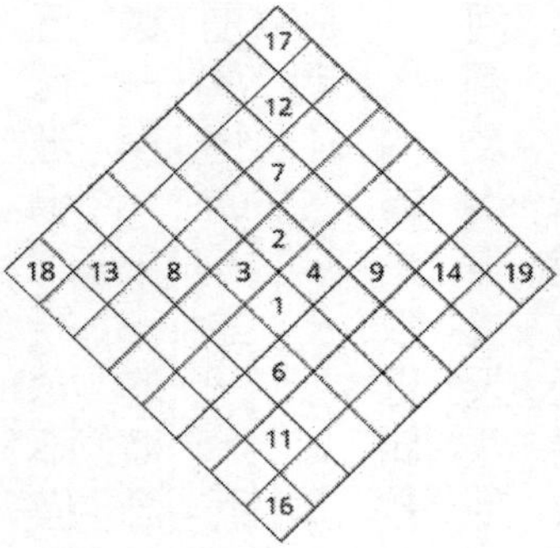

圖(三)河圖衍數

圖一之縱線為7216，總和為16，橫線為8349，總和為24，比例為二比三，如同經緯二主軸線，顯示大多數星球呈橢圓形的比例，且其同徑各層之圓積，公差均為八。

圖二之內層方環的每一小正方形的面積各為1公分，加總面積為8，甚外環的面積依次為16、24、32…，公差均為8。

圖三之內層的小四方形的面積為4，依公差為8推算，其外層各方環的面積依次為12、20、28、32…，同理可推知更大之任一方環的積。

洛書

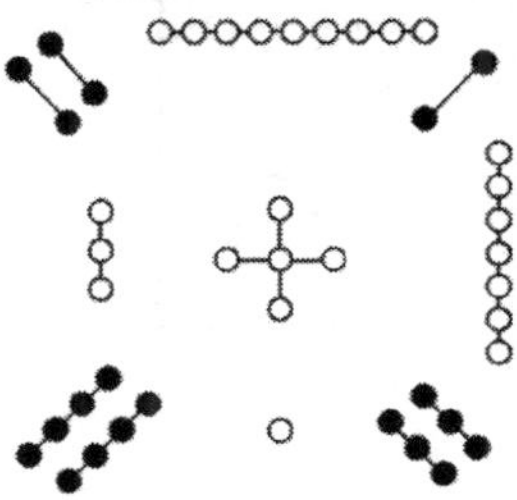

把洛書中白點及黑點用數字表示。

洛書代入數

4	9	2
3	5	7
8	1	6

縱列三排分別是２７６，９５１，４３８，其和均為１５。

橫列三排分別是４９２，３５７，８１６，其和均為１５。

斜列二排分別是２５８，４５６，其和均為１５。

九宮陣

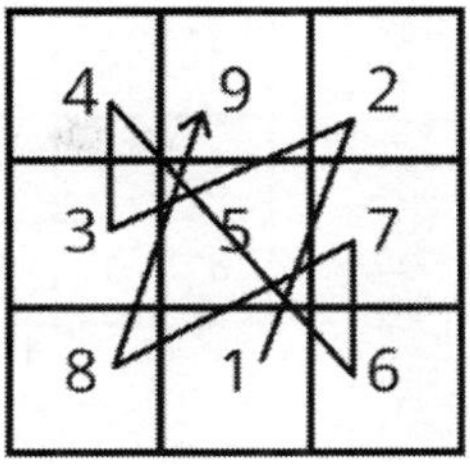

依九個自然數的排列組合順序，有１２及８９二條平行線，有４５６一條對角線，有二對三角形相對稱。呈現對角線４５６之公差一，２５８之公差３，交中宮之直線１５９之公差四，交中宮之橫線３５７之公差為二。顯出自然現象及事物的對應、平衡、和諧與循環。

對應數

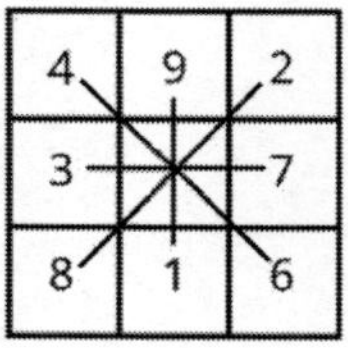

縱、橫、斜，各對應線上的數字之和都是10。

洛書衍幾何

4	9	2
3	5	7
8	1	6

以洛書中央正方形之積為5，其周圍有八個小正方形之積為八個五，等於40，合起來為四十五，洛書數即是四十五。再進一步推演，第一方環之積為40，第二方環之積為60，可推知N個方環之積。

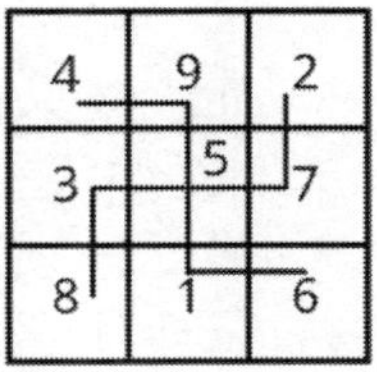

正卍方陣

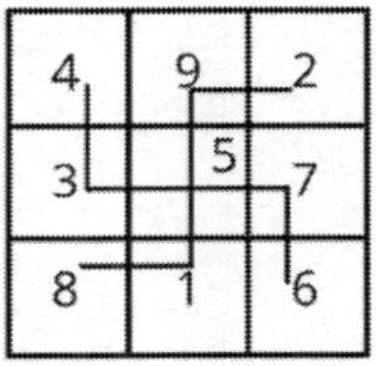

反卐方陣

卍各線迹上的數字之和均為25，表現出宇宙現象的旋轉與平衡。

洛書的衍數原理

三三方陣

4	9	2
3	5	7
8	1	6

8	3	4
1	5	9
6	7	2

三三方陣之縱、橫、斜，其和都是15，右二圖比對，可以看出縱橫移位，

其和也都是１５，四方變換，總共有八種圖，讀者可以自行排列。

四四方陣

4	9	5	16
14	7	11	2
15	6	10	3
1	12	8	13

1	15	14	4
12	6	7	9
8	10	11	5
13	3	2	16

宋儒楊輝和丁易東把洛書三三方陣的排列組合原理及方法，衍為四四方陣，甚至可續衍五五方陣，六六方陣⋯，四四方陣，是把從１至１６的１６組數，排列在１６小格內，使它的每縱、橫、斜、中心四數及對角四數的和都為３４，總和是１３６。即以十六數字，依次遞作四行排列，先以外圈四角對換，一換十六，四換十三，再以內四角對換，六換十一，七換十，互換都是十七，則縱、橫、上、下、斜角皆三十六。

二、卦數

先天八卦源於河圖、上為天為乾、下為地為坤、左為東為離、右為西為坎，故先天八卦數是乾一、兌二、離三、震四、巽五、坎六、艮七、坤八、中數為0，其演變過程由太極而生兩儀、四象、八卦，表達宇宙形成的過程。而後天八卦來自洛書、其八卦數是坎一、坤二、震三、巽四、中五、乾六、兌七、艮八、離九。《繫辭傳》：「一陰一陽之謂道」一陰一陽即是兩儀，太極動而生陽，靜而生陰，是生兩儀，天下萬物不外乎陰陽，畫一奇以象陽，用⚊表示、畫一陰以象陰，用⚋表示。是構成八卦的基本符號。兩儀生四象，四象即少陽、老陽、少陰、老陰，再在四象中，分別各加一陽爻或一陰爻，疊之為三，即產生八種符號、是為八卦。

卦數圖

八卦是易經的基本概念，代表自然現象一切動靜狀態，以傳統八卦方位配天地之數，即為八卦卦數。從卦數圖可看出乾、坎、艮、震同屬一方，而兑、坤、離、巽四卦又相隔對應，不只陰陽分立，也兩兩二卦對應，其合數皆為十，加上與五數相合，則為自然生成變化的合數。同時其陰陽氣化有其結構化的規律恆常不變之道，循環有規則，變化有次序，其配數也確立宇宙的空間與時間模式，其氣化流行始於北方之坎水一、入於西南坤土二、再而東方震木三、再東南巽木四、再西北乾金六、再西方兑金七、再東北艮土八、再南方離火九，並復歸其中，再次由坎一循環變化，周而復始，運行生生不息。

氣化流行圖

東漢時的朱震，以大衍筮數推出八卦之卦數，強調乾卦之策數為三十六，為老陽之「九」數；坤第二十四，為老陰之「六」數；陽合於陰，進而生震、坎、艮二十八策數，即為少陽之「七」數；陰合於陽，生巽、離、兌三十二策數，即為少陰「八」之數，而老陽乾與老陰坤之總策數為三十六合二十四，共為六。而震、坎、艮之少陽，與巽、離、兌之少陰，所合之總策數為三十二合二十八，亦為六十。乾卦之卦象是天，特性是強健，象曰：天行健，君子以自強不息，卦辭為「元亨利貞」，為純陽；而坤卦的卦象是地，特性是柔順，象曰：地勢坤，君子以厚德載物，坤德在於順從，為純陰。動靜變化成為一種規律性的常態，兩卦不可分割，乃是一個整體，是萬物運動的本質過程，乾卦談的是一個事物從發生到繁榮的過程，即春生夏長，坤卦談的是秋收冬藏的過程。

乾陽之靜，其一陽藏於二陰之中，即震、坎、艮三卦之象，其數為七為少陽；坤陰之靜，其一陰藏於二陽之中，即巽、離、兌三卦之象，其數為八為少陰。陰陽二氣講究變化，變化才能通氣，乾的陽氣開始與坤的陰氣交流，以陽通陰，這叫「始通」。乾陽之動，其動之動，其動之極由九變為六，則入於坤陰，依坤而行；坤陰之動，其動之極由六變為九，則入於乾陽，依乾而行。乾坤陰陽之變，由陰陽之義合日月之推移，天地運行，萬物生息之道。

朱震亦說明天地之數推定《河圖》用數與八卦方位，奇數代表陽，代表天，偶數代表陰，代表地，偶數與奇數代表陰陽二極，最外層九、七、八、六為四象，四象之外，再加一連線或一斷線，可得八卦。即以七、八、九、六為四象之數，分別居少陰、少陽、老陰、老陽之位，此四數為天地之成數，由天地之生數兼五變化而形成，即一五為六為老陰，二五為七為少陽，三五為八為少陰，四五為九為老陽，此四個數為天地之成數，居四方之位，以之交錯變化而生成八卦，故八卦之定位由此而生。同理，河圖的五十五數，是以五生數、一、二、三、四、五，統五成數六、七、八、九、十，生成數之間奇偶交錯，陽數為奇，始一、復經三、七、九、復歸於一；陰數為偶，始二、復經四、六、八、後歸於二。

天地之間，運行者氣，紀量者數，顯示者象，而主其中御之以合度者道。河圖為天地自然氣數所賦，而成其自然之象。有其氣者有其數，有其數者有其象。氣有陰陽，既生成之後，必有兩者之質，以為其成物之本。

三、象數

宇宙萬事萬物之間的關係、錯綜複雜，千變萬化，象數是以卦爻取象和數理，去推求宇宙萬物和人事世運變化之規律。一切事物的發生變化，都有其客觀存在的事實，象指的是卦象、爻象，即卦爻所象之事物及其時位關係；數指的是數理，陰陽數、爻數，是占筮求卦的基礎。象和數是易經的基礎，所有之變化皆由此出。象數關係，既對立又統一，取象運數而明理，是易學的基本功能。例如漢代的孟喜、京房、鄭玄等人，皆以象數解易，並創立卦氣、納甲、爻辰、互體等學說。後有北宋邵雍創先天學，以及諸儒之宣揚象數，演變成包含天文；曆法、樂律、道教、養生在內的龐雜象數學體系。《繫辭》：「易則易知，簡則易從。」意即把任何一個錯綜複雜事物的組合、規律、結構及其狀態，通過八卦簡單的交爻劃符號之間的變化狀態，及其相互關係，就可以執簡馭繁地全面比類歸納，並清晰的表示出來。象數可以把任何的事物，都變成「數」之間的關係，再根據數的五行生剋制化等關係，與其易數的數理規律及處理方法、技術來配合運用，就能找到與其數相應的事物之間的明確相關關係及其規律。

事實上，最早的易本為術數，「象數」原本包括在術數之中，而術數內容龐雜，至漢代時，象數和術數仍然難以分開，宋以後直至清朝才有一定分界，一般以是以象數為探究宇宙生成秩序的自然哲學，而以術數為占測人事物福禍的方法。如果從象數學表面看來，它總是只有簡單六個爻劃的一個卦體就能夠表明，甚至通過易卦爻位及爻象的特性，及其變化規律的演繹，實際上，它裡面又蘊含著一整套深厚的哲理、邏輯、訊息、場效應與數學分析等科學。易道廣大、無所不包、旁及天文、地理、樂律、兵法、韻學、算術等，皆可援易以為說。

象數以八卦的眾多卦象，陰陽奇偶之數，作為解易途徑，既切合占筮之用途，又發揮易旨的深蘊。漢代易學家，將易理結合數字、物象、節氣、方位、顏色、陰陽等，推演出種種循環的機械架構。其中如京房的八宮卦術，孟喜的卦氣說，鄭玄的爻辰說，荀爽的升降說，虞翻的卦變及納甲說，易有互體、飛伏、游歸等易學條例，大體上立足於周易的卦象及陰陽奇偶之數，結合卜筮占驗之術，透過推衍象數的本旨而將之應用於吾人的實際問題中，但是宋代是以周易的卦爻象數為基礎，另一方面又超出卦爻象數之外，創造出河圖、洛書、先後天圖、太極圖等獨具特色的各類易圖，從周易的內在象數，衍擴到周易之外的自然哲學，以探索大自然萬物的化生奧秘，形成一套注重圖說，講求心法的一種嶄新的象數哲學體系。如陳摶、邵雍、周敦頤、朱熹、蔡元定等大儒的衍釋推闡。然而象數學的濫觴階段，應該是從先秦的《十翼》、《左傳》、《國語》所載筮例起，是象數的萌生期。元明以降，道教之傳播極廣，象數易學也得到很大的發展，如果從整個思想史的角度觀察，象數理論一直有一個前提，即認為自然界的力量是神秘的，不但難測且是鉅大的，而相對上，人類則是渺小的，必須服從自然的規律。自然界無論在時間與空間兩方面的界限，都遠超出人類所能知的範疇，自然生命亦比人類生命寬廣且久遠。所以，人類必先認識自然，才有可能為「人」的一切生存與意義定位。另從人文的角度來看，人類的生存意義與價值，應該是在人之自身上，正如中國哲學以「心性之學」為主體，強調本體的內在性之人本思維，故認為人才是宇宙的中心，人必須先認識人文價值和人生意義，才能審視自然的秩序與價值。

《周易》所談的數，約可區分為三類：第一類是占筮之數，第二類是爻位之數，第三類是卦氣之數。占筮之數是易經六十四卦的基本原理，缺乏占筮之數，任何占斷即難以定奪，其所衍生出涉及人生意義的解說也難以產生。爻位之數是指各卦各爻之位置，隨著錯、綜、旁通等之卦與卦之間的關係，其爻位之數與各爻的吉凶悔吝密切聯繫，影響了各爻的占斷結果。例如透過分類與歸納，作出三陰三陽、二陰四陽、一陰五陽，以窺探爻位之數所可能彰顯易理之奧秘。至於卦氣之數，主要是探索易卦和節氣之間的對應關係，包括納音、納甲、消息卦、八宮世應、飛伏、七十二候等，其理論基礎為天人合一思想，認為天道的運行原理可以藉由易卦爻之內容得知，易卦爻結構與天地規律一致，因此不免將季節、氣候等外緣環境附會於易卦爻中。

有關象數之立說，分論如下：

一、爻辰說

為東漢鄭玄所立，其例是以乾、坤二卦的十二爻，配子、丑、寅、卯、辰、巳、午、未、申、酉、戌、亥十二辰。其乾卦六爻所值六辰，自初九至上九，分別配以子、寅、辰、午、申、戌；而坤卦六爻則自初六至上六依次值未、酉、亥、丑、卯、巳，另兼取十二律以配乾、坤十二爻，尚與二十八宿相值，並兼及二十四節氣。同時可廣泛引申於六十四卦三百八十四爻。除乾、坤之外的六十二卦、凡陽爻所值之辰，視乾卦六爻之例，凡陰爻所值之辰，視坤卦六爻之例。

二、升降說

周易強調陰陽之道，陰陽交感、化育萬物、孤陰不生、孤陽不長、陰陽相配、和生萬物。陰氣與陽氣又泛指事物的兩個對立面。事物凡屬陽者，其義主進；凡屬陰者，其義主退。東漢易學家荀爽認為陽爻處第二位者宜上升而居第五位，陰爻居五位者宜下降處第二位；乾為陽，坤為陰，故乾升坤降，意即陽在二者當上升坤五為君，陰在五者當降居乾二為臣。故乾升坤為坎，坤降乾為離，成「既濟」定，則六爻得位。例如地澤臨䷒卦，九二陽當居五，陰當順從，如尚在二，則「未順命」，陰居正中，為陽作階，使升居五；己下降二，與陽相應，故吉而得志。此乃運用爻象以解易，藉透過分析爻變，以揭示易旨。

三、互體

六十四卦的每一卦均由六爻組成，共三百八十四爻，其任何一卦，無論一爻變或多爻變，均會轉化成另一卦，此種導致卦變的某一卦中的具體爻象變化，即為爻變。而三百八十四爻本是模擬自然界事物的變化狀況，而卦變與爻變二者互為關聯溝通，凡卦變其必有爻變才能形成，凡爻變其必然造成卦變。因此，互體即為互卦現象，是六十四卦的卦形規律所使然，指一卦中除初爻至三爻為下卦（下體），四爻至上爻為互卦（互體），即每卦六爻之間，除初、上兩爻外，中四爻又有相連互的卦象包涵其間。其中二、三、四爻合成下卦，三、四、五爻合成上卦，此僅限於六畫卦中的二至四爻，三至五爻，不在衍擴。

四、納甲

始於西漢京房，用以創立八卦六位系統，結合卦氣說，以施於占驗災異，即把天干十數納配於八卦之中以相比附，因舉干之首甲為名，故稱「納甲」。其法將天干地支納入卦爻間，乾納甲壬、坤納乙癸、震納庚、巽納辛、坎納戊、離納己、艮納丙、兌納丁。以干支所屬之五行，及筮卦時的時日，再由世應爻，分定六親、六神等，以視其生剋情況來斷吉凶。把六十四卦分八宮（八大純卦），每一宮一卦，下接七卦，由下至上，即本卦、一世、二世、三世、四世、五世、遊魂、歸魂。易氣從下生，動於地上之，則應於天上之。初以四、二以五、三以上，此之謂應。再以本宮卦所屬之五行，視卦爻世應納得的干支五行、以定六親、即父母、兄弟、子孫、妻財、官鬼。又配以六神，即青龍、白虎、朱雀、玄武、勾陳、騰蛇等。

五、旁通

為漢代的虞翻所創，又叫錯卦，即每個爻位的陰陽全都相反的兩卦，為陰陽相反的偶對，是一種宇宙的先天原則。例地天泰☷☰與天地否☰☷卦。旁通意謂卦之六爻的運動變化，曲盡而旁及萬物的發展情理。可以說乾坤旁通之後才開始啟動了陰陽的消息與卦變，最後形成了六十四卦。

六、反卦

又稱綜卦，或反對卦，指卦象上下顛倒的兩卦，例如震卦與艮卦。為上下，內外位置相反的偶對。是後天原則的偶對方式，然在六十四卦中、乾、坤、坎、離、山雷頤，風澤中孚、雷山小過、澤風大過共八個卦為特殊卦形、因為反轉顛倒均不變，無反卦之現象。

七、兩象易

兩象易為漢代易學的代表人物虞翻所提的用象方式，即以六畫卦中上下二體的兩個卦象交相更易。此亦不脫離其論易之特色，即以象解經，依經立注、變易的準繩等，例如天雷無妄為上乾下震兩象交易，成乾下震上而成雷天大壯，既以兩相交易後之兩卦所含上下象及互體解說。

八、半象

即以六畫卦中的某兩畫代表一個三畫卦之象，因未足三畫，故稱半象。例如虞翻以水天需自雷天大壯變來，故取雷天大壯上下卦震、兑之象為說，又以天水訟初六「不永所事，小有言、終吉」，此小有言，謂初四易位成震，言三食舊德，震象半見，故小有言。半象主要之用意在於繁衍卦體，廣牽廣象，以便於援據卦象來解說周易。然難免有附會或牽合之弊。

九、權象

即六畫卦的第三爻變而與上爻易位，為一種權宜之象，又叫「三變受上」。即三已變，與上易位。但據虞翻云，權本權宜，非常態論，僅見於風火家人☴☲，風水漸☴☶卦，因其三爻與上爻均屬陽爻，第三爻為陽，本已得正，卻要變位不正之陰爻與上九易位。

綜觀漢代經師之言象數，大致立足於周易的卦象以及陰陽奇偶之數，結卜筮占驗之術，透過推衍象的本旨，而將周易應用於人事物的實際問題上；宋代則一方面以周易的卦爻象數為基礎，另一方面又超出卦爻象數之外，創造出河圖、洛書、先後天圖、太極圖等具有特色的各類易圖，更進一步探索大自然萬物的化生奧秘、形成一套注重圖說、講求心法的嶄新之「象數」哲學體系。象數本是周易哲學的根基，周易自陰陽爻畫、八卦、六十四卦符號、至卦辭、爻辭、無不因觀物取象所得，易象既立，陰陽剛柔之數亦由是生焉。宋代尤其對周易原理作高度哲理化的發揮，以闡釋周易哲理為宗旨，將易學的哲學研究推向更高的台階。「象」為易之卦爻諸象，「數」為與卦爻相配的種種數理。漢代論象數的代表人物為孟喜、京房；宋代最具代表人物為邵雍、周敦頤，邵雍在《皇極經世》之觀物外篇下說：「神生數、數生象、象生器。」表明器的變化又複歸於神，故通象數者變可通「神」。又由於象數易理涉及天文、曆法、音律、哲學、倫理、占測等之內容，致使象數系統十分龐雜。

象數和占筮傳統，本就有深遠的關係，「數」也具體存在於卦爻辭中，它是易經哲學的重要憑藉。但魏晉時期的王弼在《周易略例》一書中、批判「數」的限制說：「夫爻者何也？言乎變者也。變者何也？情偽之所為也。夫情偽之動，非「數」之所求也。故合散屈伸，與體相乖，形躁好靜，質柔愛剛，體與情反，質與願違。巧歷不能定其算數，聖明不能為之典要。法則所不能齊，度量所不能均也。」另對「象」的限制說：「夫象者，出意者也；言者，明象者也。盡意莫若象，盡象莫若言。言生於象，故可尋言以觀象；象生於意，故可尋象以觀意。意以象盡，象以言著。故言者所以明象，得象而忘言；象者所以存意，得意而忘象。：是故觸類可為其象，合義可為其徵。義苟在健，何必馬乎？類苟在順，何必牛乎？爻苟合順，何必坤乃為牛？義苟應健，何必乾乃為馬，而或者定馬於乾？案文責卦，有馬無乾，則偽說滋漫，難可紀矣。」以上清楚的指出、「象」和「數」尚隱含有更精微且重要的觀念。因為「象」中含有「意」、「義」，而數中含有「心念」、「偽情」，而不同類之「象」、「數」，要表達的是抽象的意義、心念、及情偽，這是易理所具有之普通性的描述，但如果把象及數作具體論述，則只能困守在如牛、馬、等，以及數字數量上，如此要申論易理或透過變例以攀引附會，顯然會造成偽說滋漫，甚至不著邊際，因而迷失易之意義。

總而言之，易學象數學的數理規律，有其存在的重要意義，可用來分析、區別、研究、歸納與總結任何科學領域，或任何類型事物之間的產生、對應、搭配、混合等的總體規律、以及其資訊、狀態、數、象、場之規律，更反映人之信仰及思想。

四、天地之數與大衍之數

易數是自現象界中形而下的數據，演繹其變化的過程，從而得知人事物之因果關係；反之，亦可經由數據之歸納法，得知形而上之宇宙本體。數者，盡物之體也，數為萬物之根源，一切萬物盡在數，數隱藏著能量的指數，是詮釋萬物的密碼，傳遞著生命的信息，甚至透過定律，傳遞出真理。蓋易之為書，成於象，而顯於數，盡在人事物中，數之窮，至於陰陽而止，陰陽以上，其數實然而不可見，先賢將之歸於太極。在日常生活中，吾人依數以見象，依象以明理，易道尚變，其變之蘊於內者為「數」，雖然數之演變無窮，象之取用萬殊，不可執一而論，是律以求，卻有其共通之法則，何況事物具多重性，生命是多元化，個性也多重化，數之密碼更是多層次的詮釋，數字所能顯現或代表的，也是多方面的。

易數自太極、陰陽之數出發，宇宙由太極本體而生陰陽二數，從而化為萬物、陰中有陽、陽中有陰、相互變化，循環不已。太極之概念，在宗教上為神，在哲學上為絕對本體，在數學上則為大、小兩極陽，一體既可萬殊，萬殊又復歸一，萬變不離其宗，所以，孔子才說：「吾道一以貫之」。

數是針對「象」與「象」之間的各種聯動，而產生運行發展活動，「數」可透過卦爻來表達事物的相關性和規律性，進而從中取得演繹基礎以及象之變化。易經將之定為八個卦（小成卦），推演出六十四卦（大成卦），每卦均代表某現象，而爻數有二十四（小成卦），三百八十四爻（大成卦），每爻代表某一現象中某一階段之動態。卦並非定象，必須體察爻之變動，其變動之程式，概略有世應、升降、消息、相對、正反、交錯、互體等法則，具有邏輯性，可用之於推理，明察人事物之種種現象。

天地自然之變化以陰陽為用，伏羲畫卦，始於乾坤陰陽，而乾坤陰陽，又始於太極，太極生兩儀，兩儀生四象，四象成八卦，在重為六十四卦，三百八十四爻，這就是「數」，此數值乃以天地之數作為表徵與架構，於「易」筮系統則以大衍之數作為彌綸天地之道，陰陽之道的數值符號。當天地混沌未開，理無不在，太古初成，數無不完備，河圖洛書為氣數之本源，易經的主要功能在依數而推理，並且依理而行。天地之數與大衍之數相連相繫，大衍之數的推演、源自天地之數的運用，天地之數的生數即推定成數的根本，而天地之數的成數即「易」用之筮數，也是展現各種變化之性的老少陰陽之數；生數成數間，彼此建立其互為推用的關係。

天地之數出於《繫辭傳》，先秦及兩漢以來，其數值普遍運用於建構宇宙自然生息運化之理解方式，它是自然的生成變化之用數，窮其吉凶之變，人事物的吉凶變化可以藉之測度預知。河圖之數為天一地二、天三地四、天五地六、天七地八、天九地十。這一、三、五、七、九為五個奇數，二、四、六、八、十為五個偶數，即天數五、地數五，再一與二、三與四、五與六、七與八、九與十，乃奇偶為類，而各自相得；又一與六、二與七、三與八、四與九、五與十，即是奇與偶的兩兩相合，將五個奇數相加起來是二十有五，這就是天數；五個偶數相加起來是三十，這就是地數，把天數地數加起來是五十有五，即是天地之數。

宋朝易學象朱震在其《漢上易傳》云：「參天兩地，五也；五，小衍也。天地五十有五之數具，而《河圖》、《洛書》，大衍之數實倚其中。一與五為六，二與五為七，三與五為八，四與五為九，九與一為十。五十者，《河圖》數也。五十有五者，《洛書》數也。五十有五，即五十數，五十即大衍四十有九數。」又云「一與二合丁壬也，三與五合甲己也，五與六合戊癸也，七與四合丙辛也，九與八合乙庚也。五即十也，天地五十有五，大概如此。」故曰「凡天地之數五十有五」，然五十則在其中，故《太玄》：「一六為水，二七為火，三八為木，四九為金，五五為土」。《黃帝書》亦曰：「土生數五，成數五，是以大衍之數五十也。」

天數五、地數五，合而為十，此為數之全，天以一而變四，地以一而變四，四者有體，而一者無體，是謂有無之極。天之體數四而用者三，不用者一，地之體數四而用者三，不用者一，因此，無體之一以況自然，不用之一以況「道」，用之者三以況天地人。天地之數，其一指太極，四指四象，太極一氣分為天地，天有陰陽，地有剛柔，天有陰陽太少，地有剛柔太少，又天之體又日月星辰，故天以一而變四；地之體有水火土石，故地以一而變四。太極之一寓天地，天之一寓日月星辰四象之間，地之一寓水火土石四象之間，故四者有體而其一者無體。

大衍之數實為神妙的代數、幾何、三角、天文曆數融合法。《繫辭上傳》：「大衍之數五十其用四十有九」。勾股弦原理表明勾３其積９，股４其積１６，弦５其積２５，合為５０為大衍之數。

朱震在其《漢上易傳》、《漢上叢說》云：「小衍之五，參兩也。大衍之五十，則小衍在其中矣。一者，體也，太極不動之數。四十有九者，用也。兩儀四象分太極之數，總之則一，散之則四十有九，非四十有九之外復有一，而其一不用也。方其一也，兩儀四象未始不具。及其數也，太極未始或亡，體用不相離也。四十有九者，七也。是故爻用六，著用七，卦用八，玄用九。十即五也，十盈數，不可衍也。分之左右而為二，以象兩者，分陰陽剛柔也。掛一於小指以象三者，一太極兩儀也。揲之四以象四時者，陰陽寒暑即四象也。歸奇於扐以象閏者，先以其左四揲之，歸其所揲之餘而扐之，以象閏。次以其右四揲之，歸其所揲之餘而扐之，以象五歲在閏。故再扐而後復掛，皆參兩也。」又云：「大衍之數五十，而策數六、七、八、九，何也？曰：六者，一五也。七者，二五也。八者，三五也。九者，四五也。舉六、七、八、九，則一、二、三、四、五具。所謂五與十者，未始離也。五與十中也，中不可離也。考之於曆，四時迭王而土，王四季，凡七十有五日，與金木水火等。此《河圖》十五隱於一九三七、二四六八之意。劉牧曰：「天五居中，主乎變化。三才既備，退藏於密是也。」故六、七、八、九，而五十之數具。五十之數，而天地五十有五之數具，奇偶相合也。故能成變化相合，而有升降也。故能行鬼神變化。鬼神者，天地也。成之行之者，人也。」

天地之數是《繫辭傳》所描述的數，與河圖、洛書相關，而大衍之數是用來推演天地萬物的數字，推演天地變化的數理基礎，是《周易》筮法所需要運用的數字。天地之數五十有五，去陽中之五為大衍之數，去陰中之六為四十九，為大衍之用。

五、皇極經世談「數」

《皇極經世》，為北宋邵雍撰，是一部河洛數術之書，由易經來說明數理，以經世為宗旨，本諸天道，以明人事，以元會運世為綱領，以先天象數闡述太極本體論，編纂世界歷史年譜及中國歷史年鑒，總結歷史興衰，評論社會治亂、褒貶歷史人物，創建一個說明宇宙萬物之演化，推演天道人事的全部過程的天地人三才體系，並有條理的描繪出一條貫穿這個體系的最高法則。該書意言象數，內容包含天地、人事，源於易經，終始古今，集經、史、易、道大成，以及洪範九疇、太玄不傳之秘數，在探尋經世致用，修身立命方面，可謂與諸子百家，儒釋道、經史子集等，有著殊途同歸的闡演與論述。

《皇極經世》本予河圖，《繫辭傳》：「河出圖、洛出書，聖人則之」，又云：「天一地二、天三地四、天五地六、天七地八、天九地十。天數五、地數五、五位相得而各有合。天數二十五，地數三十、凡天地之數五十有五，以所以成變化而行鬼神也。」數始於一，一即太極、四指四象，天以一而變四，所謂日月星辰，地以一而變四，所謂水土火石。太極為先天、陰陽為後天，太極無形無象可見，故曰一者無體。邵子在觀物外篇云：「《易》之大衍，何數也？聖人之倚數也。天數二十有五，合之為二十五；地數三十，合之為六十，故曰五位相得而各有合也。五十者，蓍數也；六十者，卦數也。蓍德圓，以況天之數，故七七四十九也，五十者，存一而言之也；卦德方，以況地之數，故八八六十四也，六十者，去四而言之也。圓者本一，方者本四，故蓍存一而卦去四也。蓍之用數七，並其餘分，亦存一之義也。掛其一，亦去一之義也。」

《皇極經世》之伏羲六十四卦圓方圖，「數」為其核心，從數入於理，圖皆自中起，圓圖在觀天、觀地、觀歷代之興衰，而方圖在觀動植物，觀運用之物。先天圖之陽生於下，陰生於上，乃因萬物皆反生，陰陽互生，循環無窮。《皇極經世》之名，邵伯溫解：「至大之謂皇，至中之謂極，至正之謂經，至變之謂世」，皇者，三皇之一，指伏羲氏以「極」為羲皇所立之太極法則，經為紀，指自然法則之全過程，即以物觀物來探究天人之道，洞察萬物之理。對該書剝析較為透徹的是常秉義教授所編，由中央編譯出版社所出版的《皇極經世》導讀一書。

《皇極經世》用易經六十四卦的架構，天以一元為極限，地以一歲為極限，盡則週而復始。將宇宙時辰區分為「元、會、運、世、年」五種單位，三十年為一世、十三世為一運（共三六0年），三十運為一會（共一0八00年），十二會為一元（共一二九六00年）。第一、第二會為地支的子、丑，是開天闢地的時節；第三會為寅，萬物始生。元會運世，其實就是易經所謂的天地之數，猶如年月日時，一元十二會、三百六十運，四千三百二十世，猶如一年十二月，三百六十日，四千三百二十小時，是書所言之數，係指卦氣之數，為先天數。分為以元經會，以會經運，以運經世，把元、會、運、世作為推演宇宙、時序、人事的規則，其一元就是天地宇宙一個由開始到結束的循環週期，其一元十二會之重點在午會，從大禹即位之初至後周顯德六年共三千多年的歷史過程。在歷經三皇、五帝之後，進入了三王，五伯兩大階段，在午會之初，正值大禹八年甲子（公元前二二一七年），由乾而姤，陽氣至極，陰微下萌，天時及人事皆開始形成轉折點。強調同禮而異教者必以德，故尚讓；再轉變為同形而異勸者必以功，故尚政。

在午會的前九運，包括夏、殷、周、秦、兩漢、三國、晉、十六國、南北朝、隋、唐、五代、宋等歷代王朝的治亂興衰之全過程，及至後周顯德六年己未為止。依此往下推，從午會十運，自宋仁宗天聖二年甲子（公元一〇二四年）至明太祖洪武十六年癸亥（公元一七四三年）；午會十二運，自清乾隆九年甲子（公元一七四四年）至公元二一〇三年癸亥為止。

邵雍的先天易圖所表述的一分為天法則，找到了陰陽二象形成八卦及六十四卦的本源。歲月日辰之數極於六十四，先天六十四卦圓圖為天，方圖為地，故圓圖象天行而為環，以乾坤為陰陽之樞機，中而無對，故圖皆從中起。

邵子云：先天圖者，懷中也。其法則之所以變化物端，具有普通性及永恆性，蘊涵著道的法則及太極之理的本源，從圓圖觀之，乾南坤北當圖之中軸，而易根於乾坤，而生於復姤，乾坤即為大父母，乾交坤，母孕長男而為後。坤交乾，父生長女而為姤。而復姤為小父母，陽起於復，而陰起於姤。其貞卦「震以長之，巽以消之」，而長消東西各半，其東半自復至乾三十二卦為長，西半自姤至坤三十二卦為消，長消循環不息。

數是詮釋萬物的密碼，數，隱含著人事物的吉凶現象，傳遞著生命的信息，甚至可以推演未來，例如，天數加地數為22，或天數25、地數30，必有事。因此，二〇二六年丙午年，二〇二七丁未年，必有凶災或戰亂。

伏羲六十四卦圓方圖（截至皇極經世導讀）

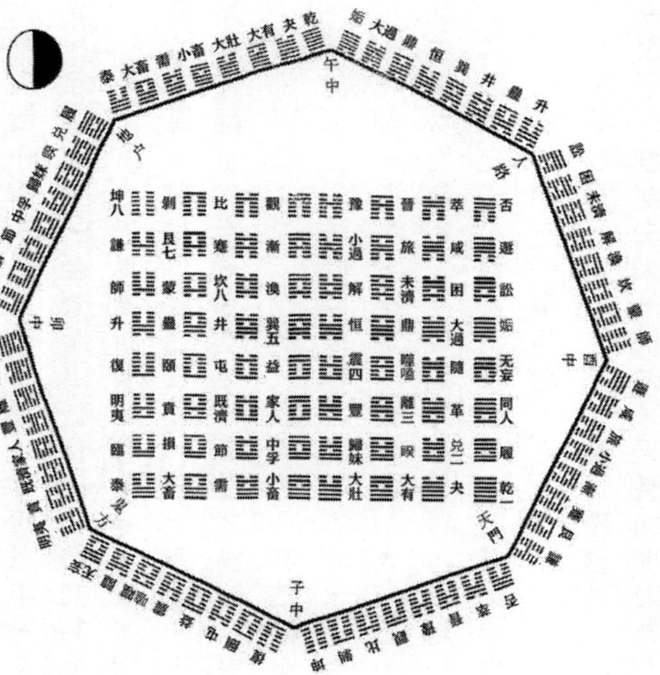

先天圖、外圓為天，內方為地，圓者六六三百六十，方者八八六十四。南宋蔡元定云：六十四卦圓佈者，乾盡午中，坤盡子中，離盡卯中，坎盡酉中。陽生於子中，極於午中；陰生於午中，極於子中。其陽在南，其陰在北。方佈者，乾始於西北，坤盡於東南，其陽在北，其陰在南。此二者陰陽對待之數。圓於外者為陽，方於內者為陰；圓者動而為天，方者靜而為地。圓圖乾在南，坤在北；方圖坤在南，乾在北；乾位陽劃多，坤位陰劃多，陰陽各以類而聚。圖以圓函方，以見天包地外，地在天中。意即方圖乾兌離震巽坎艮坤八純卦自西北天門至東南地戶而貫穿，是為方圖之經。而乾坤相交為否泰，（邵子云：諸卦不交乾坤者，則生於否泰，否泰則乾坤之交也），兌艮相交為咸損，離坎相交為既濟，震巽相交為恆益，在相交後，上述之八重卦貫穿於西南至東北方，是為方圖之緯。（詳見《皇極經世》六十四卦圓方圖）

邵子《大易吟》云：「天地定位，否泰反類；山澤通氣，咸損見義；雷風相薄，恆益起意；水火相射，既濟位濟。四象相交，成十六事，八卦相蕩，為六十四。」其所謂天地定位，否泰反類，為第四層之二十八卦。乾居右下之西北，坤居左上之東南，否居左上之西南，泰居左下之東北，而西北之乾為天門，東南之坤為地戶，故謂天地定位，乾交坤位西南，是為人路；坤交乾位東北，是為鬼路。又因否泰相對而治亂有不同，故謂否泰反類。山澤通氣，咸損見義，在論第三層二十卦，兑外乾，艮外坤，艮兑相對，而兑澤主升，艮山主降，又見圖示，咸次為否，損次為泰，咸連亡則否，損修德則泰，治亂興衰，故咸損見義。雷風相薄，恆益起意，見第一層（中心）四個卦，震外離，巽外坎，震為雷與巽為風相薄則通，損益盈虛，咸速恆久，表治亂之意，故恆益起意。水火相射，既濟未濟，見第二層十二卦，離外兑，坎外艮、離主上、坎主下，坎離相對，既濟貞離悔坎，水火相交則既濟定，未濟貞坎悔離，上下背離則未濟也。

明朝黃畿云：天地之氣交而後生，天卦皆在下，而生氣在根，故能生植物而頭向下。西北十六卦天卦自相交，東南十六卦地卦自相交。天卦皆在上，而生氣在首，故能生動物而頭向上。天地之卦各自十六卦斜行而相交，諸卦不交乾坤者則生於否泰，否泰者乾坤之交也。天卦指乾兑離震四經卦，地卦指巽坎艮坤四經卦，而西北十六卦不論貞悔，皆為天卦，東南十六卦不論貞悔，皆為地卦，而西南十六卦天去交地，即乾兑離震交坤艮坎巽，東北十六卦地去交天，即坤艮坎巽交乾兑離震，具體為貞乾交於坤艮坎巽則為泰、大畜、需、小畜；貞兑交於坤艮坎巽則為臨、損、節、中孚；貞離交於坤艮坎巽則為明夷、賁、既濟、家人；貞震交於坤艮坎巽則為復、頤、屯、益。以上為方圖地之坤艮坎巽東北十六卦交天地，其它之西北、東南、西南同法。

黃畿云：有萬物則有聲音，有聲音則有律呂。聲音律呂與天地之氣，流通貫徹無有間隔，故天氣下降，地氣上揚，陽唱於前，陽和於後，然後萬物生焉。生之變一百六十，取其物聲一百一十二焉律以呂地，音之化一百九十二，取其用音一百五十二為呂以律天。天聲屬日月星辰，地音屬水火土石。日月星辰懸象於天，然必繞地而出，乃變而為暑寒晝夜；水火土石著形於地，然必通天而升，乃化為雨風露雷；性情形體受於暑寒晝夜之所變者也，以一百一十二而唱一百五十二，則為萬有七千二十四。走飛草木施於雨風露雷之所化者也，以一百五十二而和一百一十二，亦為萬有七千二十四。此乃陰陽剛柔各自相交者也，寒暑晝夜之再變，雨風露雷之再化也。天之性情形體皆交於地之走飛草木，地之走飛草木皆交於天之性情形體。唱者再唱，和者再和，則萬有七千二十四彼此相乘為二萬八千九百八十一萬六千五百七十六矣。

綜上說明，由於動物之數與日月星辰之用數相符，植物之數與水火土石之用數相符，即易經所說的萬物之數。故天地四象因而以生萬物。天地陰中有陽，陽中有陰，陰氣與陽氣充斥於天地山川萬物之中，陰陽交感，陰陽互化，剛中有柔，柔中有剛，陰陽剛柔也互為體用，此乃天地四象之義。天之陰陽日月之變，地之陰陽水火之化；天之剛柔星辰之變，地之剛柔土石之化。此四象錯綜交互，則天地之化以至萬物之生，皆以一而備陰陽剛柔。其暑寒晝夜，變走飛草木之性情形體，而雨風露雷則化性情形體之走飛草木。性情形體為天之變數，飛走草木為地之化數，而性情為動，形體為植，是天中有地；飛走為動，草木為植，是地中有天。天者分陰分陽，地者分剛分柔。此乃天地萬物也。

黃畿云：本乎天者不足於地，本乎地者不足於天。在天地猶有所不足，則萬物各得其偏也宜矣。唯人受天地之中以生，陰陽交於剛柔、剛柔交於陰陽，故其八象於其內亦復具八象於其外。內則所謂陽與剛交而生心肺，陰與柔交而生肝胆，柔與陰交而生腎膀胱，剛與陰交而生脾胃是也。外則所謂乾為目而巽為骨，兌為耳而坎為肉，離為鼻而艮為髓，震為口而坤為血是也。凡天地萬物所不足者，人則無不備焉。此其所以人為萬物之靈歟！律呂歸宿於人，其旨微矣。所以性情分陽陰，此乃本乎天，而飛走分剛柔，木草分剛柔，此乃本乎地。人貴為萬物靈，故備天地萬物。

先天六十四卦圓圖象天，方圖象地。圓圖起一而積六，方圖起一而積八。天包含天地、春夏秋冬、寒暑晝夜，及其運數、年數、用數、交數、有數及無數之別。從圓圖之子午線劃分為左右，其左方貞卦自震至乾共三十二陽卦，為冬至迄冬至。左右分陰分陽，代表天之四象及地之四象。另從圓圖之上下卯酉中分，其上為貞卦乾兌巽坎，下貞卦為離震艮坤，上為晝為天，下為夜為地。

運數：運數為大運，共三十二卦，臨卦為兌宮之末卦，師卦為坎宮之末卦，左方之臨卦至乾十六卦與右方師卦至姤卦十六卦，合計為三十二卦。

年數：年數為小運，共三十二卦，蓋三百六十年為一運，而同人卦為離宮之首卦，從圖左同人至復卦十六卦與右遁卦至坤十六卦，合之共三十二卦，為在地之年數。

交數：從圖左方明夷卦至頤有八卦，右方否卦至坤，共十六卦之數。為交數。

用數：圖左賁卦至乾二十三卦，右之艮卦至姤卦共二十三卦，合計為四十六卦。

有數：圖左方震卦至夬卦二十七卦與右晉卦至姤卦共二十七卦，合計為五十四卦。蓋乾全陽，物之盛也。

無數：圖之左益卦至復卦四個卦，右之豫卦至剝卦四個卦、共計八卦之數，為無數。蓋坤全陰，閉物之極也。

由上可知天主運數，地主年數，天地之體數各有四，用者其三，故一時用三月（一時止於三月、一月止於三十日），都去其辰數，而六十四卦不變者有八，可變者五十六；八八之卦六十四，不變者有八，可變者有七，因此七八五十六。即七變而一不變，天有三辰，地有四行。

六十四卦用者為三十六，爻有三百八十四，而用者為二百一十六。六十四卦反復變者五十六卦，體有二十八；反復不變者八卦，合之共三十六，所以，卦有六十四，而用者三十六。爻三百八十四，用者二百一十六，即陰陽均各有三其三十六，即一百零八，合計二百一十六。而六十四卦每卦去初及上爻共一百二十八爻，餘二百五十六爻，易以初及上爻為定體，中間四個爻為變體，前後左右共為四數，存四為生物之數。又陰陽爻各一百一十二，去陽之離四及陰之坎四，合計為二百一十六，另加陰陽之四十，共計二百五十六。所以，卦氣圖二百五十六卦，每爻直九十，四爻直一運，故生物數用四位，而不用六位。用數為運行，為天；體數為生物、為地。天運行以用數自相乘，以用數之用為生物之時；地為生以體數為用，陽乘陰為生物之數。

宋朝理學家張行成云：用六爻者，三百八十四之數也。用四位者，二百五十六之數也。天一六相虛，初上無位，故坎離生物用四位而初上不用也。四位者，四體。初者，地之氣，命之根也；上者，天之神，性之原也。六十四卦三十二陽，三十二陰。不變者，初不用也，人物之命也。八純卦五世而游魂者，上不用也，聖賢之性也。乾六陽，坤六陰，體之立也；離四陽，坎四陰，用之行也。故天地用數自左臨、右師以上運數三十二卦屬天，本乎乾奇；左同人、右遁以下年數三十二卦屬地；本乎坤偶。二者天覆地載，而萬物生乎其中也。故一卦六爻，上爻象天覆，初爻象地載，中四爻生物所主，所謂「辨是與非，非中爻不備」。

邵子干支數

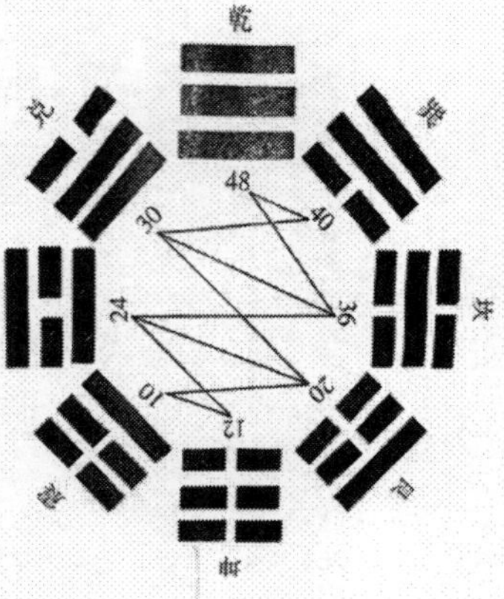

乾、坤、坎、離為四正卦，震、巽、艮、兌為四陽卦。四正卦用地支十二數，天從地，故乘以一、二、三、四，得坤十二，離二十四，坎三十六，乾四十八。四陽卦用天干十數，地從天，故乘以一、二、三、四，得震十，艮二十，兌三十，巽四十。

天之一陽君象出乎震，故圓圖之貞卦陰陽消長，起震之一陽二陰，離二陽一陰，兌二陽一陰，乾三陽，巽二陽一陰，坎一陽二陰，艮一陽二陰，坤三陰為逆，故震一、離二、兌二、乾三、巽四、坎五、艮五、坤六，此即圓圖起一積六數。皆為乾一、兌二、離三、震四、巽五、坎六、艮七、坤八，此即方圖起一積八數。又圓數有一，方數有二，六即一，十二即二，方圓變之則起四而積十二，六者常以六變，八者常以八變，而十二者亦以八變，此乃天地自然之道。圓者經一圍三，方者經一圍四，圓數奇，故天之數一而用六；方數偶，故地之數二而用十二。六為一之成數，十二去成數十，即為二生數，故十二即二。

皇極用數，六為用數，八為體數，用為陽，體為陰。又成於三極於六，故圓者積六十六，經六十變，成三百六十。體數成於四，極於十六，方者積八八，縱橫斜交各十六，而成六十四卦。四之八，八之十六，十六之六十四，六十四之二百五十六，逐分以盡萬物之數。

邵子曰：一者數之始而非數也，故二二為四，三三為九，四四十六，五五二十五，六六三十六，七七四十九，八八六十四，九九八十一，而不可變也。百則十也，十則一也，亦不可變也。要去歸宿，易簡不過一。邵伯溫曰：天地萬物莫不從一開始，故以一為本。

明代黃道周著《易象正》，明白指出《易》言天地自然之理與曆有著密切關聯，並將易、曆、史結合，得明百世之理。指出《易》皆用八，《疇》皆用九，（易以天地日月，為疇之五行星辰）：為象者八八六十四，以八乘之，為五百一十二；又再乘之，為四千九十六，又以八八乘之，為二十六萬二千一百四十四。凡象之蹟，極止於是，自是而外，無象也。為疇者九九八十一，以九乘之，為七百二十九；又再乘之，為六千五百六十一；又以九九乘之，為五十三萬一千四百四十一。凡數之蹟，極止於是，自是而外，無數也。以五百一十二自相乘，而得象極之象；以七百二十九自相乘，而得數極之數。兩者《易》《疇》，所相為用也。

邵子觀物吟言經世十二萬九千六百年，從唐堯元年甲辰至五代後周己未期間歷代王朝治亂興衰之全過程。在《皇極經世》一書中，分元會運世，其以元經會之要點在論述宇宙變化法則；以運經世多用表格顯示中國歷代的變化過程。而在一元十二會中，以午會為重點，從大禹即位直至後周顯德六年，共三千多年歷史變化過程。邵雍把中國歷史概略分為前期的三皇、五帝及後期的三王、五伯，在公元前二二一七年的甲子，為大禹八年，值午會之初，由乾而姤，陽極陰微，天時人事皆開始形成轉折，所謂三皇同仁而異化，五帝同禮而異教；三王同義而異勸，五伯同智而異率。所以強調以德教民，教民者，民亦以德歸之。在轉變為以功勸民時代，所謂同形而異勸者必以功，以功勸民者，民亦以功歸之，大致從公天下轉變為家天下。

邵雍採用元會運世，通過神生數，數生象，象生器的象數之學。推演歷代成敗興衰，蘊含精深的宇宙之道、萬化之理，《四庫全書》稱其「辭約而義廣，天下之能事畢矣。」一本於《易經》之盈虛消長、窮通變化的原理所建構的歷史哲學。反應出天人之間，萬物一體，皆同質同構，全息共振，人與天地相應，與日月相參，邵雍說：人心先天天弗違，人身後天奉天時，體在天地後，用起天地先，需識天人理，方知造化權⋮。其以元會運世為史綱，理出天與人世共振之根源，知曉天地運行的規律和「道」，觀先天可以推夏至，觀交泰可以推秋分，對於描述歷史事件興衰更替過程，亦與卦象大致吻合，該書為邵雍窮究《易經》象數之學的心血結晶。

第四章　理、象、數一體論風水，缺一不可

易之三易即易理、易數、易象。易道在原理上就是易理，易理即天理，讀易的目的在「窮理盡性、守經達變」以通天下之志，以定天下之業，以斷天下之疑。天道運行，天理流行是促使萬有氣數變化的原動力，即陰陽消長變化，依隨時空而變化及轉化，永無此境。宇宙的任何事物都有其原則和道理，也都有具體的物象，同時也兼含著數，三者相互且統一，又相互作用。理、象、數在中國哲學上有其特有的概念，也是長久以來做為人們去認識、分析、解決問題的思維方式與方法。

易道三元、象、數、理三者並重，「易象」是一事物的時空現象，以太極、兩儀、三才、四象、五行、八卦、河圖、洛書、納甲、納音、月建、卦氣、卦變、互卦、筮法、占法、六十四卦等宇宙萬象。而事物的象是理呈現的媒介、用圖、象等符號形式來揭示事物的理，為理的形象化表述。萬物皆各有其象，象界學所談的，主要包括公司、工廠、住家內外形局與擺設，以及生活中的景象、形象、物象、花、樹等，所有生活中的事物，都是人類創作造生的象。

「易數」及事物的氣量變化，就數理方面來講，太極實含有圓周、圓體、數學極限、太極曲線、太極電磁波等的原理。在卜筮裡，卦象的詮釋，包含大象、小象、爻象，以及太玄、乾鑿度、六壬、太乙、遁甲等。而「數」則是卜得卦象的過程和內涵，因此象數是互通的，周易的占卜，象數幾乎是合一的，事物的「數」是象的關係與變化，意即用數把事物的道裡顯示出來，萬物皆有能量，各自散發出不同的能量磁場，或相吸，或相斥，「數」即是其具體的現象描述，只要掌握各個數的能量趨向，即可理解，甚至加以融合或運用。生活中絕大部分的事物，無不用數來表示，包括有形的數字，數據、資料等。可以說，所有的人、事、物、都與數有關。此外，一個人所展現出的專業、才華、言行、協調、溝通、整合能力、品行、人格、性情、理性、感性等，都是數，「數」的最高境界是智慧。總之，宇宙萬象莫不潛藏著數，甚至萬物皆可以數字化。**象界學所涉及的「數」，主要是公司、住家之定位數，物件名稱代表數、筆劃數、十二地支數、或是物件的代表組合數等。**

「易理」，乃是事物的本質性理，說明宇宙萬象萬數的生成、發展、變化之理，以及陰陽之氣的變化規律。理也是事物的原理、條理、真理與規則，事物之理即客觀真實世界的秩序法則，為人的心靈所體現，也是解釋事、物、象、數的根本依據及理由。傳統風水之理，主要在談理氣，依河圖、洛書原理，輔予易經八卦、六十四卦、十天干、十二地支，五行生剋原理，四象以及能量、物質及時間的變化現象。

太極元氣包蘊著氣、形、質，依道家哲學觀點，无極過渡到天地誕生前的五個階段，其中有形物的生成皆歷太初、太始、太素三個階段，初變為一，進而七、至於九為極數，在復變而為一，元氣之陽初為始，陽始為一，變少陽之七，至九為陽之極，陰方始生，在復變而為一，是陽生陰之交，陰氣漸成，才至八、至六。**象起於形，數起於質，天下之事出於理，所以立象以盡意，意言象皆通數，數又通於理。**「易」的本身講求變化，抽象中含具體，恆定中含變化、多元中含統一，萬事萬物莫不存在著對立、矛盾、統一又中和的特性，「數」就是萬物的「象」，且具有場的效應。面對生活中的事物，我們可以借助象、數、哩，來把握客觀世界中紛紜複雜的事物，以及其幽隱深藏的玄妙道理。

「易」之為群經之首，除了談理，兼談象與數，包含天地人事物之變化。例如，卦爻之反映出人事物之道理，卦爻的陰陽與位置，反映了數的對待關係，把

「象」和「數」合起來一起觀察，想像，自然能夠體悟出背後有著陰、陽、時、位這四大條件所構成的關係，這就是理。因此，無象數賾理氣虛空，不明義理則象數無所據，宇宙間萬物萬象皆有理存在，理為一切萬象所由生，理寓於象，象準於數，易乃道陰陽，原本天地之數，以著天地之象，捨數則無以見四象之所由宗，欲知變化之道，就必須懂得數。象數可以說是用來說明事物或事件所蘊含的秩序，這秩序就是一種「理」，理可以有多種層面，都可以用象數來詮釋展現，甚至加以說明或印證。從這個角度而言，可以說：理在數先，有理才有象，有象才有數，用數以明象，以象說理。

子曰：極其「數」，遂定天下之「象」，易數與易理都是根據易象導引而來，瞭解各物品的涵義、本質、功能、屬性，正如同賦予爻象、卦象、圖象豐富的蘊義，象乃最容易為吾人所感知體悟、天垂象而其中暗於數、氣、理之真義，這也是象界風水能全面、深入、精準的論述住家及公司之擺設吉凶現象的原因。運用方面、觀象必先倚數，因為象多不定，可因數而定，因為未生象前已有數，即使在生象之後亦有數，而數定但象之無定者，可因數而定，如物體者，必準諸度量，故不能捨數而言象，所有的人事物，都與數有關連，象界風水所涉及的「數」，往往都是更深層面，更高階的論述。

總之，理、象、數三者，相因為生，相互為用，體用兼備，缺一不可。易道尚變，其變之蘊於內者為數，發之見於外者為象，而存乎中者為理。幫人看住家、公司或工廠之吉凶，如果僅憑羅盤理氣，疏於象與數，就只能論小片段，非但不能幫人化解或改善，甚至要幫倒忙、造業而不自知，更遑論佈局了。

第一節　天地人三才

易道之學是以天理為準則原理、以天道、人道、地道為內容，易道即天道，乃人道與地道之本體，人道與地道為易道之運用。古聖先賢，藉自然現象與自然法則，仰觀天文、俯察地理，中通萬物之情，探究天人、探索宇宙，理出人生知變、應變、不變的法則，作為人類處事，為人之規範，這即是天人合一的哲學思想，為中國傳統文化的根源與特色。

天、地、人三才，是構成生命現象與生命意義的基本要件。天指的是天道，為天體及天理自然，為日月星辰運轉的規律、地指的是大地、環境、物質。「道」是規矩，不是人定出來的，是自然而然形成之道，所以才有所謂的「道法自然」。所以「天道」是上天提示，自然而然之事，為自然運行的規律、恆常有序。而「天理」即上天自然的道理，不是論述道或思想，而是要執行，它是在講一件事應該要如何之理，所以才有所謂的「天理昭彰」。「天」字，拆解為二十人，人之肩上有兩槓，表示一內一外，內為內心之反應、感覺、智慧、經驗，屬內在，為陰；外表示紅塵中的名號、名稱、行為舉止，屬外顯、為陽。地道為萬物的運行節奏和秩序，如春夏秋冬、秋收冬藏。人道乃人生百態為人處事的準則，人文內涵。人為萬物之靈，可以與上天相應，與主宰之天相合，但是人之一切莫不原出於天，因天而生，所以人要追求天，人之本性要追溯於天；天人不同等，人是在天之下，在萬物之上，但天人地可以合一，人與天地和諧融通一致，盡物之性，而參天地之化，必證於心。中國之「天人合一」的思想，早從易經就開始，《繫辭傳》：「一陰一陽之謂道」，即以「太極」為中心的世界觀，從動靜交感而產生陰陽五行的變化，《繫辭上傳》：「易有太極，是生兩儀，兩儀生四象，四象生八卦，八卦定吉凶，吉凶定大業，這即是陰陽所闡釋的宇宙觀。」，人與萬物都是由於陰陽二氣和金木水火土五行交互作用所構成，依宋代周敦頤之《太極圖說》，將太極圖分為五層（見圖示）

太極圖

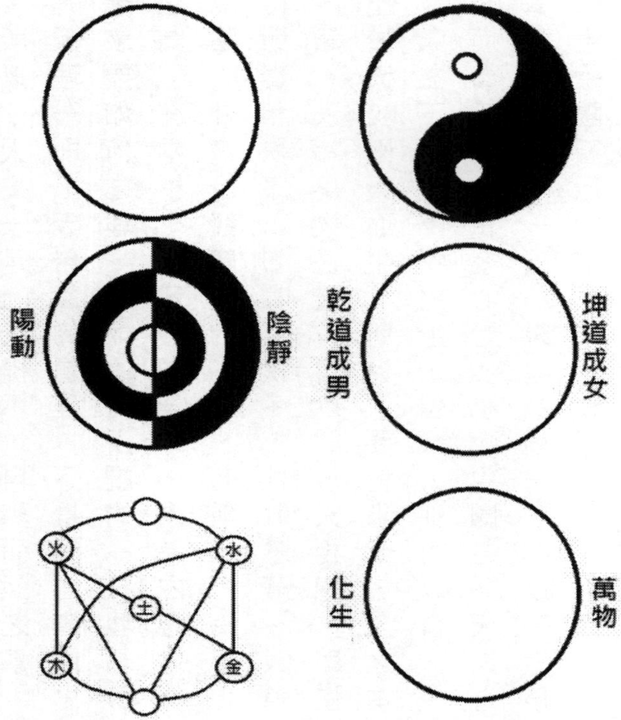
陽動
陰靜
乾道成男
坤道成女
火
水
土
木
金
化生
萬物

第一層：是謂無極而太極、萬物之化、天地漸啓、氣化流行，為宇宙萬物運動過程，陰陽原本為氣自身固有的兩種對立又統一的要素、既分陰陽，則二者就有著特殊的性質，如動靜、聚散、屈伸等，陰陽互相包容，互相滲透，故陽非孤陽，陰非孤陰，相函而成質，相互依存，故獨陰不成，孤陽不生。動而陽，靜而陰，此為一切事物內容的本體，即是「太極」，所以朱子認為太極是一個「理」，注：太極、理也，陰陽、氣也。氣之所以能動靜者，理為之宰也。太極內容著陰陽二氣，為陰陽二氣運化之初，或為沌渾未分之時，但仍是以「氣」而存在。

第二層：為陰陽兩半圖，其中之0，動而陽、靜而陰，為第一層之極，即本體。而左右陰陽兩半圈，左為陽之動，右半為陰之靜，相互為根，以為本體在中間是為一切活動的根據，其陽動陰靜，動靜以表示太極之用與太極之體，體用相對，體用配合。

第三層：陰陽變化，而生水、火、木、金、土五行，以此來表達宇宙複雜的事物變化。圖中S第二三層間之線，為陽之變；反轉S第二三層間之線，為陰之合。由於秋初陰，冬陰盛，水為陰盛，故居右邊北方之地；春陽初、夏陽盛、火為陽盛，故居左邊南方之地；陽初向稚，木為陽稚，故在次火東方之地；陰初尚稚，金陰稚，故次水居西方之地；中央為四冲之氣，土冲氣，故居中。五行之水而木、木而火、火而土、土而金、金而後水，循環不已，五氣佈、四時節氣行也。

太極圖有正反面，可分為上、中、下，上為第一道，代表過去，表示所有之道；中為第二道，代表現在，表示所意識的道；下為第三道，代表未來，表示未完成之道。將太極圖之陰陽關係套入人之思想行為，可分為四個層面：

一、陽中陽：做得多，有行動力。

二、陽中陰：在做之時的想法。

三、陰中陽：先有了想法，再去計劃。

四、陰中陰：想得多，做得少，欠缺行動。

陰陽氣化，盈虛消長，亦顯現宇宙、人事物各方面演進的輪軌，陰陽互動之關係，或陰盛陽衰，或陽盛陰衰，或大小輕重之別，往來消長之異同，都是出於乾坤造化參差的妙諦。陰陽得動靜運化，並不以陰靜為主、二者共為太極，彼此共生並存，若真要講先後之別，反而當以陽動為先，陰靜在後，有如《象辭傳》：「大哉乾元，萬物資始，乃統天，雲行兩施、品物流行、大明絡始、六位以成」，「至哉坤元，萬物資生，乃順承天。坤厚載物，德合无疆。含弘光大，品物咸亨」的概念。以及《易緯》：「易變而為一」，一陽之動，變而為七，再而為九，為氣變之究，並復變為二，為六，再而為八個過程。

孔子對於天、地、人三才，亦有名異實同的論述：「昔者聖人之作易也，將以順性命之理，是以立天之道，曰陰與陽；立地之道，曰柔與剛；立人之道，曰仁與義，兼三才而兩之，故易六畫而成卦。分陰分陽，迭用柔剛，故易六位而成章。」所謂三才，即天地人。人為萬物之靈，人為宇宙的主宰，所以人不能離開仁義，如同天理自然離不開陰陽剛柔。另曰：「夫大人者，與天地合其德，與日月合其明，與四時合其序，與鬼神合其吉凶。先天而天弗違，後天而奉天時，天且弗違，而況於人乎！況於鬼神乎！」意謂人之品德要跟天地之道相合，智慧與日月之明相合，言行舉止要與四時變化一樣有序，成敗功過與鬼神喜惡相合，且要依從先、後天之道，天不違背且助之。

易經之天人合一思想，認為人應效法於天，以求合一。《繫辭傳》：「天地之大德曰生」，說明天之最大的德澤是創生萬物。「天行健，君子以自強不息。地勢坤，君子以厚德載物」，意思是乾天為健，天體運行、周而復始、貴在能行，有永恆運行不殆之義，君子應效法於天，進德修業、剛毅圖強、永不停息。而大地的氣勢厚實和順，君子應效法於地，以積厚其德，客載萬物。《繫辭下傳》：「天地絪縕，萬物化醇，男女構精，萬物化生。」謂天地間瀰漫著雲霧，陰陽二氣交會和合，上天有好生之德，萬物感之變化而精醇，而男女陰陽相感，合其精而萬物化生，萬物人類生生不已。

《序卦》：「有天地然後有萬物，有萬物然後有男女，有男女然後有夫婦，有夫婦然後有父子，有父子然後有君臣，有君臣然後有上下，有上下然後禮義有所錯，夫婦之道不可不久也，故受之以恆。」說明宇宙間萬物萬事的發展有一定的順序，先有天地，然後才能孕育萬物，有了萬物然後才有男女、夫婦、父子、君臣，才能制定交錯往來的禮儀。《繫辭傳》：「天生神物，聖人則之；天地變化，聖人效之。天垂象，見吉凶，聖人象之。河出圖、洛出書，聖人則之。」以上再在說明易經的天人合一思想，人不可違背天道，必須與天地合德，以達天人感應合一之境界。

孟子曰：「萬物皆備於我矣。反身而誠，樂莫大焉。強恕而行，求仁英近焉。」這就是天人之間，萬物一體，人與天地相應，與日月相參，同質同構，全息共振。所以天地萬物，我都能認清，能思考，一切都具備了。

老子道德經四十二章：「道生一、一生二、二生三、三生萬物。萬物負陰而抱陽，冲氣以為和。」此在描述宇宙由無到有，創化生成的歷程。老人認為，道無以名之，所以「道可道、非常道」，「道」是宇宙萬有的源頭，而「一」為數目之始，象徵萬有之始。道生一，道與一終為一物，所以，老子才說「無名天地之始，有名萬物之母」，且「天下萬物生於有，有生於無」。因此，「一」是指天地未分，化生之理，「二」是指天地，陰陽交合，「三」指交合化生出萬物，是宇宙生成論，也是一種天地人之表述。

莊子外篇，天地云：天地雖大，其化均也；萬物雖多，其治一也；人卒雖眾，其主君也。君原於德而成於天。故曰：玄古之君天下，無為也，天德而已矣。以道觀言而天下之君正；以道觀分而君臣之義明；以道觀能而天下之官治；以道泛觀而萬物支應備。故通於天地者，德也；行於萬物者，道也；上治人者，事也；能有所藝者，技也。技兼於事，事兼於義，義兼於德，德兼於道，道兼於天。故曰：古之畜天下者，無欲而天下足，無為而萬物化，淵靜而百姓定。綜觀上論述，莊子的終極目標是天地與我並生，而萬物與我為一，人類應該擴大胸懷，以恢宏靈性與天地造化同在，如此能真正体悟。

明代王陽明的「萬物一体」，「物我合一」觀之闡釋，清楚的揭示世界萬物彼此之間的一体關係，不僅是自我與他人之間，尚有人與自然之間，以及動植物，無機物等在內的宇宙間所有存在。人要以同情的精神，將心比心，感同身受，視天下為一家，以提升靈性，有如地球村之再提升的觀念。

北宋邵雍對天人合一，萬物皆備於我觀念，亦有明確的論述，人之與物本乎天地之一氣，同乎天地之一体。通過神生數，數生象，象生器的象數之學，闡述合之斯為一，衍之斯為萬的太極本體論。人與天地相應，與日月相參，說明宇宙演化和社會，人生的全過程之天地人三才體系，邵雍在《觀易吟》云：一物其來有一身，一身還有一乾坤。能和萬物備於我，肯把三才別立根。天向一中分體用，人於心上起經綸。天人焉有兩般義，道不虛行只在人。此般話旨在說明萬物都有與天地同構的本體，只要返觀內照，反求諸己，就能掌握宇宙的運動規律。表述天人之間，萬物一體，全息共振。

依邵雍之論述，天有五星，地有五行，人有五臟。邵子之數，止於四者，先天也。合日月星辰而為天，合水火土石而為地，合耳目鼻口為首，合骨肉血髓而為身，皆以四論。天有陰陽，人有男女，天有四時五行，人有四肢五臟，天地有上下之分，人間有尊卑之別。天有四時，地有四方，人有四肢，以象天地之四象。人之指有十二節，象十二時辰，十二個月，雙手合二十四，象二十四節氣。手象天，足象地，手指節象三十二陽卦，足指節象三十二陰卦，手足合之六十四。

清代《素問・針解論》：「人皮應天，人肉應地，人脈應人，人節應時，人聲應音，人陰陽合氣應律，人齒面目應星，人出入氣應風，人九竅三百六十五絡應野。」說明人之身形及用針，各有所宜，意即人的身體結構與天地大自然相應連結，人是宇宙的縮影，人本天地之氣而生，故而人體必須順應自然界的規律。如此脈輪學說而言，人體身體內的七個脈輪，分別控制著身體的某個部位和某些內分泌腺體。從上到下，在頭頂，眉心，咽喉，心臟，太陽神經叢，丹田，會陰等七處，形成人體能源系統的七重輪。

現代生理學研究証明，在一年十二的月，一年四季，一年之節氣，一天二十四小時中，人或生物的生命活動之內在節律，與相關時間構成相應的定位，生物能感受外界環境的週期性變化，並調節自身生理活動步調，是由生物體內一系列稱為「起博器」的組織結構所制約，這就是所謂，「生物鐘」理論。也就是人體的氣血循環，生命活動的節律，均與日、月地球運行的度數，一年四季變化規律，一日二十四小時，一日十二個時辰等，具有同部一致性的節奏。

值得一提的是十二消息卦（辟卦），清楚的說明每一時辰，每一天，每一季節或每一年的陽消陰惜之循環變化規律。十二卦代表一年十二的月的陰陽消長，前六卦從地雷複至乾為天，為陽之息（生長），後六卦從天風姤至坤為地，為陽之消（消退），此陽之消，即為陰之息。這十二卦總共有七十二爻分掌七十二候。因為古聖先賢，認為天地間有陰陽二氣，當陰氣盡，陽氣開始生發，接著春天來臨。當每年的冬至，即是一陽生的地雷復卦之哀開始，逐月至坤卦，循環不息。易醫學將之用於推泛人體生理與病理的進退變化規律，可供保健與養生之參考。

十二消息卦

䷗地雷復、十一月、冬至。

䷒地澤臨、十二月、大寒。

䷊地天泰、一月、雨水。

䷡雷天大壯、二月、春分。

䷪澤天夬、三月、雨谷。

䷀乾為天、四月、小滿。

䷫天風姤、五月、夏至。

䷠天山遯、六月、大暑。

䷋天地否、七月、處暑。

䷓風地觀、八月、秋分。

䷖山地剝、九月、霜降。

䷁坤為地、十月、小雪。

天人地的概念，同樣適用於人之體態與面相上，頭為天、胸腔及腹部為人、腰部以下為地；面相方面，臉孔上面的部份為上停（天才），中段部份為中停（人才），臉孔下段的部份為下停（地才）。上停代表福德、祖蔭、運氣、出生背景、因果、思維、智慧；中停代表個人條件、體魄、毅力、執行、努力等；下停代表子女、部屬、奴僕、享受、結果。三才缺一不可，某一部位有缺失，其人生必然要扣分，因此，三停宜飽滿、勻稱，其人之表現與成就，必定高人一等。

從整個人類的永續生存角度來看，過度開發自然資源，生態破壞、環境汙染、武器競賽、太過追求物質文明，造成地球過度負荷，生態失衡，溫室效應等，都是人類未能體悟珍惜自然，與自然環境和諧並進的天人合一道理，天地人一体，天地人為一命運共同體，人與宇宙萬物實為整體不可分割的大有機體。

第二節 風水地理須知

風水地理可以大略分為形勢派與理氣派，形勢派強調山川、環境的形勢、行局、形法、形象、龍、穴、砂、水等，而理氣派強調方位、坐向、以河圖、五行八卦為論述要點。形勢派分為巒頭、形象、形法，三者都重「形」，矛盾較少，容易讓人理解，只有少數瞎掰，脫離現實，例如住家後巷二米寬，主人生病住院會住二天，或是把山的形勢類比某一物體，某一成語，類比並沒有錯，類比才能讓人容易理解，關鍵在是否比對了，或者是僅憑自我的超凡認知，例如常把糞便或乳峰看成是金星，有功名、財丁兩旺；例如蜂腰鶴膝這句形容並沒有錯，就怕是蝶胸鴨掌。

理氣派則太過寵雜，矛盾衝突較多，各門派之論述差異甚大，各派都唯我獨尊，風水豈是僅憑羅盤看方位，八卦所能定奪？其實不管哪一派所論述或論斷的，都只是風水地理的一小片段，所以，不同學派的風水師堪察同一屋宅，就會有不同的論述，幸好，社會大眾並不全然瞭解實情，否則？

近幾年也出現了「科學風水」之表述，那只是自圓其說，自欺欺人，殊不知「心理學」、「社會學」、「管理學」都不能算是科學，何況是五術命理或風水地理。因為科學必須是系統性的知識體系，強調結果的具體性，強調數據，可檢驗，可證偽性，甚至可以逆推。五行命理應該算是易理、哲學、玄學、科學的融合體。對預測及吉凶之論斷有著極高的準確度及參考價值。

本書之名為「象界學談理象數一體論風水」，用意即在強調全方位來探討分析風水地理，尤其是公司、工廠、住家的吉凶現象，以及調整改善、化解之道。後學之士，務必要屏棄僵化的思維，攤開心胸，認知學派的侷限性，切勿自我陶醉或自封大師，理性務實的研習所有涉及理、象、數之真義，切勿只執著於坐向，才可能更精進，如果家裡的擺設凶象連連，自己卻渾然不知，豈不相當諷刺，如何幫人看公司或住家呢？

風水地理從明代開始，更加發展為多個派別和分支，主因是將自己的片面觀點，融入原有理論，標新立異，自稱宗師。作者在拙著《精準形象地理學》書中之一一頁，即有提示可讀之正宗地理經書供讀者參考，風水地理的重點在談形勢、性情。形局、擺設，切莫光捧著羅盤就要幫人看住家或公司的吉凶，只會讓人看笑話。

明朝蕭克撰《山水忠肝集》，開篇即強調：「山有變化之玄妙，水有曲直之吉凶，欲明其術，須察其奧。無知之輩，不以山川性情氣脈為本，專以天星理氣生旺之說作書惑人，盡以羅經為用，指龍指向，利口覆人，可哀莫甚。豈知山川自有山川之生旺，貴賤自有貴賤之形體。要以龍脈為本，巒頭為體，砂水為用，察其撥換俯仰、順逆、生死、陰陽、緩急、動靜、向背知情性，庶幾復得郭楊諸先生之正宗耳。谷中關鎖為上，平洋水聚為佳，所貴者，平中之陰，所愛者，谷中之陽，動中觀其脈，靜中觀其氣，勢求動中之靜，穴求靜中之動，尋龍隨乎瓜止，定穴當從氣塢，明緩急纔加吞吐，審陰陽而下浮沉，立向須憑唇口，挨親當從界明，山有支壟之別，地有厚薄之宜，壟龍之脈，陰多而就陽，支龍之氣，陽多而就陰，支有陽極成陰，壟有陰極成陽，成陰可撞，雖陽莫湊，地後處當從薄，取地薄處須尋厚裁，取厚者須親氣脊，取薄者，亦須唇口，平洋無氣塚之可觀，定穴有水神之證佐，觀生死於曲直之間，審行止於雌雄之內。」大意都在強調性情、脈絡、巒頭、砂水，以及山川與穴地之關係。

形法派之經典，以下截取《疑龍經》有關山、水、穴、形勢之片段摘要，以供讀者參考，上篇：疑龍何處最難疑，尋得星峰卻是枝，關峽從行並護托，矗矗槍旗佐又隨，幹上星峰金不作，星峰龍法近虛詞，幹上尋龍真可據，行到中間陽氣聚，面前山水又可愛、背後護龍皆反背，此是幹龍迎送隊，龍行長遠去茫茫，定有參隨部位長，枝龍盡處有旗槍，圓淨尖方高更卓，幹去未休枝早落，枝龍身上亦可裁，若是虛花無朝應，若是結實護送回，三重五重抱回來，此就枝龍腰上做，正龍身上不生峰，有峰皆是枝葉送，君如尋得幹龍窮，風吹水劫卻非穴，請君看水交纏處，山外有山來聚會，翻身顧母顧祖宗，此是回龍轉身處，朝山皆是宗與祖，穴前諸官皆拜揖，此是尋龍大法門，兩水夾來皆轉揖。

尋得星峰卻是枝，枝中亂來無正穴，飛峰斜落是龍腳，真龍平處無星峰，背斜面直號飛峰，此是真龍夾從龍，峽長繞出真龍前，背後星峰又可憐，請向正龍尋兩邊，正龍低平最貴重，星峰兩邊轉前揖，揖在穴前為我用。起峰皆是兩邊腳，正身繞卻中央去，祿破文廉多作關。先就輿圖看水源，兩水夾來皆有氣，幹中有枝枝復幹，曲岸有水抱龍頭，水口交牙內局寬，左右周圍無空闊，斷然有穴在此處，如有朝迎情性真，將相公侯立可斷。

　真龍隱拙穴難尋，朝若高時高處點，朝著低時低處針，若有真朝來入懷，不必尖圓如龍馬，不愛尖傾直去者，亦有欑列為朝者，若時欑朝似衙嗜，交牙護斷水不流，不放一山一水走。到此尋穴定明堂，交結多時垣氣深，交結少時垣局泄，明堂惜水如惜血，穴裏避風如避賊，莫今穴缺被風吹，莫使溜牙遭水劫，問君如何辯明堂，外山抱裏內平洋，妄指橫山作真地，泄氣之法妙何觀，左右雖回外天欄，此是正龍護關峽，明堂遠曲如繞繩，遠在穴前須內向，上山下來下山上，中有吉穴隨形向。

　形若直時穴始真，外纏不轉內托返，此是貴龍形氣散，龍虎背後有依據，此是官關拜舞袖，貴龍行處有毯褥，問君毯褥如何分，龍下有坪如鱉裙，真龍到穴有泅褥，瘦龍雖是孤寒山，也有瘦龍出高官，也有肥龍反淩替，問君肥瘦如何分，溪谷為牧低伏蹲，岡陵為牡必雄峙，大抵肥龍要瘦護，瘦龍也要肥龍禦，瘦龍若有咽褥形，千里封侯居此地。尋龍論脈尤論勢，幹中有枝枝有幹，長者入海短入垣，其問屈曲分臂去，不知多少枝葉繁，若隊幹龍為至貴，東南沿海天中草，到波枝幹又難辯，京都多事在中東，海岸山窮風蕩散。

中篇主論水：枝中有幹幹有枝，兩水夾來風蕩散，也有方州並大邑，也有城隍一都會，今日君尋到水窮，右尋無穴左無形，無穴無形卻尋轉，尋轉分枝上覓穴，只是孤疑難提穴，穴若假時無正案，枝幹亂時分背面，假如兩水夾龍來，辯看外纏那邊回，纏山纏水回抱處，護纏亦自有大小，龍長纏護亦長遠，龍短纏護亦近挨，大抵纏山必回轉，莫把明堂向外裁，曲轉之形必是面，纏出纏水如衣屏，山回水抱雖似面，浪打風吹巖壁寒，若是面時寬且平，若是背時多徒巖，面時平坦中立穴，局內必定朝水緩，君如識得背面時，枝幹尋龍無可疑，寬平大曲處尋穴，此為大地斷無疑，詳看朝迎在何處，中有橫過水城聚，背後纏水與山回，後纏抱來結水口，前頭生腳來相湊，兩山丙不作一關，更看羅星識先後，首逆上頭尾拖水，如此地穴與尋龍，不落空戶與失蹤，秤定上下左右手，的有真龍在此中，忽然數山皆逼水：，水夾數山來相從，君如看到護送山，上坡下坡事一同，無疑上坡是真穴，看來下坡是藏風，二疑更看上下轉，山水轉抱是真龍，夾龍自上亦作穴，此處恐是雙雌雄，雖作兩穴分貴賤，分高分下更分中，也有真形無朝水，只看朝山為近侍，吸愛案山逼水轉，不愛順流隨水勢，順流隨水案無力，若是逆水作案山，關得處垣無走氣，也有真形無朝山，只要諸水聚其間，外陽朝海拱辰入，內氣端然龍虎安，枝幹之龍識背面，位極人臣世襲官。

假如兩水夾龍來，一回頭伏一翻身，一田轉換一回斷，兩邊皆有山水朝，兩邊皆有水抱巖，兩手下邊接回轉，此山背面未易分，不應兩邊皆立穴，大小豈容無貴賤，更看護身腳各辯，莫來此處談真龍，兩水夾來龍必轉，逆轉之龍有鬼山，鬼山拖腳皆後環，識鬼之外更識官，大凡幹龍行盡處，外山隔水來相顧，幹龍若是有鬼山，回轉向前寬處安，凡山大曲水大轉，必有王侯居此間，也有幹龍夾兩水，定有護關交結秘，幹龍行盡若天鬼，須看眾水聚何處，左右交牙鎖真氣。

問君疑龍何處難，兩水之中必有山，兩山之中必有水，山水交夾是機源，假如十條山同聚，必有十水歸一處，其間一水是出門，北上看見南山水，矗矗尖奇秀且麗，君如見此處時，兩水夾來何處是？先分貴賤星羅列，更須參究龍短長，又看頓伏星善良，尊星不青為朝見，從龍雖來撓掉藏，貴龍重重出入賬，賤龍天帳空雄強，十山九水雖同聚，貴龍居中必異常，真龍不肯為朝見，凡有星峰去作朝，此龍骨裏福潛消，譬如吏兵與臣僕，終朝跪起庭前杖，朝山護送豈無穴，龍無貴賤只論長，若徒論長不論貴，纏龍有穴反為良，中恐尋龍易厭口，雖有眼力無腳力。

若不窮源尋祖宗，也尋頓伏識真蹤，曲轉之徐必生枝，枝上必為小關局，頓伏移換並退卸，卻看山面何方下，移換卻須尋回山，山回卻有迎送還，龍身背上是纏山，纏山轉來龍抱體，此中尋穴又何難，古人建都與建邑，先尋頓伏識龍關，降觀於桑與降原，此是尋伏下平田，乃涉南岡景於京，此是望穴識龍形，險彼百泉觀水去，陳彼溶原觀水聚，是尋頓伏非苟然，古人卜宅貴詳審，經旨分明與後傳。

下篇主論穴；大抵真龍臨落穴，先為虛穴貼身隨，穴有乳頭有鉗口，更有平坡無左右，亦有高峰下帶垂，更有昂頭居隴首，也曾見穴在平洋，也曾見穴臨水際，也曾也穴如仄掌，也曾出穴直如槍，更有兩山合一氣，兩水三山合一場，只愛左右抱者強，虛花左右似有情，仔細辯來非正形，識龍自合當識穴，已在《變星篇》內說，龍上生峰是根口，前頭結穴是花開，若不隨星識根種，妄隨虛穴鑿山隈，為鉗為乳為分別，高低平地穴隨身，穴若不隨龍上星，斷然是假不是真，隨他地勢看高下，千萬隨山尋穴形，蓋緣輔弼為垣馬，蓋緣廉破龍最長，建康惑地坡平地，蓋緣輔弼星為體，長安帝垣星外峙，巨武竹龍生出勢，京師落在垣局中，狠星夾出巨門龍。

我觀星辰在龍上，預定前頭穴形象，為鉗為乳或為坡，或險或夷或如掌，此是流星定穴法，不肯向人謾空誑，更有二十八舍間，星穴裁之最為上，大凡識星方識龍，真龍落穴有形勢，若不識形穴難尋，近水近山隨物象，形若真時穴可想，龍有耳角與復腸，鼻顙如何卻福昌，虎有鼻唇並眼耳，肩背如何卻出黃，高低只取朝山定，莫言三穴有仙蹤，千里來龍只一穴，枝上有穴雖有形，不若干龍為至精，龍從左來穴居右，只為回來方入首，龍從右來穴居左，只為藏形如轉磨，看他左右及外陽，左右低時在低處，左右高時在高岡，朝山最是龍正穴，不必求他金尺量，穴在南時北上尋，穴在北時南上望，朝迎矗矗兩邊摭，內向有如雞見蛇，面對正來不傾仄，才方移步便欹斜，只將對將尋真穴。

乳頭枝穴怕風缺，必須低下避風吹，鉗穴如鈕掛壁隈，惟嫌頂上有水來，釵頭不圓多破碎，水傾穴內必生災，仰掌要在掌心裏，左右挨排恐非是，窩形須要曲如窠，左右不容少偏陂，偏陂不可名窠穴，倒仄傾摧禍奈何，尖槍之穴要外裹，外山抱裹穴如槍，左右抱來尖不妨，只要前山曲抱轉，針著正形官不絕。真形定是有真案，三百餘形穴穴新，降勢隨形合星象，譬如銅人針灸穴，穴的宛然方始當，重重包裹蓮花瓣，正穴卻在蓮花心，真龍定是有真穴，朝迎護從亦有穴，朝迎若是有真情，此是真龍斷不疑，朝迎逆轉官星上，小作星形分別枝，大凡有形必有案，譬如至尊坐明堂，列班排牙不撩亂，出人短小與氣寬，皆是明堂與案山，明堂寬闊氣寬大，案山逼迫人兇頑，案形降我人慈善，我去伏案貴人賤，龍形若有雲雷案，人善享年亦長遠，虎蛇若遇蛤與貍，雖出武權勢易衰，周家農務起後稷，享國享年延八百，蠶滅諸侯三世絕，嵩嶽降神出中伯，祖宗必定有山宅，占得山川萬古靈。

堪輿乃勘天輿地之道，晉朝郭璞所著之葬書：「葬者，乘生氣也，氣乘風則散，界水則止。古人聚之使不散，行之使有止，故謂之風水。」此「氣」為物質、能量和信息的綜合體，土為氣之母，氣為水之母，氣行乎地中，「生氣」即陰陽交感之氣，一元運行之氣，生生不息之氣，生意盈然，萬物茂盛之氣。不論得水或藏風，其目的皆在聚氣。「理氣」指的是山巒、地脈、河流所蘊含之氣。「形勢」指地形、地勢、地貌；「形象」指形狀、構造、景象、形態、狀態；「性情」指含義、本質、屬性、作用力；「形局」指形式、結構、局勢、場面、互應現象；「擺設」指陳列物件所會引發的吉凶現象。合格的風水地理師，必須就陰宅造作、公司、工廠及住家，全方位考量其納氣、地氣、形勢、性情、形局、擺設，才可能深入並精準的掌握吉凶現象。

壹、羅盤理氣的迷惑

羅盤理氣，比較適用於陰宅，陰宅尚須考慮分金問題。任何物品皆有氣，「氣」為萬物之源，氣是宇宙萬物運動變化的動因，是構成天地萬物的物質原素，陰陽之氣交感生成萬物，氣是宇宙的能量，理與氣合一，理以氣的形式存在，氣的運動就是理的運動，地脈有氣，配合地形地貌地勢，因而造成各種氣流和氣場，風水學中有關龍、穴、砂、水、朝、案，即在探討其氣場，氣之盛雖流行，而其餘者猶有止，雖零散，而其深者猶有聚。

理氣依河圖洛書原理，輔以易經八卦、六十四卦、十天干、十二地支、五行生剋原理、四象、陰陽消長等，理氣派別眾多，各家論述有差異，大要為「龍法」理氣、如三合四大局、三元玄空挨星、玄空大卦、九星定卦淨陰淨陽等；「穴法」理氣，如穴場立向收山出煞、葬法裁減；「砂法」理氣，如二十四天星、三元玄空挨星玄空大卦、撥砂消砂等；「水法」理氣、含三元水法、三合四大局、三元玄空、淨陰淨陽納甲、玄空大卦、先天四大理氣大小元空、三元龍門八局、河洛理氣：等。

地球本身即是一個大磁場，並與宇宙星體諸多磁力線產生交互作用，因而影響地球上之生物的發展和活動，加上地球表面之地形與地貌的多樣性，方位以及時空條件之不同，對磁力線能量的感應也不相同，此外，宇宙射線、磁場、水、空氣、陽光、氣場等因素，都足以影響所有生物的生理與生命活動。**地球科學已證實**。宇宙射線在大氣中會產生放射性碳十四，並與大氣中的氧結合成二氧化碳，進入所有的活組織，動植存在時均會不斷吸收碳十四，生命活動停止後，其碳十四與地球及太陽系行星磁場會產生感應，先人骨骸與其後代子孫的碳十四放射波亦互相感應，如果先人造葬得宜，吸收大自然之「生氣」，感受大自然之山川靈氣，對其後代子孫有助益之作用。

貳、易理寄寓象

公司或住家，只要氣旺、氣順，人事物就旺順，據作者的理解，以及所經歷過的案例，羅盤理氣，納氣要判定屋宅之旺衰，其所能掌握的準確度及吉凶，遠不如通靈者的直接測氣，因為，吉凶與否，除了理氣、納氣之外，尚有地之地氣，建築物之氣場，擺設物品之氣及其吉凶，物品位置及格局之不同，吉凶現象亦有異，這是基於良知的表述，沒有貶抑的意思。假以時日，「理」、「象」、「氣」結合之際，就是羅盤被拋棄之時。

意思就是理氣所能論述的吉凶，都會在住家、公司的形局與擺設中顯現出來，也能在陰宅形局或墳墓造作上得知，絕對不會遺漏，而且理氣論三點，形與象至少可看出三十點吉凶現象。這是作者一再告知學生，學得象界學，幫人看公司或住家，根本不用羅盤的原因，早年每跟一位風水老師學習，就要買個羅盤，跟四位老師共要買四個羅盤，為何兩岸三地的傳統風水師，沒有人會公開審視這問題？

象界學在探討公司、住家的景象、形象、物象、建築物周遭的相應現象，內外格局之吉凶、物品的擺設吉凶，以及自然界的道路、山川、河流、天文、地理、形勢、景觀、建築、數理、心念…等，同時每一樣物品都有其涵義、本質、功能、屬性，因此，論述既全面又精準。針對形、象、或物品之吉凶，最忌諱亂引申，亂套用，亂類比，過度引申，或僅憑自我的片面認知，或違背陰陽五行原理，違背主體原則及屬性，亂瞎掰，只會誤人誤己。

自古以來，傳統風水學說從沒探討公司、工廠之論法，從沒論述物品的涵義、本質、功能、屬性，也從沒論述公司或住家之內局，對形局與格局之凶象化解法，事實上百分之九十以上的建築，其內外局都有或多或少的凶象，難道全部要把它敲掉？最常見的是，屋向或門不對，則改門位或門向，殊不知門代表生命關，更離譜的是把門改成斜向以納當運之氣，風水如果是那麼簡單，學習幾個小時，豈不就能當風水師了。

參、天地人之配合

天：泛指天氣、陰陽之氣、陽光、聲音、空氣、雷電、風雨、微波輻射等。

人：人之專業、作為、生活、作息、心態、心念、經歷等，都足以影響吉凶成敗，此外，會造成一個人運勢之轉變尚有佛廳之異動、祖先龕之異動、睡房異動、祖墳異動、住宅或公司異動、長輩死亡、辦公桌異動、擺設異動等。

地：地運、地脈、地氣、地質、環境、地域、道路、河流、建築、植物等，以及物件之吉凶與擺設，更深層的一面是物件擺設之不同，吉凶各異。天、地、人不只指事物，也指天時、地利、人和，「天時」指的是出生地、時間，例如出生在非洲與出生在中國，其際遇與機會顯然不同；東方人重祥和，西方人重義重利；中東環境惡劣地區，出刁民，南美人多豪放；一百年前的人類，與現今人類的機遇也不同。住家範圍之外，也算是天時。「地利」指處在那裡、涉及風水的要項；又如把自己置於不可測之狀態，此地利為自找的；或者女人穿著露胸、短裙，獨自一人在暗巷，即把自己置於險境。「人和」指把自己擺在什麼位置，人與人之間的關聯性，關鍵在自己，只有在深山修行者，他只靠天、地，切斷人和，而了緣即在了人和，有了念頭才會產生人和。有一句話叫「十拿九穩」，這其中尚有一成是變數，此變數即為「人和」。

蹭貴人很重要，包含有福氣之人，能助你或與你融合的人，蹭之重點在與周遭人事物合成一氣，人為很關鍵，一個人想成功，其作為卻往失敗的方向；一個人生重病，到處求醫，求神問卜，自己卻往死亡之道路上前進；住家或公司有什麼凶象，經老師的提示，自己不配合，也沒有作為，心態及作風也不調整，只求老師幫他處理好，如何能改善呢？

風水講究以上天、人、地諸因素的配合，絕不能光捧著羅盤，量出坐向，就要幫人看風水，就此斷吉凶。何況理氣不可違背形勢、或不顧形局、四象及龍虎砂；陰宅也不可為了近案來水或納好氣，而背龍向虎或背虎向龍、或不顧樂山與明堂，豈不反吉為凶。切勿把地理之理，混淆限縮為方位陰陽之理，而只知理氣

當運否、卻不察形與象，或以羅盤方位格龍格穴，卻不用察龍審穴，完全是本末倒置。

再次強調，公司、陽宅的坐向，僅能做為參考，是論斷的片段；陰宅之坐向，也是論斷的參考之一而已，墳墓之造作及形勢才是關鍵，否則何須三年尋龍，十年定穴。此外，風水師不能不知的「**地氣自有旺衰，形體自有貴賤**」，豈能以坐向決定一切？當運必旺？不當運必衰敗？風水真有那麼粗淺？何況尚未涉及內外局，物品擺設，僅就文明的產物所引發的凶象，就足以讓羅盤理氣的論述翻盤，也足以左右形局的判斷，如果一直執著於羅盤理氣，心態不稍微調整，對公司、住家的吉凶現象，永遠摸不著頭緒。

上段提到「地氣自有旺衰，形體自用貴賤」，什麼是「地氣」呢？**地氣是土壤的氣息、氣流、氣脈、氣場、陰陽交感，輕清緩升上天，重濁降及地，地氣是地中之氣，是土地、山川、河流賦予的靈氣，地氣是地球磁場，從地面散發出來的氣息**，地氣上為雲，天氣下為雨，「生氣」在天周流六虛，在地發生萬物，地氣騰，天雨降，萬物生芽，便是天機象，所以，在孟春之月，天氣下降，地氣上騰，天地和同，草木萌動。天之氣為陽，地之氣為陰，風是陽氣，水是陰氣，風有氣而無形，稟性為陽，水有形而兼有氣，稟性陰，風與水皆行氣之生，陽消則陰長，陰虛則陽盛。宇宙間萬物的本質是能量，一切都靠能量的轉變而運作。世界上所有的物質都由微觀旋轉的粒子所組成，粒子各有著不同的振動頻率，地球上的二千多種礦物中，無時不在放射元素，一直在運動和變化，伴隨著不同的地域及形勢，礦物含量不同，就產生不同的氣。至於生活中的磁場，是由電子流和帶電荷的原子（離子）所引起，在地球上能產生磁場的東西，包含磁鉄、磁石、電流、以及隨時間變動的電場，大自然或生活中的靜電場無所不在，人之身體上帶負電荷的靜電，遇到環境中的正電荷，即產生靜電，每個人必定都曾在冬天氣候乾燥時，被靜電所電到。

地氣伏在地表及淺層處，每日太陽初起，約在卯時之際，地氣開始輕盈的向空中飄散，當來到酉時之際，漸漸往下沉，由於「氣」看不見、摸不著，人們只能憑感覺，舉些例子，讀者就能明白，一個樂觀、健康的人、或事業上很成功的企業家，其氣色必是滋潤；重病之人，其臉上之氣色必定帶有暗濛色；當你到一位朋友家，其屋內雜亂不堪，你必定感受到氣滯的氛圍；當你到殯儀館，必定感覺陰氣重。「地脈」為土地之脈絡，地形的走勢。風水學上，能主形，穴主氣，觀龍之來則知氣之所行，觀穴之止則知氣之所在，藉山脈地勢的走向及水的流向，可以判斷分辨氣的流向。天氣順著地形流行，而地形依著天氣而成形。

以上說明，一再強調理、象、數一體，三者必須同時兼顧，幫人看公司、住宅、陰宅才能全面掌握吉凶，看了以上理、象、數各單元的論述，羅盤至上的大師們，應該要調整心態。記得二十四年前，剛研習象界學時，我有一年的時間，停止跟客人看房子，因為自己過去買了四個羅盤，在運用上心知肚明，而象界學僅憑屋內的某一物品，或主人的一棵樹，或陰宅的外形造作，就讓客人震驚，心服口服，放眼所見，直接論斷，絕不含糊。長期經歷許多案例，理氣當運之坐向，未必好，不當運未必不好，當運的房子，如果陰氣重，不可能好，當運的房子，甚至因為屋內的擺設，就足以讓理氣破局，宅氣旺豈有不旺之理。人之氣旺、順，豈有不健康之理。

記得早年學習傳統風水時，我在課堂上提問老師，房子當運必定旺、一定健康、平安、賺錢，假如該地段馬路挺直，幾百戶人家都是同坐向，在那幾百戶人家當中，除了少數因外局問題，都是平安、賺大錢嗎？老師直接回答：「找碴」一，我能體會老師下不了台的心情，之後，我當然沒有再繼續上下去，花錢事小，不能浪費時間、浪費生命。

不瞭解象界學的人，無法理解象界學論述之全面性與精準度，不只是每樣物品都有其涵義、本質、功能、屬性，都有其吉凶，而且因人、因時、因地、因位置、因數量之不同，其吉凶現象各異，例如種樹，吉凶？作用？放在室內如何？種在室外如何？種在屋前？種在屋後？種幾棵的現象？什麼場合可以種？什麼地方不可以種？種太多又會如何？不同之樹種在一起有何現象？

在本章節裡，已充分說明古聖先賢強調天地人一體，易經強調理象數一體，「生物鐘」理論。也是一種天地人一體。生物鐘是生物生命活動的內在節率性，由生物體內的時間結構序所決定，受大腦的下丘腦「視交叉上核」（簡稱SCN）控制的，據醫學研究，它有四點功能：提示時間、提示事件、維持狀況、禁止功能等。說明生物生命活動的週期性節律，與自然界的節律相一致。自古以來，中醫診療疾病要望、聞、問、切，即要觀察病人的症狀表現；辨別病人的氣息語調；透過與病人之溝通及詢問，以掌握病人的病情病史；透過觸按診脈，以瞭解病人的身體狀況，藉以上四診，互相參證，以全面瞭解病情。加以自然環境對動植物的影響頗大，例如出生在寒帶的人，即使在他一出生即把他帶到熱帶地區生活，他體質仍有比熱帶地區的人有較強的禦寒本能。西北地高氣寒，寒則元氣不易擴散，東南地低氣熱，熱則元氣容易擴散，早熟早衰。所以，中醫不只重視五行生剋表裡，更是法天之紀、用地之理。《黃帝內經》，《素問，五常政大論》認為，陰陽之氣，具高下之理，五行之氣，具盛衰之不同，木具陽和之氣，火具溫暖之氣，土具生化之氣，金具堅硬之氣，水具封藏之氣。東南方為陽，陽精降於下，左熱而右溫；西北為陰，陰精奉於上，左寒而右涼。地球之經緯度不同，地域差異，地氣也就不同。

從以上幾個層面之論述，讀者應該更明瞭天、地、人三才之道，以及理、象、數一體之重要性，伏羲因卦演數，由數定象，察象以推理。人屋合一，理寓於象，象準於數，理、象、數缺一不可。

肆、個別考量、相互聯繫

宇宙是一個大太極，人是一個小太極，物物皆太極，各個太極其實是相互密切聯繫著。本書各章節，均提到理、象、數一體，不管公司、陽宅、陰宅、僅憑理氣，僅憑坐向論吉凶，不但偏頗，也有如瞎子摸象，以管窺天，以蠡測海，公司及陰陽宅所涉及的層面非常廣，不只要考慮各個物件擺設、物件屬性、物件位置、相應格局、門位等諸因素之個別現象，更要考量其之間的關係。《黃帝宅經》云：「宅以形勢為身體，以泉水為血脈，以土地為皮肉，以草木為毛髮，以舍屋為衣服、以門戶為冠帶、若得如斯，是事儼雅，乃為上吉。」形勢為大太極，小太極組成大太極，大太極影響小太極，不能顧此失彼，必須全方位考量，人靠住宅安身，人和宅相互依存，感應通天地。

《陽宅集成》：「陽宅須教擇地形，背山面水稱人心。山有來龍昂秀發，水須圍抱作環形。明堂寬大斯為福，水口收藏積萬金。關煞二方無障礙，光明正大旺門庭。」又云：「基形者，人家建立宅舍，其基址之方圓長短，曲直凹凸，高低體式也。其形不一，總以寬平、方正、圓滿為吉，而以歪斜、破碎為凶；亦須審龍脈局勢之生、旺、休、囚而並斷焉，則自然應驗。」以上強調看風水要全方位，要宏觀整體性，不可偏執於一方。然此指示光就形勢、形局之範疇，傳統風水地理，從古至今，包括陰宅、陽宅、公司、工廠，從沒論及樹木之吉凶現象，物件之涵義，本質、功能、屬性及其吉凶現象，文明之產物所帶來之不同凶象，「數」的引申與吉凶論斷。過去一百年來，現代生活物件包羅萬象，文明的產物充斥各個家庭，風水地理、陽宅、陰宅、公司、工廠之擺設與形局，是過去所沒有過的，絕大多數的人研究風水，卻仍停留在只憑羅盤理氣的階段，**對樹木、物件、數字套用，渾然不知，內局部份，則把老掉牙的大地理理論，直接拿到臥房、床、辦公桌、客廳、佛廳來套用理氣，納氣，把物品的象數真義，視而不見，格局或對應關係避而不談，豈能掌握吉凶現象？如何能深論呢？**

傳統風水從來也沒論及住家與公司之差異，象界風水強調人屋合一，考量人倫、排序、胎數，以守成、安穩、平順為前題。對於公司、工廠，則以領導統御為先決要件，要知道，一百年前，幾乎沒有工廠與公司，傳統風水師就直接用老套，**捧著羅盤理氣、納氣，絲毫沒有考慮到主客關係，資金運作、債權債務、主從關係、貨源與庫存、原料與成品、良率與技術、零售與生產、市場區隔、研發與業務、老闆與部屬：等之關係及運作情況，更奢談營運性質之規劃，甚至佈局與凶象之化解。**

天地人一体，人類與環境之關係，所要考量的事項亦是多方面的。所要考量的大致有以下幾個方面：

1．要根據環境的客觀性，作相應的配合，人與建築要適應於自然，配合地理條件，考量地域、氣候、環境、土質、人文諸因素，這也是天地人合一的理念，例如日本及歐美，由於多林樹，木造屋很普遍；寒帶地區易下雪，屋頂都是尖斜式，為的是避免積雪；熱帶雨林地區，潮濕多雨，常見欄杆式竹樓；西北乾旱少雨，早年多穴居式的窯洞；蒙古草原的遊牧民族，則採用可遷移的蒙古包為住房；雲貴部份地區，常見山石砌的石房，以上都是因地制宜，所採取適宜自然環境的建築方式，但這其中，不管何種建築形式，其形局及內部造作與擺設之吉凶，也是有其規則的。

2．中國幅員遼闊，具備各種氣候及各種地形，呈現多樣化的建築形式，由於中緯度的北風特別寒冷，中國處在歐亞大陸和太平洋之間，每到冬季就有偏北風從內陸吹向海洋，夏季則有南風從海洋吹向陸地。所以，許多城鎮，古都，都建在有山的南坡，許多房子也都坐北朝南，原因就是為了避免寒氣的吹襲，並迎南方之陽光，蓋風為陽邪，冷為寒氣，風隨虛入，冷由勞傷。**在此地理環境，坐北朝南而居，算是負陰抱陽，不可再執著於羅盤理氣當運否？**

3．大都城與住家之建造，考量層面不同，住家一定正向馬路，絕對不可僅憑羅盤理氣，為了**坐向北、或向東，或向西南，或向東南，以致建物背馬路，側馬路，向右斜或向左斜，凡此都是風水師殺人於無形。**屋向向何方開門，就納旺氣，豈有此理。至於屋宅之大小，夠用就好，屋大人口稀，反而陰盛陽衰。此外，帝陵或貴族林園之規劃，大多延中軸線修建，這個前題是因應遼潤建築群的建築佈局。至於都城的選擇，除了行政掌控，另外得考慮交通、飲水、屏障、戰略、糧食、氣候、人文等，大原則是北為首，中土為重，如此可以控天下之和，據陰陽之正，均統四方。

4．居宅講求美感、舒適、溫馨，住在其中，心情愉悅，至於什麼型態的造作，則可因人之喜好而異，比如雄偉、樸實、華麗、工整、自然、清秀、高雅、雕鑿，原則上不可亂而無序，或太過於造作。外形方正，切勿前凸後翹，人屋合一至關重要。也要配合居家之空間，因為不管內或外之造作，均由許多不同的裝飾元素組成，空間也不一，原則上盡可能內外呼應，還原出和諧的氣氛，不能違背形象之禁忌，對於綠化，更要多花一點心思，樹木可以美化環境，可以聚氣，帶來生機，甚至化煞氣，所謂廣陌局散，非有樹障，不足以護生氣，山谷風重，非有樹障，不足以禦寒氣。

五、察覺法

不論陰陽宅，大體上以其所處位置、坐向方位、與周遭山、水形勢之關係、內外格局、物品擺設、以論吉凶。它包含地質、地理、氣象、星象、建築、景觀、生態、人文、佈置等綜合一體的一門學問。主体在適應環境、利用環境、改造環境，創造良好的居住環境。包含天地萬物，以人為中心，人事物各方面相互聯繫、相互依存、相互制約、相互對立、相互轉化、相互協調。因此，必須注意到整體性，《陽宅集成》：「陽宅須擇地形，背山面水稱人心，山骨來龍昂秀髮，水須圍抱作環形，明堂寬大斯為福，水口收藏積萬金，關煞二方無障礙，光明正在旺門庭。」勘輿之法其實有規律可循，有歸納、察覺、類比、頓悟、假設等，其中察覺法最為重要，察覺不只在觀察自然現象，觀天察地，察環境，察形局，察擺設，甚至要有相當的悟性，《繫辭傳》：「仰以觀於天文，俯以察於地理，是故知幽明之故。」例如，觀形勢有千姿萬態，形是近觀，勢是遠景，勢是形之崇，形是勢之積。有勢然後有形，有形然後知勢，觀形容易，認勢則難。我們可以把勢作個比較貼切的形容，勢為來龍，若馬之馳，若水之波，欲其大而強，異而專，行而順。

察覺法要由形而勢，形要厚實、積聚、藏氣。要由遠而近，由表及裡，形於內、勢於外，有些情況甚至要心領神會，盡物之性而參天地之化。觀察大地理、大原則方面，龍忌劫煞反逆，穴忌凶砂惡水，砂忌反背之象，水忌水流沖射反弓，忌黃泉煞，忌冲生破旺。所以，《葬書》：「目力之巧，工力之具，趨全避缺，增高益下，微妙在智，觸類而長，玄通陰陽，功奪造化。察覺之基本要具備學理基礎，還得帶點靈感，切勿瞎掰、亂套、亂引申，或僅憑自我的認知，要符合陰陽五行生剋關係，很多人甚至把它無限度的運用到生活中，只會自暴其短，鬧笑話，例如，掃墓不可穿新鞋（邪），既然會帶來新邪，那穿拖鞋呢？穿舊鞋呢？又如放錢皮夾，平直則躺著賺錢，輕鬆賺錢；折疊則要彎腰賺錢，辛苦賺錢。要準確論述公司、住家之擺設吉凶，生活中人、事、物的吉凶現象，前題必先要知道其特有的涵義、功能、本質、屬性，切忌信口開河，誤導社會大眾。」

陸、辯証法

辨證法其實是關於普通聯繫發展的哲學概念。辯證法是堪輿術的靈魂，但是如果拿捏不當，卻也容易造成混亂。辯證法強調事物的對立統一與變化發展，陰陽互變，難易相成，有無相生，生死轉化，前後更替，物極必反，探討如何在動態變化中尋求平衡與最佳化。其有三大規律，即對立統一、量變質變、否定之否定。我們不妨來看看易經之相關論述，更能明白，《繫辭傳》：「窮則變，變則通，通則久」，以及「上下無常，剛柔相易，不可為典要，唯變所適」，又說「天尊地卑、乾坤定矣」，「動靜有常，剛柔斷矣」，認為「太極」是天地萬物的最高統一體，太極生兩儀，兩儀生四象，四象生八卦，八卦之對立變化而形成萬物。

風水學既強調人與自然的和諧，注重環境各因素對個人運勢的影響，因此對於室內擺設，建築物坐向，內外格局，以及靜態布局特別重視。而風水辯証法認為環境與人之關係是動態的，強調事物的對立，統一與變化，矛盾雙方可以相互轉化，從整體考量環境與人之全面關係，認定世界是一個相互聯繫和作用的統一整體，任何事物都包含對立統一的兩個方面。強調人對環境之適應與變化，因為地域不同，氣候不同，四季變化，時空變化，居住者之需求有差別，因此必須配合相應調整，更適宜人居。所以，風水辯証法是結合傳統風水與辯証法的一種思維方式，力求動態平衡，整體和諧與變化適應。

古聖先賢從生活中，体悟世間萬事萬物的運動變化，最簡易的大原則即是正反對立的兩個方面，從我們熟悉的成語可見一斑，如物極必反，陰錯陽差，陽奉陰違，否極泰來、樂極生悲、聚散無常等，陰陽關係最足以全面的反映古代辯証法的內容，比如天地、山水、上下、日夜、日月、南北、動靜、剛柔、生死、有無、聚散。陽中有陰，陰中有陽，陰陽對立，陰陽統一，陰陽互根，陰極而生陽，陽極而生陰。堪輿之道離不開陰陽，有陰有陽而後才有變化，陰陽變而為五行，五行變而為七曜九星，分合互乘，隱顯不一。另一個在大自然中普遍存在的現象是剛柔，剛極變柔，柔極變剛，剛柔相摩，八卦相蕩。地理之剛柔，在言其體質，水體柔而用剛，山体剛而用柔，水土相蕩；宇宙清氣上升為天，濁氣下降為地，形成日月星辰和山川，山高聳而凝，水卑下而流，山剛水柔，火剛水柔，石剛土柔，太剛則折，故須濟之以柔，太柔則弱，故須濟之以剛，剛柔相濟，才合乎中道。所以，凡地入首處，必剛柔相濟，過剛者人強暴，過柔者人懦柔；柔龍取剛穴，剛中取柔穴，強調剛柔相濟，求其中和。

尋龍點穴也要明辨動靜，山靜為常，動則成龍，成龍之山必踴躍翔舞。水動為常，靜者結地，結地之水必灣抱悠揚。如果枝腳未走，而龍身先行，則只有脈落脈去，無迎送砂，此必為敗俗。山本靜，勢求動，動靜無端，陰陽無始，動靜得宜，陰陽有情，若靜一於靜則無生機，動一於動則無息機。例如點穴要靜，要求開門朝拱而無壓通走竄，龍虎內向懷抱而靜，水城繞環凝聚，而無反背冲激。

所以靜體當用動穴，動體當用靜穴。易曰：「一陰一陽之謂道。」一動一靜，互為其根，分之所以流行而不已。動而生陽，靜而生陰，分陰分陽，循環不已。

「氣」是萬物之源，有聚有散，有形有止，聚則成形，散則化氣。聚中有散，散中有聚，有大勢之聚散，亦有穴中之聚散。氣乘風則散，界水則止。水界必有山丘環繞，才能藏風，大自然中運行之氣，因風與水的激盪與調和，而凝結於地穴。藏風聚氣才能有好風水，所以穴場講究前面有關攔，有水來聚氣，才不致有蕩散之患。明堂惜水如惜血，堂裏避風如避賊。此外，砂也要聚，聚要顯得秀麗，不可臃腫。水也要聚，水聚則氣聚，水聚明堂才是好風水。至於龍、則欲其聚，不欲其散。欲其止，不欲其行。

再來談龍脈的形與勢，意即山脈的走向和起伏變化。其形勢有別，形是近觀，勢是遠景；形是勢之積，勢是形之崇；形乘勢降，勢隨形住；有形然後有勢，有勢然後有形；形似樓台門弟，勢如城郭牆垣；來山為勢，結的為形；形欲高峙而峻，勢欲委蛇而順；形是單座的山頭，勢是起伏的群峰；形如負扆有龞中峙，勢如萬馬自天而下；形要厚實、積聚、藏風聚氣、勢要若馬之馳，若水之波，欲其強而大，行而順。形勢與幹枝息息相關，幹龍與枝龍，有如樹木之幹與枝，龍有大幹龍、小幹龍、大枝龍、小枝龍。又稱為嫡、枝為庶；幹為正，枝為從；幹為主，枝為輔，有幹必有枝，有枝必有幹，互為前提。《心得要旨》云：「但登穴細察其情，近衛遠列，環集四應之間，小水大源咸會三陽之內，故知其為幹。枝長大者，雖見雨水合盡而局則不能得其大會，故為枝。」幹龍之行，星羅棋布；枝龍之行，起伏踴躍，變住偏顧。

龍脈尚須察微著，氣無形屬陽，脈有形屬陰，陽清陰濁，故氣微而脈著。觀氣脈，當以有形察無形，氣不自成，必一脈而立，脈不自為，必陰氣而成。所以，觀氣脈要以有形察無形，泗水交流則有脈，八風不動則有氣。蓋有微有著，則明示雄雌，雄雌言乎其配合，故凡山之融結，必欲水之灣環，勢雖順水而來，形必逆水而就，這就是山水相對有雄雌。孤陽不生，獨陰不成，雌雄相喜，天地交通。山與水又各自有雄雌，山水完固，左右相交，是為雌雄配合；陽龍取陰穴，陰龍取陽穴；陽山取陰為對，陰山取陽為對，此主客相對有雌雄也。此外，尚有向背，強弱、有無、順逆、分合、生死、浮沉、正饒減，定深淺等，以及吉凶互變，砂水美惡，方位宜忌，藏風與閉氣，拱揖與斗射，過關與斷續，粗微與雄壯，平去與傾脫等，限於編幅，不予論述。

第三節　理、象、數一體之擺設平面圖案例解析

象界學包含生活中的任何景象、形象、物象，除了陽宅、公司、工廠、陰宅之形局論述，尚包含樹木、植物、動物、景物、圖象，生活中的任何物件等之涵義、本質、功能、屬性、吉凶，以及涉及手機號碼，身分證字號、出生日期、當下時間之靈動、文字之形、音、義現象、起心動念⋯等之吉凶現象，既全面又精準。更能針對個案祈福、化煞、凶象化解、以及佈局。

象界學論述層面包羅萬象，看似龐雜，難以通曉，其實簡單、易學、易懂、不說理論、不含糊、直接論斷。十幾年來，作者一再呼籲，看風水要理、象、數兼論，才週延，而且義理寄寓象，除了陰宅須用羅盤中，看公司、工廠、住家不須動用羅盤，無奈絕大多數的風水師，仍然嗤之以鼻，根深蒂固。社會大眾也感覺看公司，住家一定要有羅盤，逼得作者去幫人看風水時，常帶三個羅盤，為的是讓客人知道我也有羅盤，令人感概。跟過多位老師學習風水的人，必定知道有些論述，各個老師不同，碰到個案，彼此爭得面紅耳赤，誰也不服誰；也常有客人跟作者反應，**他請了三位風水師，各個說法不同，不知道要聽誰的，其實，只要套入「象」、「數」，真理自然明朗，論斷便知真假，何須爭論。**象界風水不

只論形局與擺設，對應也會引起質變，任何的小東西都能顯現吉凶，以下案例論斷，跟坐向一點關係也沒有，即使當運仍然凶象連連，論斷上力求簡化，許多物件之論述予以省略，俾讓沒有學過象界學的人易於理解。（有關物品涵義，屋宅區段定位，六親定位，請參考拙著《精準形象地理學》之解說）

公司、住家區段定位

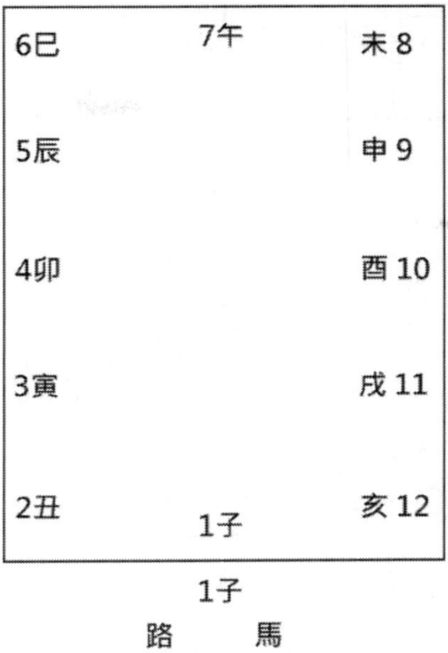

案例一、濫用符咒、延禍子孫、家破人亡

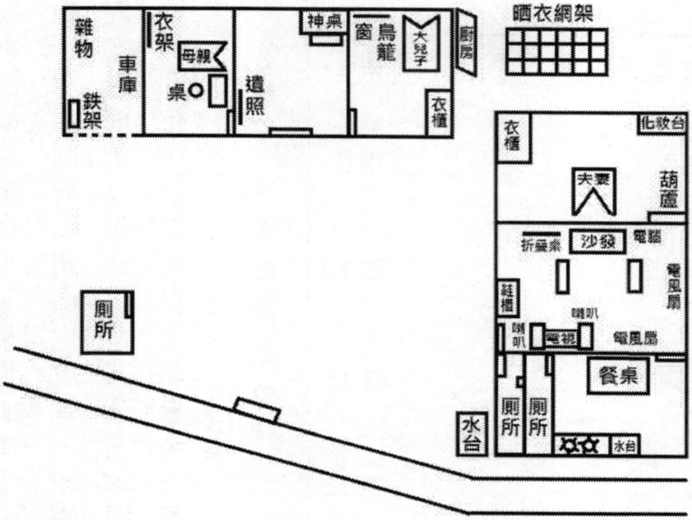

1．正堂為大房，龍邊為二房，虎方前段有廁所：
①已故之祖母，在生前為了謀財，常使用符咒害人，因而遺禍子孫，殊不知一九三0年開始，天界即禁止使用符咒。
②大房大兒子吸毒、喝嫖賭。
③女人性欲旺，性開放。

2．大房屋宅向北，二房屋宅向東，均當運，卻災厄連連，財破敗。以下論斷：跟坐向完全無關，屋前馬路就是向。

3．十二位廚房及廁所：
①祖父亦使用符咒，造了許多業，而且發重誓，遺禍子孫。
②十二位有二間廁所，依數之靈動，12加3等於15，15拆成3及6，3為虎，6為蛇，男人好色，男人做事虎頭蛇尾，房事也虎頭蛇尾。

4．十二位有二間廁所，一內一外，男人會娶二個女人。

5．大房及二房之廚房均在龍邊，有雙姓祖先，祖墳沒有處理好，祖上干擾。

6．大房之大兒子的臥床在龍邊直放，代表停棺中：

①停棺中，易被無形的干擾。
②白天無精打采，晚上精神好。
7．大兒子房後段有窗戶，二〇二二年聽信一位風水師之建議，在窗戶上放鳥籠養鳥，說是為了化解屋後的形煞，反招陰：
①鬼魄附身，花天酒地。
②夜夜春宵，夢淺，身體虛脫。
8．門對面有衣櫃：為女人付出，錢都花在女人身上。
9．神明廳的神桌也是聽信風水師的建議，緊貼龍邊牆壁，說是讓龍邊不動、龍強、龍有靠：直接論斷男人必死。
10．神明廳三位有祖先遺照：由於形局都不對，二〇二四年流年逢喪門吊客，二兒子死在車禍意外。
11．大房女主人之臥房，龍方有桌子靠在遺照背面：辛苦，槓夫債。
12．虎方有吊衣桿：心性搖擺不定，甲辰年出生，故表面裝強勢。
13．虎方車庫雜物：二兒子死在車禍意外。
14．車庫虎方另有一鐵架、雜物：生命關，無形的來附身。

15．二房之客廳在中間，電視、折疊桌、電腦形成三角：
①親子關係不好，夫妻不合。
②兒子叛逆，兒子離家出走。
③兒子遊手好閒，喝嫖賭。
④前世因，造成今世果。
16．馬路在屋前龍方轉折，斜切到虎方：
①被兒子拖累，為兒子付出。
②兒子是來要債的。
17．洗手台在屋前，被正堂切到：
①會引起火災。
②損財、意外。
18．客廳沙發旁有折疊桌，個性反覆。
19．廁所一在內，一向外：女主人顧家，女兒心向外，在家待不住。
20．正堂龍方空地有一晒衣網架：腦筋打結，虛幻。
21．三個电風扇：

①倒房來干擾。

②兒子不婚，講話無哩頭。

22．電視兩邊有大喇叭：男主人與嫂嫂亂倫（親友皆知）

23．臥房門對面有化粧台：夫妻賭氣，女人把男人當瘋子。

24．房門吊葫蘆：

①夫妻之間不坦誠。

②女人長期吃葯。

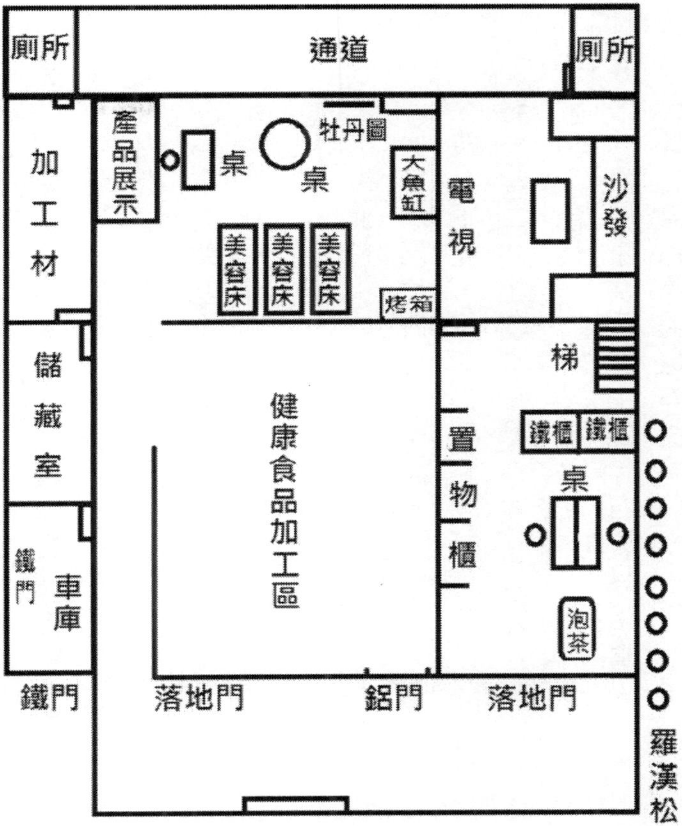

案例二：吸金、被斷銀根、大破財

1．此屋酉山卯向，內局及擺設均錯，破財。
2．此建築共四層樓，另有一樓虎方缺角：投資損才三百萬或三千萬。
3．龍邊一排羅漢松：吸金（研判用會員制吸金）
4．後段左右廁所，之間是通道：
①同業之間互相仿造。
②與父母不親。
③與員工不合。
5．前後通道：
①夫妻說話均沒信守承諾。
②錢存不住，投資失利。
③夫妻二人之口才好。
④男人急性。
6．前段健康食品加工區，右方設走道：
①員工另外兼職賺外快。
②應收帳款收不回。

③小人多，遭同業暗算。

7．客廳、接待室在龍方後段：

①交到一些壞朋友，往來廠商奸詐。

②公司多存貨。

③易有呆帳，應收帳款收不回。

8．10位樓梯，8位沙發，形成18：女人很會理財，週轉資金。

9．內部空間成田字型：夫妻王見王，互不相讓。

10．美容產品展示櫃在虎方後段：重點在賣美容產品，美容的客人少。

11．美容室之辦公桌後為商品，前為玻璃桌：本業不好，想做外面的生意，想往買賣方面的生意發展。

12．前為美容床，後為桌：過去認真努力，生意好，目前生意差。

13．三張美容床，員工已離職：負責人沒耐心，草率應付客人。

14．車庫及儲藏室在虎方：損財，品質不良。

15．美容室後面牆吊掛牡丹圖：被銀行斷銀根。

16．前面入口有三個門：男主人洗腎。

17．後段美容區龍邊有大魚缸：

①女主人桃花，婚外情。

②遲早要犯官司，大破財。

案例三：癌症、官司、私生子女、被養小鬼之人所騙

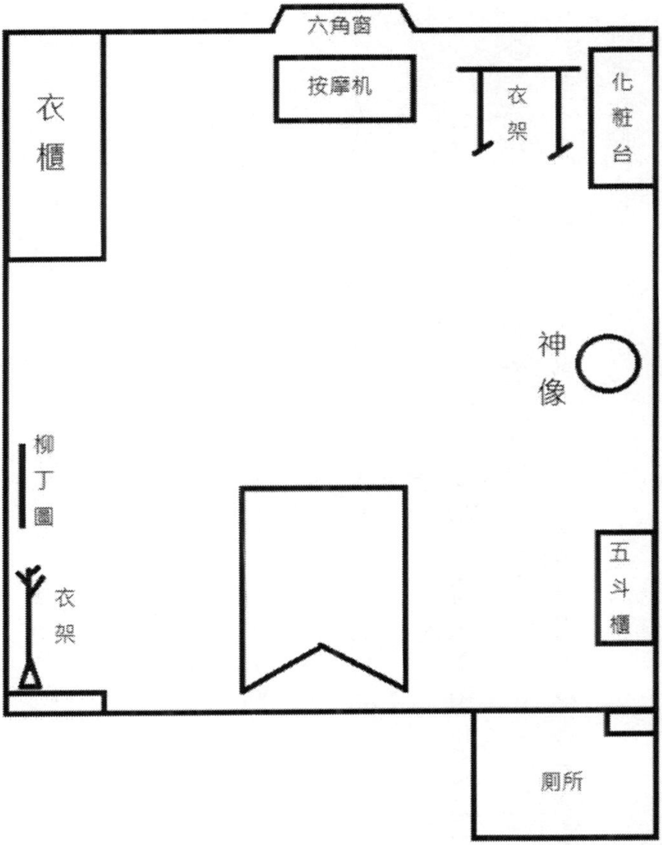

1．此套房在三樓，一位虎方為入戶門，龍方為廁所門，二門相呼應：

①此女身體不好，滿六十歲會有生命關。

②與男友不合，易吵架。

③男友好色，男友另有女人。

2．後段有六角窗：男友破敗，男友有官司。

3．地板為蜂巢式瓷磚：此女被養小鬼的人所騙。

4．龍方中段擺一神尊，套入數字，10加3等於13，13可以拆成1及4，故此女被男友欺騙感情，此女吸毒。此女曾墮胎。

5．龍方前為廁所，又有五斗櫃：

①同居男友之母親會向此女臭臉，會來干預此女與男友的生活瑣事。

②男友母親有錢，有能力。

③廁所加上五斗櫃：男友母親身體健康，穿著體面，而且講話有條理，得理不饒人。

6．龍方有五斗櫃，虎方有衣櫃：

①男女互相付出，互相利用。

②男長得帥，女長得美。

7．龍方後段有化粧台及衣架：此女之脾氣不好，經常會對男友媽媽頂嘴，兩人沒話聊，經常吵架。

8．虎方有衣架，後面之窗凹：

①投資損財，被套牢。

②賭博損財。

9．虎方開門，門旁有衣架，龍方後段化粧台及衣架：

①甲狀腺亢進。

②乳癌（已經第二期化療）

10．後段化粧台、衣架、凹窗及按摩椅：

①兒子有腦瘤、身體虛。

②兒子個性叛逆，不服管教。

11．虎方掛一幅柳丁圖：有私生子。（依此判斷此女並未與男友結婚）。

12．後面牆為七位，中段有凹窗：

①男友開口沒好話，講話易傷人。

②男友被母親寵成大阿哥。

13．七位有六角形之凸窗：

①男友所交往之朋友的素質不好。

②男友犯官司，投資損財，財留不住。

案例四：二婚、短壽、情色、詐騙、包養

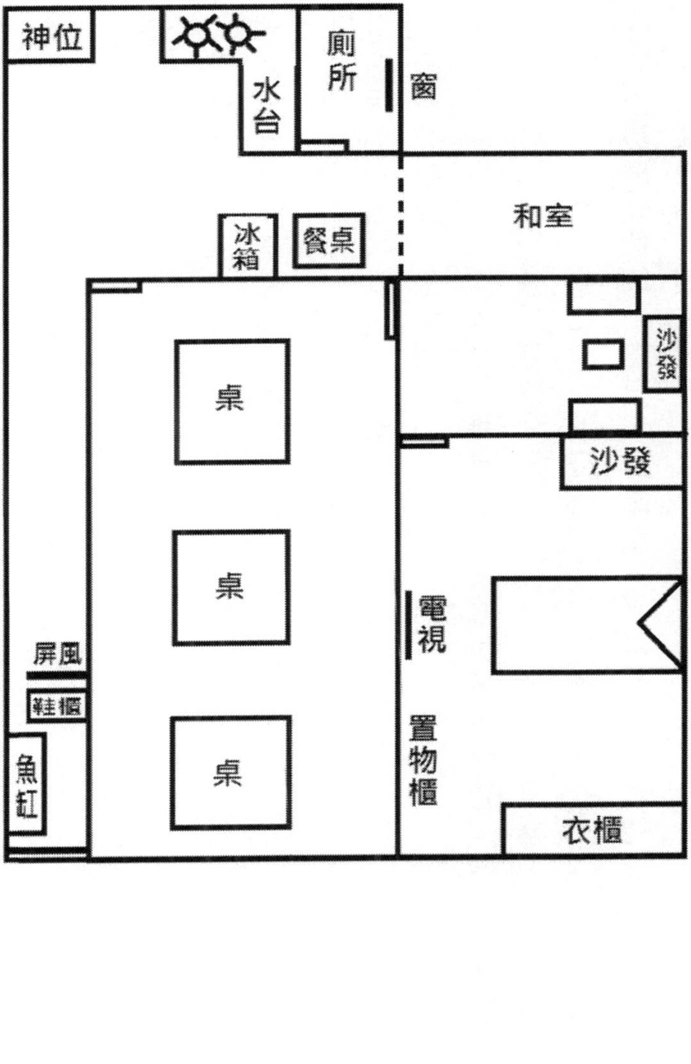

1．二位魚缸：女人外遇、女人有個性。

2．神位直對門及屏風：生女不生男。

3．屏風：風水師叫客人擺屏風，是在造業，因為屏風代表抗壓性低、捉交替、短壽、程咬金、吃药。

4．鞋櫃靠在屏風：

①女主人曾經吃錯藥，送醫急救。

②死掉一個小孩。且有倒房干擾。

③旁又有魚缸，女人子宮會病變。

5．屋內6位及8位開門：

①在人位表示人來人往，進進出出，6與8與賭色有關，套入數字，6加8等於14，14減12等於2，2、6、8形成山風蠱，直斷此戶人家開設賭場。也表示曾經被人下符咒。

②人中房開二個門，內有三張賭桌：表示女主人感情複雜，女人霸氣，且曾經離過婚，讓夫讓妻。

6．神佛安在虎方後段：主人勾結當地警方掩護。

7．仍然遲早會被檢警查辦，原因有二：

①前方剛好有對面人家之佛廳正對著，會受檢警之監控滲透。

②龍方後段有缺角，必有一失，遲早被送法辦。

8．廁所在後段：研判勾結警員是花錢，不是靠關係。

9．7位神佛及炉灶：母親血循代謝不好，高血壓、早亡。

10．龍方為臥房，前衣櫃，中間床，後沙發：

①男人不理性，有理說不清。

②白天無精打采，晚上精神好。

③不負責任，喜好吃喝玩樂。

11．臥房右方為門、電視、櫃子：

①女人寵男人，為男人付出。

②女人口才好，生活多采多姿。

12．臥房由客廳進入，前房間，後客廳：

①妻子曾經離過婚。

②男人交些吃喝玩樂的酒肉朋友、犯小人

③常做些見不得人的事情。

13．臥房後面為客廳及和室：

①愈老愈花心，變本加厲。

②老運及身体，愈來愈差。

14．7位神佛、廚房：

①男人短壽。

②雙姓祖先干擾，莫名的不順。

③抽子孫之福報，不利子孫之發展。

15．左邊房間，右方賭間及通道：老運不好，錢財存不住。

16．廚房通和室：

①女主人感情豐富，曾經為風塵女。

②交際手腕好，交際應酬多。

17．龍方臥房後面為客廳、和室：男人喜聊八卦，喜歡上酒家吃喝玩樂。

18．客廳沙發背臥房沙發：會被倒大筆債。

19．後段的和室及厠所相鄰，均在七位：男人好色，去酒家除了喝酒，也要找女人。

20．廁所之側邊缺角處有窗戶：表示有人會利用養小鬼之手法來詐賭。

21．四樓安了三尊神佛：男人短壽。

22．廁所正對餐桌及冰箱

①多花費，錢存不住。

②男人外面的女友，因為沒給生活費，漸漸地與他疏遠。

案例五：癌症、中風、父母相繼死亡

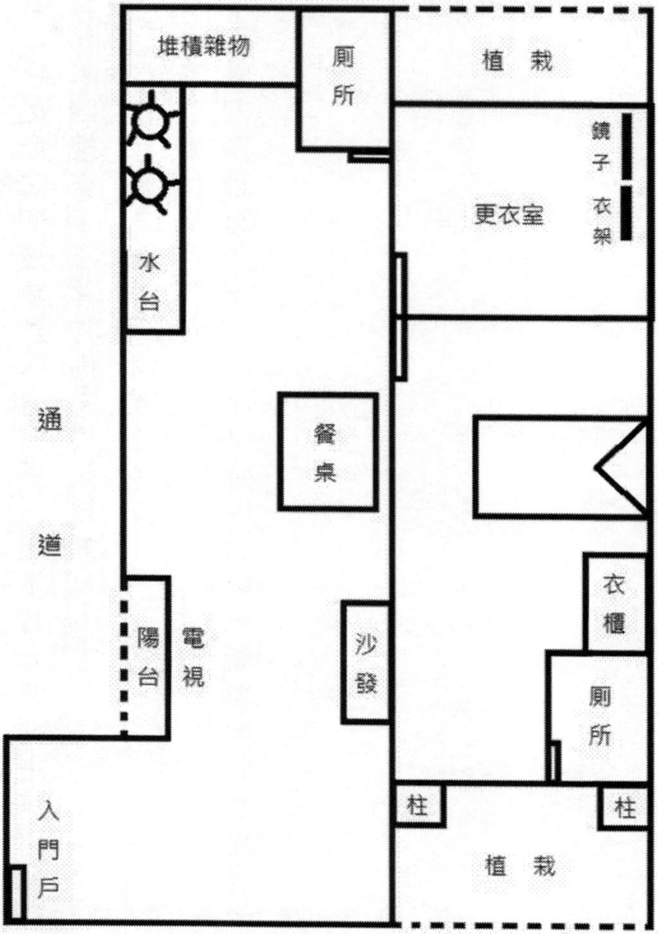

1．此屋原來是戌山辰向，聽風水師建議改為丑山未向，以收當運之氣：
①虎方凸處開門，死一子女。（風水師殺人於無形）
②財運走下坡，入不敷出，透支。
③女主人愈來愈不理性，無理的霸道。
④原本就是敗局，應從內局調整，佈局改善，改門只會加劇凶象。
2．男主人排行老二，上有一姊，下有一弟，依六親定位，龍方臥房，更衣室、植栽花台：
①姊姊離婚，姊姊有二段感情。
②更衣室代表更換感情，擺設不對，就會造成離婚。
③後為植栽大花台，研判是姊夫外面另有女人所造成。
3．龍方前段12位另闢植栽花台，左右有大柱子：男主人沒有運，被人設計。大姊夫也運勢差，被人設計。
4．虎方後段堆積雜物：錢財週轉出問題，信用破產。
5．廁所在七位凸出：男人好色、男人被坑。
6．中段空曠：男人不易結婚，即使結婚亦容易離婚。

7．此屋在三樓，住家11位為厠所，形成角煞，父母生前恩愛，不到一年時間，父母相繼死亡。（亡者會帶未亡人走）

8．弟弟佔到客廳，後段有廚房：弟弟喜交友，財運不佳，只夠餬口。

9．臥室前後均植栽花台，又均有大窗戶：夫妻不合，錢財也留不住。

10．更衣室在龍方後段：研判此屋為父母買的。

11．客廳在前，廚房在後相通：女人開放，少煮飯。

12．炉灶在虎方後段：研判母親比父親先死亡。

13．電視後面是窗戶、陽台：父親生前失智，後死於中風。

14．虎方前凸開門，龍方後段有植栽凶樹，更衣室又有鏡子及衣架：直斷母親生前患癌症，而且癌細胞快速擴散，短期內死亡。

15．餐桌在客廳及廚房之間：女主人外遇。

案例六：六親定位解析

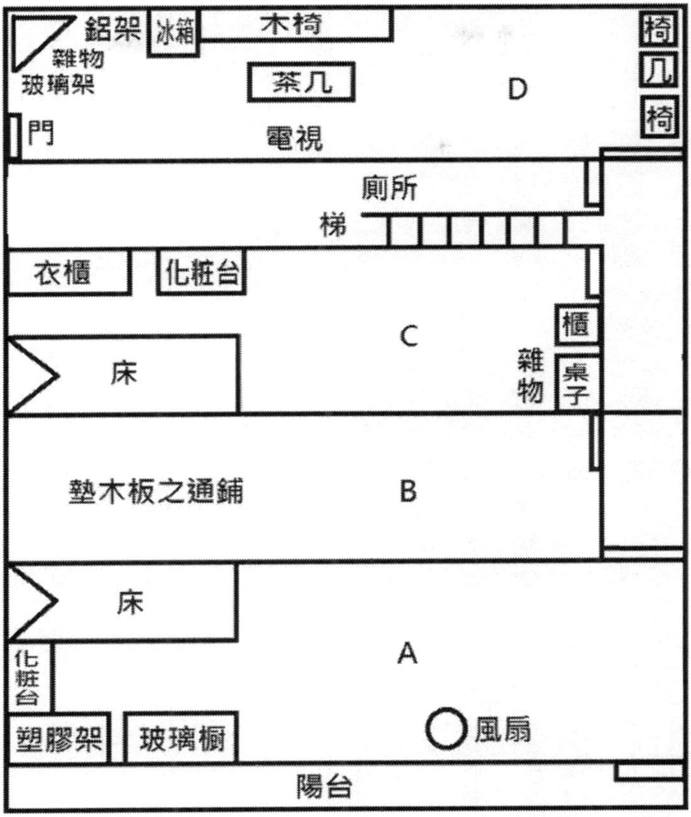
鋁架
冰箱
木椅
雜物
玻璃架
茶几
D
椅
几
椅
門
電視
廁所
梯
衣櫃
化粧台
C
櫃
雜物
桌子
床
墊木板之通鋪
B
床
A
化粧台
塑膠架
玻璃櫥
風扇
陽台

任何屋宅，除了可以細論主人之各種吉凶現象，均可套入六親定位，看出父輩、同輩或晚輩各個人之概略吉凶現象，此屋在二樓，其一樓為客廳、主人臥房、廚房，本案例僅套入主人之五位子女及其配偶來論述，分別為長女、次女、三女、四女、五男，重點只針對大件物品來論，其他小件之擺設亦有吉凶，予以省略，否則論述至少超過六十點。

1．大女兒佔到A房

①有度量，有責任。

②前有陽台，有時心直口快，稍有個性。

③後有B房，兄弟姊妹中最有錢。

④房間前段有塑膠架、玻璃櫥，風扇，作用稍強勢、敢花錢。

⑤後段為靠壁的床，床右有三樣物件，大女兒較不會照顧小孩，其婆婆身体不好，婆婆固執、不好溝通。床旁邊為化粧台，大女兒之公公脾氣不好。再前為塑膠架、玻璃櫥，公公之兄弟有人已死亡。

⑥第一順位有塑膠架，公公意外，手曾經受重傷。第二順位有玻璃櫥、公公痛風，曾經被人拖累損大財。第三順位有風扇，大女兒外出旅遊亦受

傷。

⑦大女婿位在B房通鋪，大女婿平安順利。

2．①二女兒位在通鋪，平順，能力強。（如果沒人睡，二女兒的身体虛）

②二女婿位在C房。

房內桌子旁堆雜物，損財，亂花錢。

床再前段靠壁，沒度量，不好溝通。

左方櫃子旁有桌子，二女婿有婚外情。

3．①三女兒位在C房，後面左為化粧台，右為衣櫃，活潑、精明。

②門邊有櫃子，桌子，對父母既尊重又孝順。

③C房直看、桌子、櫃子、門，形成天人地，可以論三女本人之特質：天位桌子旁有雜物，有心於事業，然難免損財；人位櫃子，三女善辯論，論高調，慷慨，不會理財；地位為門，自我心性強，交際廣。

④三女婿位在廁所及樓梯，有才華，認真努力，有賭色之問題。

4．四女兒在廁所及樓梯、大致與三女婿類似情況。

四女婿位在D房（客廳）：

①客廳：好客、公關好，比較不會照顧太太。
②有側門：個性較偏激，囉嗦，作風強勢。四女婿的父母對四女兒有意見。
③玻璃架：不理性，任性不好溝通。
④鋁架：個性不好，做事不積極。
⑤冰箱：冷酷，不大愛理會人。
⑥有二個茶几：外緣尚好，被朋友拖累。
⑦左右均有門：喜到處跑，不重視太太。

5．小兒子位在客廳，放蕩，喜玩樂，不服父母管教，雖未婚，同時與二位女友交往。

6．三女兒佔到人中位（C房），以臥房本身之坐向而言，可以此房論與姊妹之關係：
①化粧台為龍邊第一順位，代表大女兒，故三女與大女兒會鬥嘴，大女兒會管三女兒。
②衣櫃代表二女兒，故三女兒與二女兒感情好，有話聊，好商量。

③床代表四女兒，與三女兒關係好，自己也疼小孩。

④床的左方有空間，三女兒對其子女有器量，很會照顧小孩。

象界風水（形象地理學）職業班授課簡章

講授老師：白閎材－象界天律繼承人（臺灣）

（一）風水著作

1．《精准形象地理學》2016年出版

2．《象界風水與易經》2021年出版

3．《象界風水談理象數一體》2025年出版

（二）何謂象界風水

在天成象，在地成形，物物皆太極，每樣物品都有其含義、本質、功能、屬性。象界即在探討自然界和生活中，公司，住家的景象，形象，物象，任何物品，樹木，圖象的吉凶，以及外局，內局，物與物的對應關係，包羅萬象，而且位置不同，吉凶不同，所以論斷精准又細密，大致上一戶人家約可論20至50點吉凶現象，千萬不要把象界風水誤認為是「形家」或「長眼法」。

（三）象界風水的特色

不用羅盤，利用定位法，即能精准掌握人、事、物的吉凶現象。理、象、數一體，氣出於理，而觀象可以知氣，觀象可以知數，因象以明理，易理寓象，

所以羅盤理氣所能論述的吉凶，都會在形與象裡顯現出來，不會遺漏。

在公司和住家中，許多冷僻的問題，羅盤根本看不出來，（例如：作假賬，監守自盜，斷銀根，仿冒，研發瓶頸，股東不合，不孕，雙性戀，各種疾病，包養，仙人跳，輪姦，性變態，起乩，吸金…等），象界學有別於傳統風水的各個學派，為了讓大家有信心，為了驗證象界風水的獨特與精准，白閎材老師一向免費接受公司或住家的擺設平面圖論斷驗證，不須提供主人相片或八字讓老師作弊，論斷騙不了人，論斷便知真假。

不用到現場也能夠精准論斷，你的客人將源源不斷。

（四）象界風水的論斷憑藉

在天成象，在地成形，有形有象就有吉凶

1．每一樣物品均有其涵義、本質、功能、屬性。

2．物品放置之位置不同，其吉凶各異。

3．物品與物品之間的對應關係呈現吉凶現象。

4．空間擺設呈現之不同的內格局現象。

5．外格局所反應的吉凶現象。

理、象、數一體，如果看風水只憑羅盤理氣，不探究形，象和數，就只能論皮毛。例如：廁所代表才華，性，臭，理財，感情，泌尿，消化，吸收，兵將，猛虎，符咒等。玻璃代表風波，是非，偏激，淚水。

（五）象界風水的學理

1．人屋合一的觀念

2．將屋宅向馬路來定位，左青龍右白虎，前朱雀後玄武

3．左右定人事物，例如：左財右庫，左父右母，左男右女，左長輩右晚輩，左過去右未來⋯

4．將屋宅一圈，由前方開始為1位，虎方為2、3、4、5、6位，後方為7位，繞到龍方為8、9、10、11、12個方位。

5．利用二分法，三分法來斷六親及人事物的先後及吉凶現象。

6．行運由左向右，由前向後推流年，並可套入十二宮推論。

（六）象界天律風水職業班課程綱要：

1．象界學源由及特點

2．論斷憑藉

3．形與象的意涵
4．理、象、數一體解說
5．風水各學派簡介
6．傳統風水對形與象之謬論的更正解析
7．外形局圖例解析
8．店、公司、工廠的規劃，診斷，調整
9．公司，住家的案例解析
10．仙佛擇日法
11．祈福，化煞，制煞法
12．凶象化解趨吉法
13．花樹之吉凶
14．陰宅造作及吉凶
15．佈局助運法
16．住家形局分論（包含客厅，廚房，臥房，倉庫，騎樓，鞋櫃，柱子，電腦，電視，冰箱，水晶，屏風，櫃檯，煤氣爐，水塔，河流，洗手台，餐桌，和室，櫃子無門，山海鎮，凹壁面，鏡子，鉄櫃，匾額，鉄架，木櫃，特大衣櫃，酒櫃，衣櫥，沙發，睡的位置，床，衛生間，書桌，窗戶，陽臺，桌子，門，佛桌，神明庁，佛像，宮廟，電梯，樓梯…等）

＊＊＊另有八字，面相，六爻卦，姓名學，仙佛名片學之高級班教學授課。

北京大學五明書院企業總裁班
象界學上課情形

雲南昆明象界學上課情形

印度尼西亞易經學會會員，象界學及姓名學上課情形

象界學職業班上課情形

編號	宗教叢書	作者	定價

編號	原典叢書	作者	定價
C001	儒學必讀七經：「語孟孝易詩書禮」原典大全	夢溪老人	500

編號	大學用書	作者	定價
7001	人與宗教	吳惠巧	400
7002	政治學新論	吳惠巧	400
7003	公共行政學導論	吳惠巧	450
7004	社會問題分析	吳惠巧	450
7005	都市規劃與區域發展	吳惠巧	650
7006	政府與企業導論	吳惠巧	700

編號	學術論叢	作者	定價
J001	台灣臨濟宗派與法脈	薛華中	250

編號	文學叢書	作者	定價
8001	殺狗仙講古	殺狗仙	400
8002	讀寫說教半生情	李蓬齡	300
8003	暴怒中國	福來臨	300

編號	文創叢書	作者	定價
A001	給亞亞的信(小說)	馬彧彬	300
A002	棲鳥(小說)	吳威邑	300
A003	罕日(小說)	吳威邑	300
A004	石頭的詩(詩)	姚詩聰	300
A005	阿魚的鄉思組曲(散文)	顏國民	300
A006	黑爪(小說)	吳威邑	400
A007	紅皮(小說)	吳威邑	400
A008	通向火光的雪地(小說)	文西	350
A009	鐘聲再響——我在慕光的日子(散文)	曾慶昌	200
A010	呼日勒的自行車(小說)	何君華	300
A011	一生懸命(小說)	吳威邑	400
A012	我的臉書文章(散文)	王建裕	300
A013	阿魚隨想集(散文)	顏國民	380
A014	臺灣紀行：大陸女孩在臺灣	董玥	300
A015	九天講古與湘夫人文集	顏湘芬	300
A016	西窗抒懷(散文)	王建裕	350
A017	凡塵悲歌(小說)	陳長慶	250
A018	四季花海(詩)	黃其海	350
A018	古厝聚攏的時光(散文)	顏湘芬	300
A019	筆虹吟曲(散文)	王建裕	300
A021	寫給古厝的情書(散文)	顏湘芬	300
A022	金秋進行曲(散文)	蔡明裕	300
A023	筆下春秋(評論)	王建裕	300
A024	古厝與節氣之歌(散文)	顏湘芬	350

編號	教學DVD	作者	定價
9001	傳統醫學與掌相（12 片）	張法涵	6000
9002	實用陽宅初中階（12 片）	陳國楨	6000
9003	占驗八字推命學（33 堂，隨身碟）	陳啟銓	15000
9004	風水與巒頭心法 （10 堂，隨身碟）	陳啟銓	6000
9006	六十甲子論命術(11 片)	陳宥潞	6000
9007	活學活用易經 64 卦（36 片）	黃輝石	9000
9008	陽宅風水影音課程全集(124 堂，4 片)	大漢	特 6000
9009	命相姓名影音課程全集(147 堂，4 片)	大漢	絕版
9010	占卦玄學影音課程全集(147 堂，4 片)	大漢	特 6000
9024	三合派與形家風水會通(8 堂，隨身碟)	於光泰	7000
9025	梁湘潤八字大破譯(21 堂，隨身碟)	於光泰	9000
9026	梁湘潤陽宅內局大解碼(8 堂，隨身碟)	於光泰	6000
9027	梁湘潤八字基礎整合課程(15 堂，隨身碟版)	於光泰	8000
9028	於光泰擇日會通課程(10 堂，隨身碟版)	於光泰	7000
9029	天魁夫人斗數教學課程(96 堂，隨身碟版)	天魁夫人	35000
9030	梁湘潤八字流年法典課程(10 堂，隨身碟版)	於光泰	7000
9031	黃家騁占星學種子課程(60 堂，隨身碟版)	黃家騁	30000

編號	羅盤	作者	定價
B001	星象家開運羅盤 8 吋 6 綜合盤	大元	8600
B002	星象家開運羅盤 7 吋 2 綜合盤	大元	7200
B003	星象家開運羅盤 6 吋 2 綜合盤	大元	6200
B004	星象家開運羅盤 5 吋 2 綜合盤	大元	5200
B005	星象家開運羅盤 3 吋 2 綜合盤	大元	3200

編號	命理叢書	作者	定價
1139	彩色圖解命理大全	廖尉掬	800
1140	大六壬占卜解碼	李長春	1000

編號	農民曆	作者	定價
D001	開運聖經農民曆	大元	200

編號	堪輿叢書	作者	定價
2001	陽宅改局實證	翁秀花	360
2002	陳怡魁風水改運成功學	陳怡魁	350
2003	陽宅學(上下冊)	陳怡魁	1200
2004	廿四山放水法、宅長煞與天賊煞	李建築	300
2005	地氣與採氣秘笈	韓雨墨	450
2006	陽宅生基 512 套範例	韓雨墨	300
2007	台灣風水集錦	韓雨墨	300
2010	增校羅經解	吳天洪	300
2011	地理末學	紀大奎	600
2014	萬年通用風水佈局	潘強華	800
2015	三合法地理秘旨全書	陳怡誠	1000
2016	三元六十四卦用爻法	陳怡誠	500
2017	三元地理六十四卦運用	陳怡誠	600
2018	三元地理連山歸藏	陳怡誠	600
2019	三元地理明師盤線秘旨	陳怡誠	500
2020	玄空九星地理學	陳怡誠	400
2021	九星法地理秘旨全書	陳怡誠	500
2022	無意心神觀龍法流	戴仁	300
2023	堪輿鐵盞燈	戴仁	300
2024	南洋尋龍（彩色）	林進興	800
2025	地理辨正秘傳補述	黃家騁	600
2026	風水正訣與斷驗	黃家騁	500
2027	正宗開運陽宅學	黃家騁	500
2028	永樂大典風水珍鈔補述	黃家騁	700

編號	堪輿叢書	作者	定價
2029	三元玄空挨星破譯	許秉膺	500
2030	形巒龍穴大法	余勝唐	500
2031	玄空六法些子真訣	余勝唐	400
2032	玄空秘旨註解	梁正卿	300
2033	中國帝王風水學	黃家騁編著	800
2034	玄空大卦些子法真訣	余勝唐	400
2035	生存風水學	陳怡魁論著	500
2036	形家長眼法陰宅大全	劉威吾	500
2037	形家長眼法陽宅大全	劉威吾	500
2038	住宅生態環境精典	謝之迪	350
2039	象界風水與易經	白閣材・白昇永	600
2040	象界風水談理象數一體	白閣材・白昇永	600

編號	生活叢書	作者	定價
3001	Day Trader 匯市勝訣	賴峰亮	300
3002	匯市勝訣 2	賴峰亮	350

編號	養生叢書	作者	定價
5001	仙家修養大法	韓雨墨	500
5002	醫海探賾總覽(上下冊)	吳慕亮	1800
5003	圖解經穴學	陳怡魁	600
5004	健康指壓與腳相	編輯部	400
5005	千古靜坐秘笈	韓雨墨	450
5006	傷寒明理論	成無己	400
5007	千金寶要	郭思	300
5008	脈經	王叔和	400
5009	人體生命節律	黃家騁編著	500
5010	達摩拳術服氣圖說	黃家騁編著	550
5011	十二星座養生學	黃家騁編著	600
5012	葉天士臨證指南醫案	葉天士著	500
5013	古今名醫臨證醫案	白漢忠編著	300
5014	華陀仙翁秘方	本社輯	100
5015	醫經秘錄	華陀	400

編號	宗教叢書	作者	定價
6001	宗教與民俗醫療	鄭志明	350
6002	宗教的醫療觀與生命教育	鄭志明	350
6003	宗教組織的發展趨勢	鄭志明	350
6004	台灣傳統信仰的鬼神崇拜	鄭志明	350
6005	台灣傳統信仰的宗教詮釋	鄭志明	350
6006	宗教神話與崇拜的起源	鄭志明	350
6007	宗教神話與巫術儀式	鄭志明	350
6008	宗教的生命關懷	鄭志明	350
6009	宗教思潮與對話	鄭志明	350
6010	傳統宗教的傳播	鄭志明	350
6011	宗教與生命教育	鄭志明等	300
6012	台灣靈乩的宗教型態	鄭志明	300
6013	從陽宅學說談婚配理論	鄭志明	300
6014	佛教臨終關懷社會功能性	鄭志明	300
6015	「雜阿含經」的瞻病關懷	鄭志明	300
6016	台灣宗教社會觀察	吳惠巧	250
6017	印度六派哲學	孫　晶	400

大元書局出版叢書目錄

108台北市萬華區南寧路35號1樓 訂購專線02-23087171 手機0934008755

編號	命理叢書	作者	定價
1001	術數文化與宗教	鄭志明等	300
1002	天星擇日會通	白漢忠	400
1003	七政四餘快易通	白漢忠	300
1004	八字占星與中醫	白漢忠	350
1007	祿命法論命術（B5開本）	郭先機	2500
1008	考試文昌必勝大全	余雪鴻等	300
1009	易算與彩票選碼	郭俊義	380
1010	歷代帝王名臣命譜	韓雨墨	480
1011	八字經典命譜詩評	韓雨墨	480
1012	安神位安公媽開運大法	黃春霖等	400
1014	最新八字命譜總覽(上下冊)	韓雨墨	1200
1015	韓雨墨相典	韓雨墨	600
1016	命理傳燈錄	顏兆鴻	400
1017	現代名人面相八字	韓雨墨	600
1018	大衍索隱與易卦圖陣蠡窺	孟昭瑋	500
1019	鄭氏易譜	鄭時達	500
1020	男命女命前定數	顏兆鴻	400
1021	命理傳燈續錄	顏兆鴻	400
1022	曆書(上下冊)	陳怡魁	1500
1023	華山希夷飛星棋譜秘傳	吳慕亮	1500
1024	現代圖解易經講義(B5開本)	紫陽居士	1200
1025	易學與醫學	黃家騁	600
1026	樂透開運必勝大全	顏兆鴻	300
1027	天機大要・董公選	申泰三	300
1028	姓氏探源	吳慕亮	500
1029	測字姓名學	吳慕亮	500
1030	六書姓名學	吳慕亮	800
1031	八字推論	林進興	400
1035	六十甲子論命術	陳宥潞	600
1036	天星斗數學	陳怡魁	400
1037	正宗最新小孔明姓名學	小孔明	400
1038	高級擇日全書	陳怡誠	600
1039	奇門遁甲擇日學	陳怡誠	600
1040	實用三合擇日學	陳怡誠	700
1041	三元日課格局詳解	陳怡誠	900
1042	實用三元擇日學(上中下)	陳怡誠	2500
1043	茶道與易道	黃來鎰	300
1044	十二生肖名人八字解碼	韓雨墨・羅德	300
1045	周易64卦詮釋及占卜實務	陳漢聲	400
1046	八字十二宮推論	翁秀花	500
1047	三世相法大全集	袁天罡	500
1048	小子說易	小子	300
1049	研究太陽星座的第一本書	黃家騁	400
1050	研究月亮星座的第一本書	黃家騁	400
1051	韓雨墨萬年曆	韓雨墨	400
1052	皇極經世・太乙神數圖解	黃家騁	700
1053	易學提要	黃家騁	600
1054	十八飛星策天紫微斗數全集精鈔本	陳希夷	600
1055	研究上升星座的第一本書	黃家騁	600
1056	占星運用要訣	白漢忠	300
1057	增補道藏紫微斗數	黃家騁	500
1058	增補中西星要	倪月培	800
1059	研究金星星座的第一本書	黃家騁	500
1060	面相男權寶鑑	林吉成	500
1061	面相女權寶鑑	林吉成	500
1062	相理觀商機合訂本	林吉成	500
1063	災凶厄難大圖鑑	林吉成	400
1064	男氣色大全	林吉成	500
1065	女氣色大全	林吉成	500
1066	婚姻與創業之成敗(上下冊)	林吉成	1000
1067	小子解易	小子	500

編號	命理叢書	作者	定價
1068	十二星座人相學	黃家騁	500
1069	九宮數愛情學	謝宏茂	350
1070	東方人相與女相	黃家騁	500
1071	八字必讀3000句	潘強華	500
1072	九宮數財運學	謝宏茂	350
1073	增補洪範易知	黃家騁	700
1074	風鑑啟悟(上下)	吳慕亮	1500
1075	占卜求財靈動數	顏兆鴻	300
1076	盲派算命秘術	劉威吾	400
1077	研究占星學的第一本書	黃家騁	600
1078	皇極大數・易學集成	黃家騁	700
1079	易經管理學	丁潤生	600
1080	九宮數行銷管理學	謝宏茂	350
1081	盲派算命金鉗訣	劉威吾	400
1083	盲派算命深造	劉威吾	400
1084	盲派算命高段秘卷	劉威吾	400
1085	周易通鑑(4巨冊)	吳慕亮	3200
1087	盲派算命藏經秘卷	劉威吾	400
1089	周易卦爻闡微	黃來鎰	800
1091	盲派算命母法秘傳	劉威吾	400
1092	命理入門與命譜詩評	韓雨墨	400
1093	五行精紀新編	廖中 郭先機	1200
1095	盲派算命獨門秘笈	劉威吾	400
1096	盲派算命流星奧語	劉威吾	400
1097	增廣切夢刀	丁成勳	700
1098	命理易知新編	黃家騁編	500
1099	增補用神精華	王心田	600
1102	天文干支萬年曆	黃家騁編	800
1103	盲派算命一言九鼎	劉威吾	400
1104	盲派算命實務集成	劉威吾	400
1108	奇門秘竅遁甲演義符應經	甘時望等	600
1109	六柱十二字推命法	文衡富	500
1110	周易演義	紀有奎	300
1111	民間算命實務精典	劉威吾	500
1112	神臺・孔廟之探索(4巨冊)	吳慕亮	2800
1113	天文星曆表(上下冊)	黃家騁編著	2000
1114	民間算命實務寶典	劉威吾	500
1115	陳怡魁開運學	陳怡魁	800
1116	周易兩讀	李楷林	250
1117	增補周易兩讀	黃家騁編	600
1118	書經破譯	黃家騁編	700
1119	增補乙巳占	黃家騁增補	800
1120	增校周易本義	黃家騁增校	700
1121	命宮星座人相學	黃家騁編著	550
1122	命運的變奏曲	邱秋美	350
1123	六爻神卦推運法	文衡富	500
1124	星海詞林(六冊，平裝普及版)	黃家騁增校	6000
1125	占星初體驗	謝之迪	300
1126	博思心靈易經占卜	邱秋美	300
1127	周易演義續集	紀有奎	700
1128	予凡易經八字姓名學	林予凡	350
1129	六爻文字學開運法	文衡富	500
1130	來因宮與紫微斗數144訣	吳中誠・邱秋美	500
1131	予凡八字轉運站	林予凡	500
1132	節氣朔望弦及日月食表	潘強華	500
1133	紫微破迷	無塵居士	350
1134	陳怡魁食物改運	陳怡魁	300
1135	陳怡魁卜筮改運	陳怡魁	300
1136	八字宮星精論	林永裕	500
1137	易經星象學精要(A4，上下冊)	黃家騁編著	4000
1138	周易本義註解與應用，附米卦沖犯秘本	柯一男	400

國家圖書館出版品預行編目(CIP)資料

象界風水談理象數一體 白閎材・白昇永／合著

大元書局，2025 年 08 初版. 台北市

608面； 21╳14.7公分.----(堪輿叢書2040)

ISBN 978-626-99282-7-9（平裝）

1. 相宅 2.易經

294.1 114011387

堪輿叢書2040

象界風水談理象數一體

作者／白閎材・白昇永

出版／大元書局

發行人／顏國民

地址／10851台北市萬華區南寧路35號1樓

電話／（02）23087171，傳真：(02)23080055

郵政劃撥帳號19634769大元書局

網址／www.life16888.com.tw

E-mail／aia.w168@msa.hinet.net

總經銷／旭昇圖書有限公司

地址／235新北市中和區中山路二段352號2樓

電話／(02)22451480 傳真／(02)22451479

定價／600元

初版／2025年8月

ISBN 978-626-99282-7-9 (平裝)